W0070159

Léo

Marie

Mehdi

Alex(andra)

Jérôme

Rue Guy Mòquet

Avenue de Clichy

Rue Lemercier

la maison de Marie

la maison de Mehdi

un café-restaurant

une buvette

Le Libre Echange

Déviation

Glaces CHALET DES BATIGNOLLES Crèpes

Découvertes Bayern
Lehrerausgabe
Band 1

Zusatzmaterialien für Schülerinnen und Schüler zu diesem Band

Cahier d'activités mit MP3-CD (Hörtexte), Video-DVD
und Vokabeltrainer, *Klett-Nr. 622264* (mit Einlegeheft
„Mon dico personnel")
Cahier d'activités mit MP3-CD (Hörtexte) und
Video-DVD, *Klett-Nr. 622265* (mit Einlegeheft
„Mon dico personnel")
Audio-CD (Hörtexte und Lieder), *Klett-Nr. 622356*
Grammatisches Beiheft, *Klett-Nr. 622263*
Fit für Schulaufgaben, *Klett-Nr. 622434*

99 Wortschatzübungen zu Band 1 und 2,
Klett-Nr. 622376
99 grammatische Übungen zu Band 1 und 2,
Klett-Nr. 622371
Vokabellernheft, *Klett-Nr. 622381*
Verbenlernheft, *Klett-Nr. 622386*
Übungssoftware mit Vokabeltrainer,
Klett-Nr. 622391

Am Ende von Découvertes 1 erreichen die Schülerinnen und Schüler das Niveau A1 des Gemeinsamen europäischen
Referenzrahmens. Die Kenntnis der im Inhaltsverzeichnis grün unterlegten fakultativen Inhalte wird in den
anschließenden Einheiten nicht vorausgesetzt. Das Lehrbuch versteht sich als Gesamtangebot. Die Schwerpunkte
des schulinternen Curriculums legen fest, welche Texte und Aufgaben in Découvertes 1 Bayern verpflichtend sind.
Die Mediencodes enthalten ausschließlich optionale Unterrichtsmaterialien; sie unterliegen nicht dem staatlichen
Zulassungsverfahren.

1. Auflage   1   5   4   3   2   1 | 21   20   19   18   17

Alle Drucke dieser Auflage sind unverändert und können im Unterricht nebeneinander verwendet werden.
Die letzte Zahl bezeichnet das Jahr des Druckes.

Autorinnen und Autoren: Birgit Bruckmayer, München; Isabelle Darras, Oullins; Laurent Jouvet, Désaignes;
Ulrike C. Lange, Bochum; Andreas Nieweler, Horn-Bad Meinberg, Sabine Prudent, Berlin; Marceline Putnai, Maulévrier
Sainte-Gertrude; Jutta Rösner, Erlangen
Beratung: Johann Bell, München; Dr. Peter Bettinger, Rehlingen-Siersburg; Prof. Dr. Christoph Bürgel, Osnabrück;
Michette Eyser, Leonberg; Prof. Dr. Andreas Grünewald, Bremen; Stefan Gundel, München; Silke Herr, Ludwigshafen;
Hanns-Christoph Lenz, Leipzig; Prof. Dr. Franz-Joseph Meißner, Gießen; Ute Miesterfeld, Barleben;
Prof. Christopher Mischke, Waiblingen; Ulrike Molter-Bocquillon, Mazaugues; Dr. Andreas Müller, Hannover;
Prof. Dr. Daniel Reimann, Gerbrunn; Inge Rein-Sparenberg, Marburg; Julitte Ring, Saarbrücken; Jérôme Rorig, Hannover;
Jutta Rösner, Erlangen; Dr. Angelika Schenk, Wittenberg; Wolfgang Spengler, Solingen; Michael Tanzer, Ulm;
Hermann Voss, Münster

Redaktion: Marguerite Pélissier, Stefan Zörlein
Herstellung: Oliver W. Steinhäuser

Layout: Petra Michel, Bamberg
Illustrationen: François Davot, Troyes; Christian Dekelver, Weinstadt; Katja Rau, Fellbach
Satz: Satzkiste GmbH, Stuttgart
Reproduktion: Meyle + Müller, Medien-Management, Pforzheim
Druck: Mohn Media Mohndruck GmbH, Gütersloh

Printed in Germany
ISBN 978-3-12-622262-4

1

Découvertes

Lehrerausgabe   **Bayern**

für den schulischen
Französischunterricht

von
Birgit Bruckmayer
Isabelle Darras
Laurent Jouvet
Ulrike C. Lange
Andreas Nieweler
Sabine Prudent
Marceline Putnai
Jutta Rösner

Ernst Klett Verlag
Stuttgart · Leipzig

Inhalt

PAGE		Kompetenzen	
		Kommunikativ	**Interkulturell / methodisch**

Au début

> Wie begrüßt und verabschiedet man sich?

PAGE		Kommunikativ	Interkulturell / methodisch
10	**La France et l'Allemagne**	Geographie Frankreichs, Vergleich mit Deutschland, wichtige Städte	
12	**Bienvenue!**	**Parler** Sich begrüßen / verabschieden; sich vorstellen **Wortschatz** Begrüßung; Verabschiedung **Aussprache** Graphem-Phonem-Beziehung	🇫🇷 **Vis-à-vis** Die „Bise"

> Wie nimmt man mit jemandem Kontakt auf?

Unité 1

Bonjour, Paris!
Moi et mes amis

En plus ⟶ S. 135

PAGE		Kommunikativ	Interkulturell / methodisch
14	**Découvertes**	**Ecouter** Verstehen, wer spricht (Globalverstehen)	🇫🇷 **Vis-à-vis** Eine Straße in Paris
16	**Atelier A** **Léo und Marie lernen sich kennen.**	**Parler** Erfragen und sagen, wer jemand ist; vorwarnen; sich entschuldigen **Wortschatz** *Qui est-ce? – C'est / Voilà …; attention; pardon* **Aussprache** Nasallaute	
19	**Atelier B** **Léo und Marie entdecken, dass sie im gleichen Viertel wohnen.**	**Parler** Sagen, woher man kommt **Grammatik** Das Verb *être* (Singular); unbestimmter Artikel (Singular) **Wortschatz** Zahlen 1–12 **Aussprache** Die *liaison*	
22	**Pratique: tâches** Anwendungsaufgaben	**Parler** Du lernst jemanden kennen. **Lire** Du orientierst dich mit Hilfe von Schildern.	**Stratégie / Ecouter** Verstehen, worum es geht **Portfolio** Du stellst dich vor.
24	**Bilan**	Vorbereitung auf die Schulaufgabe – Übungen zur Selbstkontrolle	
25	**Grammaire**	Grammatikübersicht	
26	**Bonus 1** facultatif	L'alphabet	

Unité 2

Copain, copine
Moi, mes amis et mes activités

> Wie beteiligt man sich an Kennenlerngesprächen?

En plus ⟶ S. 136

PAGE		Kommunikativ	Interkulturell / methodisch
27	**Découvertes**	**Parler** Fragen, was etwas ist und was jemand macht	🇫🇷 **Vis-à-vis** Ein Geschäft in Paris
28	**Atelier A** **Léo lernt Alex kennen.**	**Lire** Einfache Informationen entnehmen **Ecrire** Einfache Sätze schreiben **Wortschatz** Gegenstände in der Schule **Grammatik** Verben auf *-er* (Singular) bestimmter Artikel (Singular)	

PAGE		Kompetenzen	
		Kommunikativ	**Interkulturell / methodisch**
32	**Atelier B** **Die Freunde unterhalten sich über ihre Vorlieben.**	**Ecouter** Verstehen, was jemand mag (Selektives Verstehen) **Parler** Sagen, was jemand mag und wo jemand wohnt **Wortschatz** Musik und Sport **Grammatik** Verben auf -er (Plural); Das Verb être (Plural); Fragen stellen **Aussprache** Stimmhaftes [z] und stimmloses [s]	
35	**Pratique: tâches** Anwendungsaufgaben	**Médiation** Du findest französische Briefpartner.	**Stratégie** Mit dem Buch arbeiten **Portfolio** Du schreibst auf, was du magst.
37	**Bilan**	Vorbereitung auf die Schulaufgabe – Übungen zur Selbstkontrolle	
39	**Grammaire**	Grammatikübersicht	

Plateau 1 facultatif

40	**Plaisir de lire**	«Frères et sœurs» (Lesetext)	
41	**Révisions**	Wiederholungsübungen	
42	**On prépare le DELF**	Test	

Unité 3
Bon anniversaire, Léo!
Moi, ma famille et mes amis

Wie sieht eine Geburtstagsfeier in Frankreich aus?

En plus → S. 139

43	**Découvertes**	**Parler** Zum Geburtstag gratulieren	🇫🇷 **Vis-à-vis** Geburtstagsbräuche
44	**Atelier A** **Vorbereitungen für Léos Geburtstag**	**Ecouter** Vorlieben und Abneigungen verstehen (Detailverstehen) **Parler** Über seine Familie sprechen **Wortschatz** Familienmitglieder **Grammatik** Bestimmter und unbestimmter Artikel Plural; Verben acheter und préférer; Possessivbegleiter: mon, ma, mes; ton, ta, tes **Aussprache** [ə] und [e]: stummes und geschlossenes –e–	🇫🇷 **Vis-à-vis** Einkauf in der FNAC **Stratégie** Flüssig vorlesen
50	**Atelier B** **Ein überraschender Besuch**	**Ecouter** Zahlen **Parler** Sagen, wie alt man ist **Ecrire** Personen vorstellen **Wortschatz** Zahlen 13 – 39; Monate, Datum **Grammatik** Das Verb avoir; Possessivbegleiter: son, sa, ses	
54	**Pratique: tâches** Anwendungsaufgaben	**Médiation** Du erklärst einen Veranstaltungshinweis. **Lire** Du findest ein Geburtstagsgeschenk.	**Stratégie / Médiation** Herausfiltern, was wichtig ist **Portfolio** Du machst eine Collage über ein Fest.

PAGE		Kommunikativ	Interkulturell / methodisch
		Kompetenzen	
56	**Bilan**	Vorbereitung auf die Schulaufgabe – Übungen zur Selbstkontrolle	
58	**Grammaire**	Grammatikübersicht	
60	**Bonus 2** facultatif	Pour parler en classe	

Unité 4
Au collège Balzac
Moi et mon collège

Was ist ein „collège"?

En plus ⟶ S. 142

PAGE		Kommunikativ	Interkulturell / methodisch
62	**Découvertes**	**Parler** Über die Schule sprechen **Ecouter** Orte an der Schule	🇫🇷 **Vis-à-vis** Das Collège Honoré de Balzac
64	**Atelier A** **Léo findet einen USB-Stick.**	**Parler / Ecrire** Mein Tagesablauf **Ecouter** Uhrzeiten heraushören **Wortschatz** Zahlen bis 60, Uhrzeit; *quand* **Grammatik** Das Verb *aller*; die Verneinung (I)	
68	**Atelier B** **Eine Meinungsverschiedenheit zwischen Freunden**	**Lire** Einen Stundenplan verstehen **Ecouter** Das Ende einer Geschichte **Parler** Vorschläge machen, reagieren **Wortschatz** Wochentage; Schule **Grammatik** Das Verb *faire*; Possessiv-begleiter: *notre, nos; votre, vos; leur, leurs*; die Verneinung (II) **Aussprache** [ʒ] und [ʃ]: stimmhaftes und stimmloses –sch–	🇫🇷 **Vis-à-vis** Stundenpläne vergleichen
74	**Pratique: tâches** Anwendungsaufgaben	**Lire** Du suchst nach Informationen über die Schule. **Médiation** Du erklärst Plakate.	🇫🇷 **Vis-à-vis** Schule in Frankreich und Deutschland **Stratégie** Einen Text erschließen **Portfolio** Du stellst deine Schule vor.
76	**Bilan**	Vorbereitung auf die Schulaufgabe – Übungen zur Selbstkontrolle	
77	**Grammaire**	Grammatikübersicht	

Plateau 2   facultatif

PAGE		Kommunikativ	Interkulturell / methodisch
79	**Plaisir d'écouter**	«Bye bye collège» (Chanson)	
80	**Révisions**	Wiederholungsübungen	
81	**On prépare le DELF**	Test	

PAGE		Kompetenzen	
		Kommunikativ	Interkulturell / methodisch

Was kann man im „quartier" unternehmen?

Unité 5
Un samedi dans le quartier
Moi et mon quartier

En plus ⟶ S. 144

82	Découvertes	**Parler** Über seine Umgebung sprechen	🇫🇷 **Vis-à-vis** Das *Quartier des Batignolles*
84	**Atelier A** Alex übernachtet bei ihrer Freundin Marie.	**Parler** Über Vorhaben sprechen **Wortschatz** Freizeitbeschäftigungen; Zeitangaben **Grammatik** Das *Futur proche*; *faire + de*	
87	**Atelier B** Beim Judotraining	**Ecouter / Parler** Wegbeschreibungen **Parler / Ecrire / Ecouter** Ein Interview **Wortschatz** *pour* + Infinitiv; *pourquoi*; *parce que* **Grammatik** Der Imperativ; Fragen mit *est-ce que*	
90	**Atelier C** Die Freunde treffen sich am Imbiss-Stand.	**Lire** Eine Speisekarte verstehen **Parler** Etwas zu essen bestellen **Wortschatz** Speisen und Getränke, Zahlen bis 100 **Grammatik** Das Verb *prendre*	🇫🇷 **Vis-à-vis** Imbiss in Frankreich und in Deutschland
92	**Au choix** Übungszirkel	**Médiation** Ein Freizeitprogramm erklären **Lire** Eine E-Mail verstehen **Wortschatz** Ein Bild beschreiben	**Stratégies** Das Wesentliche wiedergeben; einen Text gliedern und schreiben **Portfolio** Du stellst dein Wohnviertel vor.
		Wie kann man selbstständig üben?	
96	**Bilan**	Vorbereitung auf die Schulaufgabe – Übungen zur Selbstkontrolle	
97	**Grammaire**	Grammatikübersicht	
98	**Bonus 3 facultatif**	Limoges et le Limousin	

Unité 6
Limoges en fête!
Moi et les fêtes

Wie kann man ein Fest beschreiben?

En plus ⟶ S. 147

100	Découvertes	**Parler** Über ein Fest sprechen	🇫🇷 **Vis-à-vis** Die *Fête de la musique*
101	**Atelier A** Marie soll mit ihrer Familie nach Limoges fahren.	**Lire** Ein Tagebuch lesen **Parler** Jemanden / Etwas beschreiben **Ecrire** Ein Gedicht schreiben **Wortschatz** Farben **Grammatik** Adjektive (Form und Stellung) Verben auf *-dre* **Aussprache** [ɛ] und [e]: offenes und geschlossenes –e–	🇫🇷 **Vis-à-vis** Der TGV **Stratégie** Unbekannte Wörter erschließen

cinq   **5**

	Kompetenzen	
PAGE	Kommunikativ	Interkulturell / methodisch
106	**Atelier B** **Auf der *Fête de la musique* in Limoges**	**Lire / Parler** Einen Text szenisch gestalten **Ecouter** Wörter diskriminieren **Parler** Über Musik-Vorlieben sprechen ⠀⠀**Grammatik** Das Verb *dire*; ⠀⠀direktes und indirektes Objekt	**Stratégie / Médiation** Wesentliches herausfiltern und in einer E-Mail wiedergeben
110	**Atelier C** **Begegnungen**	**Lire** Eine E-Mail lesen und beantworten ⠀⠀**Wortschatz** Mengenangaben	
111	**Pratique: tâches** Anwendungsaufgaben	**Ecrire** Du informierst über ein Fest. **Médiation** Du erklärst eine Durchsage / eine Zeitungsnotiz.	**Portfolio** Du lädst zu einem Fest ein.
112	**Bilan**	Vorbereitung auf die Schulaufgabe – Übungen zur Selbstkontrolle	
114	**Grammaire**	Grammatikübersicht	
116	**Bonus 4 facultatif**	La France en fête	

Unité 7
P comme ... Papa à Paris!
Moi et ma ville

Wie kann man selbstständig arbeiten?

En plus → S. 151

117	**Découvertes** **Léo und sein Vater planen eine Reportage.**	**Lire** Wörter erschließen	🇫🇷 **Vis-à-vis** Sehenswürdigkeiten in Paris
119	**Atelier** **Interessante Orte in Paris**	**Parler** Informationen erfragen und geben; sagen, wie man etwas findet ⠀⠀**Grammatik** Die Begleiter *ce* und *quel*; ⠀⠀die direkten Objektpronomen	🇫🇷 **Vis-à-vis** Sehenswürdigkeiten auf dem Stadtplan finden **Stratégie** Die Aussprache erschließen
122	**Station 1** **Bonjour de Paris!**	**Lire / Ecrire** E-Mails und Postkarten ⠀⠀**Grammatik** Die Verben *lire* und *écrire*	**Portfolio** Du schreibst eine Postkarte.
124	**Station 2** **Paris, ça bouge!**	**Médiation / Ecrire** Ein Dokument auswerten, um Informationen zu vermitteln. ⠀⠀**Grammatik** Die Verben *vouloir* ⠀⠀und *pouvoir*	**Portfolio** Du schreibst einen Rap.
126	**Station 3** **Des millions de kilomètres**	**Parler** Über Verkehrsmittel sprechen **Ecouter** Ein Chanson verstehen (selektives Verstehen) ⠀⠀**Wortschatz** Verkehrsmittel	🇫🇷 **Vis-à-vis** Verkehrsmittel in Paris **Portfolio** Du erfindest Wortbilder.
128	**Station 4 Bilan** **Le jeu de l'escargot**	Ein Paris-Quiz	🇫🇷 **Vis-à-vis** Die 20 Arrondissements in Paris
130	**Grammaire**	Grammatikübersicht	

PAGE		Kompetenzen	
		Kommunikativ	Interkulturell / methodisch

Plateau 3 facultatif

PAGE		Kommunikativ	
132	Plaisir de lire	Paul Eluard: *Dans Paris* (Gedicht)	
133	Révisions	Wiederholungsübungen	
134	On prépare le DELF	Test	

En plus (Übungen zur Differenzierung) facultatif

135	zu Unité 1
136	zu Unité 2
139	zu Unité 3
142	zu Unité 4
144	zu Unité 5
147	zu Unité 6
151	zu Unité 7

Stratégies: Die wichtigsten Lern- und Arbeitstechniken

155	Gut in Fremdsprachen
156	Mit dem Buch arbeiten
156	Mit dem Portfolio arbeiten
156	Ecouter
157	Lire
157	Parler
158	Ecrire
158	Médiation
159	Französische Sonderzeichen auf der Computertastatur

Vocabulaire

160	Lautzeichen
162	Vocabulaire (lektionsbegleitender Lernwortschatz)
202	Liste des mots (alphabetisches Wörterverzeichnis Französisch – Deutsch)
209	Wortliste (alphabetisches Wörterverzeichnis Deutsch – Französisch)
214	Zur französischen Rechtschreibung
215	Pour faire les exercices du livre (Erklärung der Übungsanweisungen)
217	Solutions (Lösungen für die Selbstkontrolle)
224	Bildquellen

So lernt ihr mit Découvertes

Mehr dazu
ij8z7f

Auf einigen Seiten im Buch findet ihr Découvertes-Codes. Diese führen zu weiteren Informationen, Materialien oder Übungen im Internet. Gebt den Code einfach in das Suchfeld auf www.klett.de ein.

Beginn einer Unité

Hier werden das **Thema** und die wichtigsten **Ziele** vorgestellt. Einzelne Inhalte der Unité stehen im **Inhaltsverzeichnis**.

Atelier

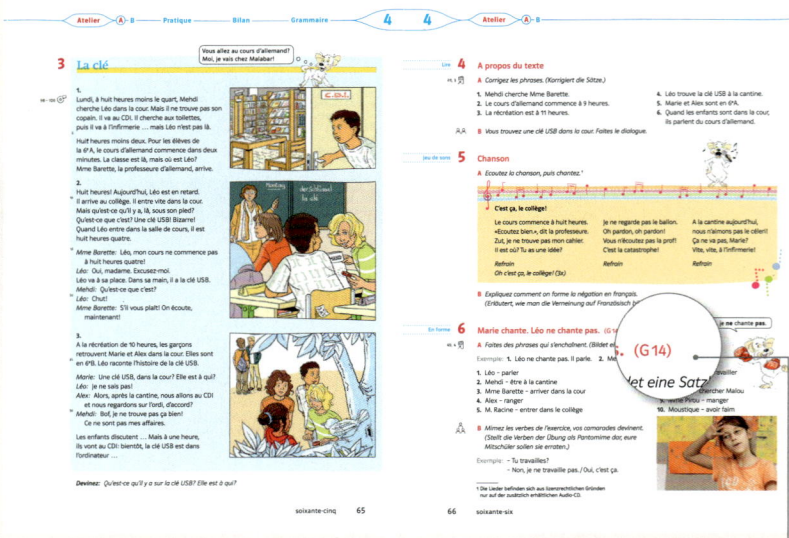

Atelier bedeutet Werkstatt. Hier werden **Geschichten** erzählt, Lernstoff **eingeführt** und **geübt**.

Diese Verweise auf den **Grammaire**-Teil und das **Grammatischen Beiheft** zeigen euch, wo die Grammatik zu dieser Übung steht.

Zusatzmaterial/-übungen

Plateau und Bonus

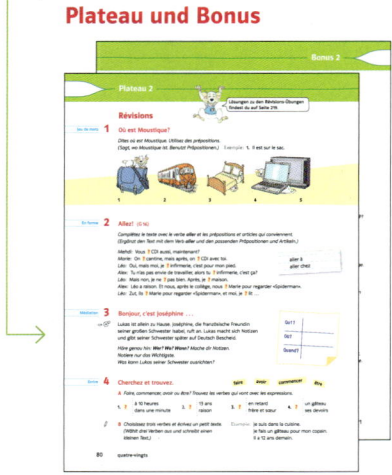

Die Plateau und **Bonus**-Seiten ergänzen die Inhalte der Unités. In Plateau gibt es auch **Wiederholungsübungen**.

En plus - différenciation

Diese Seiten bieten **zusätzliche Übungen** mit unterschiedlichem Schwierigkeitsgrad.

Stratégies

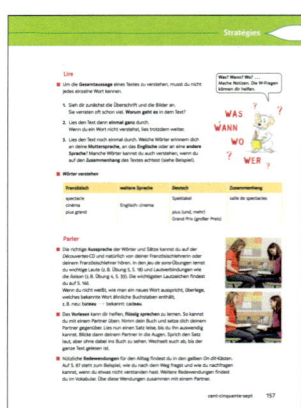

Die wichtigsten **Lern- und Arbeitstechniken** sind hier zusammengefasst.

Pratique

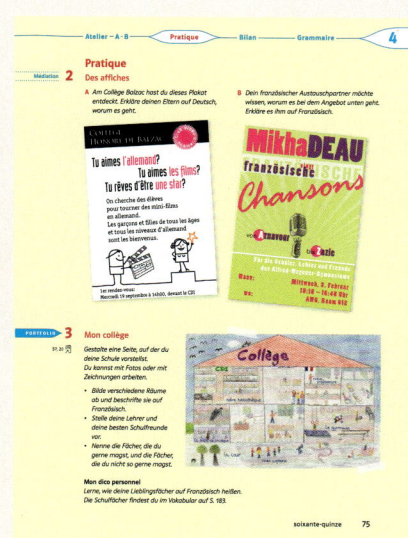

Hier könnt ihr das Gelernte in
Aufgaben praktisch **anwenden**.

Abschluss einer Unité

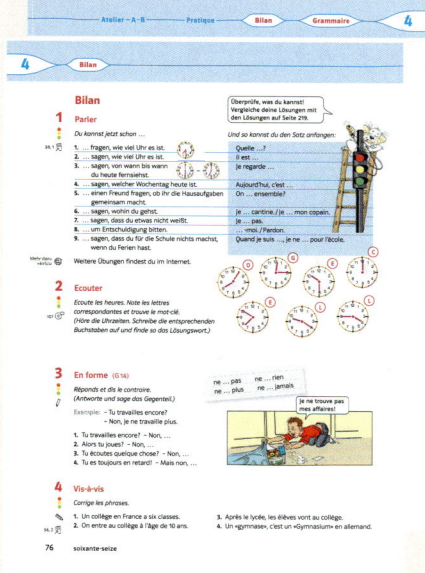

In **Bilan** könnt ihr euch selbst testen
und auf **Schulaufgaben** vorbereiten.
Grammaire gibt einen kurzen Überblick
über die **Grammatik**.

Vocabulaire, Liste des mots

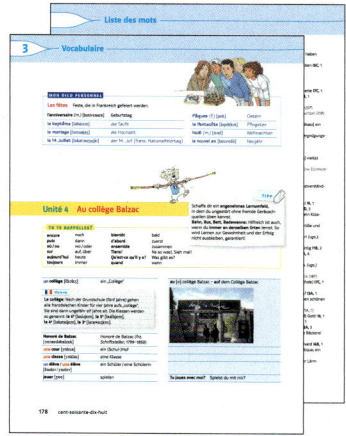

Im **Vocabulaire** stehen die
neuen Wörter zum Lernen.
In der Liste des mots könnt
ihr sie nachschlagen.

Solutions

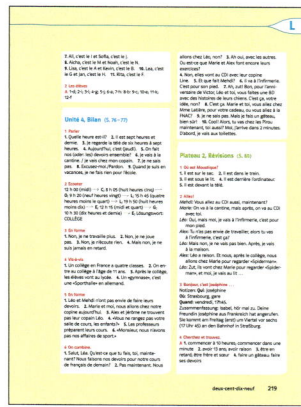

Hier gibt es Lösungen zu
ausgewählten Aufgaben, z.B.
zu **Bilan**.

Symbole

🇫🇷 Hier lernt ihr, Frankreich mit
eurem Land zu vergleichen.

PORTFOLIO ▸ Das Ergebnis dieser Aufgabe
kannst du in deinem
Portfolio-Ordner sammeln.

32 ⊙ CD mit Hörtexten,
Verweis auf die Tracknum-
mer auf der MP3-CD, die dem
Cahier d'activités beiliegt.

Die Lieder befinden sich aus
lizenzrechlichen Gründen nur
auf der zusätzlich erhältlichen
Audio-CD.

▷ Filmsequenz. Die Filme befinden sich auf der DVD, die
dem Cahier d'activités beiliegt.

✎ Schriftliche Übung

🧍🧍 Partnerarbeit

🧍🧍🧍 Gruppenarbeit

🐟 Übungen, die auf die
DELF-Prüfung hinführen.

23, 9 ▤ Dazu findet ihr eine Übung
im *Cahier d'activités*
Seite 23, Übung 9.

🔴🟡🟢 Selbsteinschätzung

→ **En plus 135, 1**
Verweis auf Seite 135, Übung 1

△ einfachere Zusatzübung

◭ einfachere Parallelübung

▲ schwierigere Zusatzübung

◮ schwierigere Parallelübung

ohne
Symbol Zusatzübung

(G1) Die Nummern nach den
Übungstiteln verweisen auf die
Grammatik im Buch und auf
das *Grammatische Beiheft*.

neuf **9**

La France et

1 Paris (2,2 Millionen Einw.), Frankreichs Hauptstadt an der Seine, ist eine der meistbesuchten Städte der Welt und ist unter anderem für den Eiffelturm, die Kathedrale Notre-Dame und den Louvre berühmt.

2 Marseille (über 864 000 Einw.) am Mittelmeer, die älteste und zweitgrößte Stadt Frankreichs, ist zugleich die wichtigste französische Hafenstadt.

3 Lyon (über 500 000 Einw.), die drittgrößte Stadt Frankreichs am Zusammenfluss der Rhône und der Saône, ist als ehemalige Stadt der Seidenweber und als Stadt der Fête de la lumière (Fest des Lichtes) bekannt.

4 Toulouse (über 466 000 Einw.) an der Garonne wird wegen ihrer zahlreichen roten Gebäude auch la ville rose (die rosarote Stadt) genannt. Sie ist eine der bedeutendsten Luftfahrtzentren der Welt.

5 Bordeaux (248 000 Einw.) liegt an der Garonne unweit der Atlantikküste. Die Hafenstadt ist vor allem für ihren Wein berühmt.

l'Allemagne

LE DANEMARK

La mer Baltique

La mer du Nord

Kiel

Schwerin

LA POLOGNE

Hambourg

L'Elbe

La Havel

L'Oder

Brême

La Weser

Berlin

Hanovre

Potsdam

Magdebourg

LES PAYS-BAS

Münster

Bielefeld

Le Hartz

La Saale

L'Elbe

La Spree

Essen

Dortmund

Duisbourg

Bochum

Düsseldorf

Leipzig

Cologne

L'ALLEMAGNE

Erfurt

Dresde

Bonn

LA BELGIQUE

Les monts Métallifères

LA REPUBLIQUE TCHEQUE

Wiesbaden

Francfort-sur-le-Main

Mayence

Le Main

Bamberg

Bayreuth

La Moselle

Wurtzbourg

L'ALLEMAGNE

Mannheim

Erlangue

Furth

Nuremberg

LA BAVIÈRE

LE LUXEMBOURG

Sarrebruck

Karlsruhe

Ratisbonne

Stuttgart

Ingolstadt

Le Danube

L'Isar

Le Rhin

Le Neckar

Augsbourg

L'Inn

LA FRANCE

Le Lech

Munich

Le Danube

Le lac de Constance

Le Chiemsee

L'AUTRICHE

La Zugspitze

LA SUISSE

Les Alpes

A *Vergleicht beide Länder.*
– *Wie sind Frankreichs Fläche, Küstenlänge und Einwohnerzahl
  im Vergleich zu Deutschland?*
– *In welchem der beiden Länder befindet sich der längste Fluss und der höchste Berg?*

	Frankreich	Deutschland
Fläche[1]	551 500 km²	357 168 km²
Einwohnerzahl	64,7 Mio	80,7 Mio
Längster Fluss	la Loire (1 006 km)	der Rhein (865 km auf deutschem Gebiet)
Höchster Berg	le mont Blanc (4807 m)	die Zugspitze (2962 m)
Küstenlänge	3427 km	2389 km

B *Wie heißen la Bavière, Munich, le Danube und Ratisbonne auf Deutsch?*

C *Welche Nachbarländer haben Deutschland und Frankreich gemeinsam?*

---

1 Fläche Frankreich ohne französische Überseegebiete

Bienvenue!

Parler **1** Bonjour!

1, 1
1

5, 3
6, 4

1

Salut, Sarah! · Salut, Anne! · Ça va? · Oui, ça va, merci! · Salut! · A plus!

2 · Salut, Gaspard! · Bonjour, Thomas! · Ça va bien? · Oui, ça va. · Au revoir! · Salut!

Bonjour, les amis! Ça va?

Moustique¹

Geht im Klassenzimmer umher. Begrüßt euch auf Französisch, fragt wie es geht und verabschiedet euch.

Vis-à-vis

Wie begrüßen und
verabschieden sich die
Kinder auf den Fotos?
Wie begrüßt ihr euch?

1 **Moustique** heißt auf Französisch „Mücke".

Parler **2** Je m'appelle ...

CD 1, 2
2

Salut! Je m'appelle Lucie, et toi?

Moi, je m'appelle Sarah.

Salut! Je m'appelle Gaspard. Et toi?

Mehr dazu
h9w9c2
CD 1, 3–4
3–4

Elise	[eliz]
Fleur	[flœʀ]
Gabrielle	[gabʀiɛl]
Joséphine	[ʒozefin]
Léa	[lea]
Lilou	[lilu]
Manon	[manɔ̃]
Zoé	[zɔe]
Pauline	[polin]

Antoine	[ãtwan]
Clément	[klemã]
Marceau	[maʀso]
Grégoire	[gʀegwaʀ]
Justin	[ʒystɛ̃]
Léo	[leo]
Romain	[ʀɔmɛ̃]
Térence	[teʀãs]
Valentin	[valãtɛ̃]

A Sucht euch einen französischen Vornamen aus.
Begrüßt euch auf Französisch.
Sagt, wie ihr heißt und fragt einen Mitschüler
nach seinem Namen.
Ihr könnt euch dabei einen Ball zuwerfen.

B Die Namensschilder sind verschlüsselt.
Wem gehört welches Schild?
Lest die Namen vor.

1. [maʀgo]
2. [viktwaʀ]
3. [koʀãtɛ̃]
4. [ʒyljɛ̃]
5. [ʒyli]
6. [teo]
7. [tʀistã]
8. [luan]
9. [kõstãs]

Louane   Victoire   Corentin

Théo   Tristan   Margaux

Julie   Constance   Julien

treize **13**

Unité 1
Bonjour, Paris!

Mehr dazu
ij8z7f

🇫🇷 **Vis-à-vis**

Das Bild zeigt eine Straße in Paris.
Was geschieht hier?
Was fällt euch auf?
Was ist anders als bei euch?
Achtet z. B. darauf, wie die Häuser
und die Geschäfte aussehen …

A *Seht genau hin. Welche Wörter versteht ihr bereits?*

CD 1, 9
8 **B** *Hört zu und findet die Personen auf dem Bild.*
   Beispiel: Scène 1 – Das ist der Mann vorne auf dem Motorroller.

7, 1

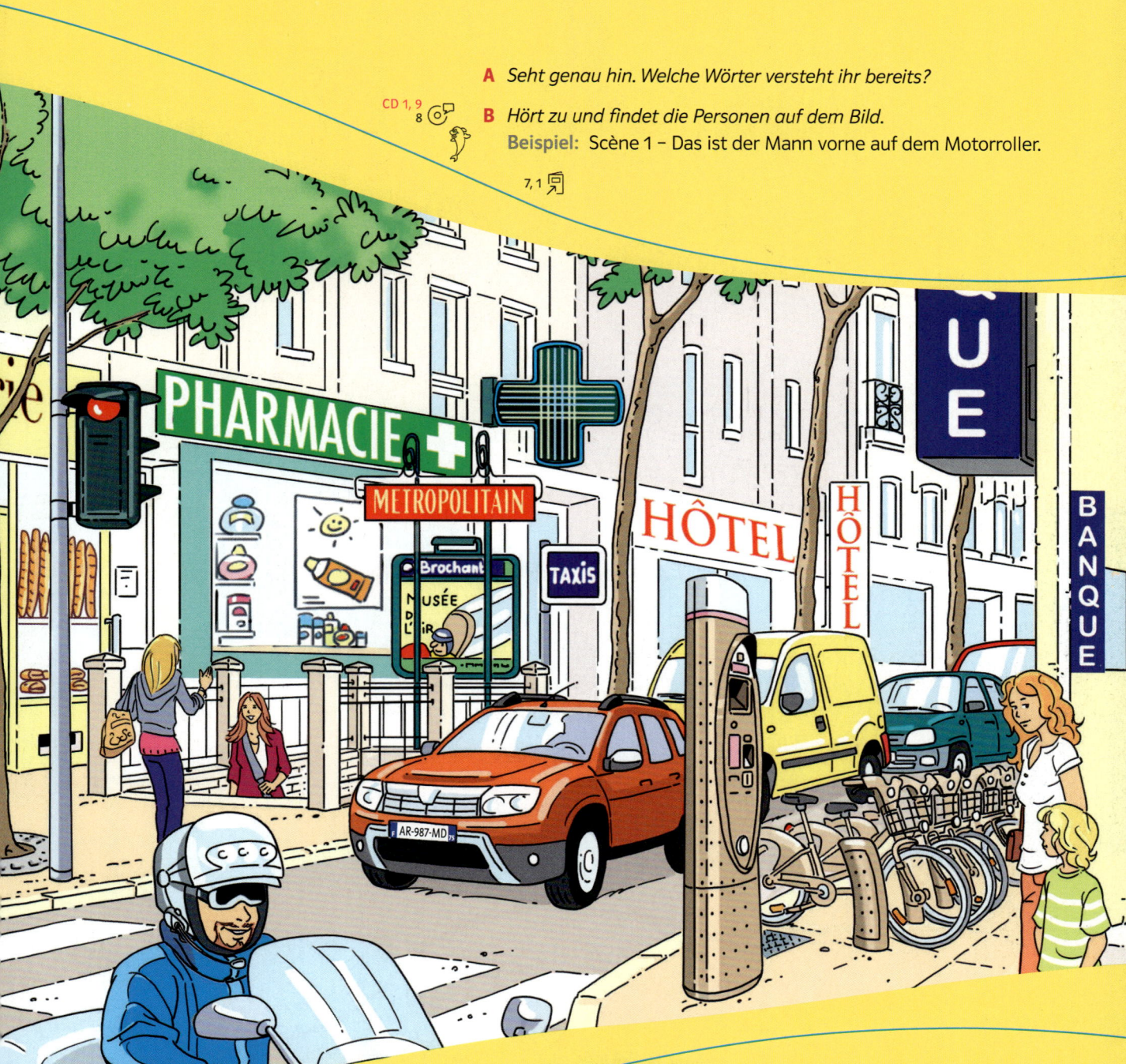

Atelier A

Mehr dazu
ij8z7f
CD 1, 10 – 14
9 – 13

8, 2

Moustique et Malabar

1 Die Société Protectrice des Animaux Grammont ist ein Tierheim in Gennevilliers, in der Nähe von Paris.

4 — Salut! <u>Tu t'appelles comment</u>?

C'est Moustique! Moi, <u>je suis</u> Marie. Et toi?

5 — Je m'appelle Léo. Et <u>voilà</u> Malabar!

S.P.A. REFUGE GRAMMONT

Lire
Parler

2 A propos du texte

8, 3

1 Léo 2 Malabar 3 Marie 4 Moustique

5 Malabar 6 Léo 7 Marie 8 Moustique

Exemples: **1.** – Qui est-ce? C'est Léo? – Oui, c'est Léo.

2. – Qui est-ce? C'est Malabar? – Non, c'est Moustique.

Lire

3 Ouah! Ouah!

Qui dit ou pense quoi? (Wer sagt oder denkt was?)

Exemple: **1.** «Attention!» ⟶ C'est Marie.

1. Attention!
2. Salut! Tu t'appelles comment?
3. Qui est-ce?
4. Et voilà Malabar!
5. Viens, papa! Vite!
6. Ouah! Ouah!

Ecouter

4 Ça va?

CD 1, 15
14
9, 4

A *Hört die Sätze. Wenn ihr eine Frage hört, haltet einen Zettel mit einem Fragezeichen hoch.*

B *Répétez les phrases. (Sprecht die Sätze nach.)*

Jeu de sons

5 Comment? Un lapin?

CD 1, 16
15
9, 4-6

A *Im Französischen gibt es Laute, die nasal, also „durch die Nase", gesprochen werden. Hört die Wörter an und sprecht sie nach.*

Findet ihr es schwierig, durch die Nase zu sprechen? Versucht es mal so: Sprecht ein langes A und legt dann langsam den Kopf in den Nacken.

un lapin

un bonbon

un volcan

une orange

un ballon

un éléphant

un gratin

un croissant

B *Bildet drei Gruppen. Schließt die Augen. Hört noch einmal genau zu. Hebt die Hand, wenn ihr ein Wort hört, das zu eurer Gruppe gehört.*

Gruppe 1: [ɑ̃] Wörter, die sich auf **croissant** reimen.
Gruppe 2: [ɔ̃] Wörter, die sich auf **bonbon** reimen.
Gruppe 3: [ɛ̃] Wörter, die sich auf **lapin** reimen.

un pain au chocolat

Atelier B

1 <u>Malabar ici?</u>

Un jour, à Paris...

CD 1, 17–20
16–19

1

Un chat! Viens, Malabar!
Et un chien ..., mais ...
C'est Moustique!

2

Salut, Marie! Ça va?

Léo! Malabar!
Salut! Oui,
ça va bien, merci.

3

Toi, ici? Tu es de Paris?

Oui, je suis de Paris.
Mais toi aussi!

4

C'est super!

5 Un garçon et une fille de Paris!
Il est de Paris! Elle est de Paris!
Oh oui, elle est d'ici!
Un animal! Un chien, un chat!
Oh, là là, ça ne va pas!

→ **En plus 135, 1**

 **Jeu de sons**

2 Chanson

CD 1, 21 – 22

Ecoutez le rap, puis chantez ensemble.
(Hört den Rap an und singt dann gemeinsam.)[1]

Moustique et Malabar

Voilà un chien de Paris!
Voilà un chien de Paris!
Un garçon de Paris,
et une fille, une fille aussi.

Refrain:
C'est fantastique, Moustique,
C'est bizarre, Malabar.

C'est une copine
C'est un copain:
Ça va, toi? – Oui, ça va bien.
Tu es de Paris?
Oui, je suis d'ici.
Toi aussi? – Mais oui!

Refrain

C'est une liaison.

c'es**t** **une**

Jeu de mots

3 C'est bizarre!

→ **En plus 135, 2** △

*Trouvez les mots. Ajoutez **un** ou **une** quand c'est un nom.*
*(Findet die Wörter. Fügt **un** oder **une** hinzu, wenn es ein Nomen ist.)*

Exemple: 1. cheni → un chien

1. cheni	**3.** Piras	**5.** chta	**7.** painco	**9.** zarrebi
2. llefi	**4.** pineco	**6.** garnoç	**8.** issau	**10.** tanfastique

En forme

4 Qui est-ce? (G1)

10, 7-8
11, 9

Répétez l'exemple, puis continuez. (Sprecht das Beispiel nach und macht dann weiter.)

Exemple:
– C'est une dame?
– Non, c'est un monsieur.

1. – C'est un monsieur?
– Non, c'est …

2. – C'est …?
– Non, c'est …

3. – C'est …?
– Non …

4. – …?
– …

_____

1 Die Lieder befinden sich aus lizenzrechtlichen Gründen nur auf der zusätzlich erhältlichen Audio-CD.

En forme **5** ## Il est de Paris. Elle est de Paris aussi? (G 2)

CD 1, 23
20
11, 10

A *Ecoutez, puis lisez. (Hört zu und lest dann.)*

1. Je suis de <u>Toulouse</u>.
2. Je suis de <u>Strasbourg</u>.
3. Je suis de <u>Brest</u>.
4. Je suis de <u>Nice</u>.

B *Faites des phrases. (Bildet Sätze.)*

Exemple: Voilà Léo. (Paris) → Voilà Léo. **Il** est **de** Paris.

1. Voilà Clément. (Toulouse)
2. Voilà Léa. (Strasbourg)
3. Voilà Zoé. (Paris)
4. Voilà Pierre. (Brest)
5. Voilà Gabriel. (Nice)
6. Voilà Joséphine. (Paris)

Findet die Städte auf der Karte hinten im Buch.

Léo: il
Marie: elle

Parler **6** ## Bonjour! Ça va?

Faites un dialogue à trois. (Spielt zu dritt den Dialog.)

12, 11

Exemple: **1.** – Bonjour, madame!

1. Marie trifft ihre Lehrerin.
2. Diese begrüßt auch Marie und stellt ihr Léna, ihre junge Nichte aus Toulouse vor.
3. Die Mädchen begrüßen sich.
4. Marie fragt Léna, wie es ihr geht.
5. Léna geht es gut, sie ist von Paris begeistert.
6. Marie verabschiedet sich von der Lehrerin und von Léna.

→ **En plus 135, 3** △

ON DIT

So begrüßt man sich:

– Bonjour,
    Marie!
    monsieur!
    <u>madame</u>!
    <u>mademoiselle</u>!
– Salut (, Marie)!
– Bonjour!

So fragt/sagt man, wie es geht:
– Ça va (bien)?
– Oui, ça va (bien), merci! / <u>Bof</u>!

So stellt man jemanden vor:
– Voilà / C'est Moustique.
  Il est de Paris.

So verabschiedet man sich:
– Au revoir,
    Marie!
    monsieur!
    madame!
    mademoiselle!
– Salut (, Marie)!
– A plus!
– Au revoir!

Jeu de mots **7** ## Comptine[1]

CD 1, 24
21
12, 12-13

A *Ecoutez et répétez. (Hört zu und sprecht nach.)*

B *Notez la comptine. (Schreibt den Abzählreim auf.)*
    1, 2, 3, salut, c'est moi …

C *Lisez la comptine. (Lest den Abzählreim vor).*

je suis de Nice.

et voilà Béatrice.

salut, c'est moi!

<u>Onze</u> et <u>douze</u>,

<u>Un</u>, <u>deux</u>, <u>trois</u>,

<u>Sept</u>, <u>huit</u>, <u>neuf</u>, <u>dix</u>,

elle est de Toulouse.

<u>Quatre</u>, <u>cinq</u>, <u>six</u>,

→ **En plus 136, 4** △

---

1 une comptine [ɣnkɔ̃tin] ein Abzählreim

Pratique: tâches

Ecouter **1** C'est fantastique!

CD 1, 25
22
13, 14

A *Du bist in Frankreich. Auf der Straße hörst du drei Gespräche. Worum geht es? Mache dir Notizen.*

> Auf den Pratique-Seiten könnt ihr anwenden, was ihr bisher gelernt habt.

STRATEGIE

Wenn du zum ersten Mal in Frankreich bist, ist es ganz normal, dass du nicht alles verstehst.
Dennoch kannst du vieles herausfinden:
– **Wer** spricht? Kennen sich die Leute?
– **Wie** sprechen sie? Achte auf den Tonfall.
– **Was** geschieht? Versuche, die Situation zu verstehen. Achte dabei auf Geräusche.

Wer?	Wie?	Was?
1. Junge Mädchen	begeistert	Fotos
2.		
3.		

B *Was könntest du am Ende der Gespräche sagen? Höre noch einmal zu.*

Moi aussi.   Oh, pardon!   Ça va.   Attention!   Qui est-ce?   …

Parler **2** Toi et moi

13, 15

Du bist mit einem Freund oder einer Freundin in Paris. Ihr kommt mit einem Jungen oder einem Mädchen ins Gespräch. Am Ende des Gesprächs kennt ihr gegenseitig eure Namen und wisst auch jeweils, woher ihr kommt.
Arbeitet zu dritt. Bereitet einen Dialog vor.
Ihr könnt Notizen machen. Spielt die Szene vor.

> Was ihr für diese Aufgabe wissen müsst, findet ihr auf Seite 17 und auf Seite 21, Übungen 5 und 6.

Lire
3 **A Paris**

14, 16

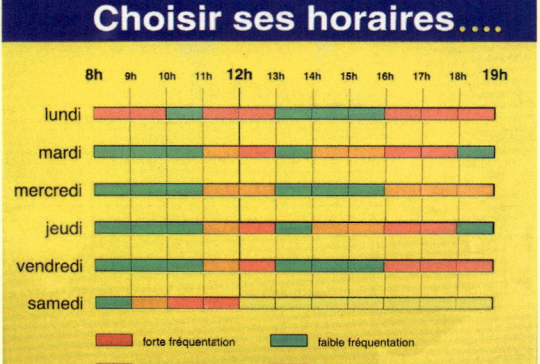

1. Du möchtest Briefmarken kaufen.
Gehst du nach links oder nach rechts?

2. Wie lange hat die Post samstags
geöffnet?

3. Was gibt es hier zu kaufen?

4. Was würdest du dir an
diesem Imbiss - Stand aussuchen?

PORTFOLIO
4 **Moi, je suis …**

14, 17

*Stelle dich, deine Freunde und dein Lieblingstier auf einem
DIN-A4-Blatt auf Französisch vor. Verwende Fotos und
Zeichnungen von dir, deinen Freunden und deinem Lieblingstier. Du kannst das Blatt in deinem Portfolio-Ordner
aufbewahren.*

Mon dico personnel: Mon chien, mon chat…
(Vokabular, S.166)
Lerne, wie dein Lieblingstier auf Französisch heißt.

> Salut! Je m'appelle …
> Je suis de …
> Voilà mon animal: …/
> C'est un …/une …
> Il / Elle est de …
> Il / Elle est … (super / …)
> Voilà … C'est un …/une …

un cochon d'Inde   un poisson   un cheval   une souris   un lapin

Die in „Mon dico personnel" vorgeschlagenen Wörter
werden in der Folge nicht als bekannt vorausgesetzt.

Bilan

1 Parler

15, 1

Du kannst jetzt schon …   *Und so kannst du den Satz anfangen:*

1. … sagen, wie du heißt.	Je …
2. … sagen, woher du kommst.	Je …
3. … fragen, woher jemand kommt. (Aus Paris?)	Tu … … Paris?
4. … fragen, wer das ist.	Qui …?
5. … fragen, wie es jemandem geht.	Ça …?
6. … einen Herrn / eine Dame begrüßen.	Bon…, … / Bon…, …!
7. … einen Freund / eine Freundin begrüßen.	S …!
8. … dich verabschieden.	…!
9. … jemanden vorstellen.	V…
10. … dich entschuldigen.	(Oh) P…!
11. … jemanden (vor etwas) warnen.	Att…!
12. … dich bedanken.	M…!

Mehr dazu
ij8z7f

Klappt es noch nicht so gut? Im Internet findest du weitere Übungen zum Bilan-Teil.

2 Ecouter et lire

CD 1, 26
23

Lis, puis écoute. Qui parle? (Lies und höre dann zu. Wer spricht?)

15, 2-3   Exemple: **1.** C'est Flora.

3 En forme (G 2)

15, 4

A *Schreibe die Sätze in dein Heft. Setze* **suis, es** *oder* **est** *ein.*

1. Salut! Je **?** Marie. Je **?** de Paris.
2. Et toi? Tu **?** aussi de Paris?
3. Oui! Et voilà Malabar. C'**?** un chien fantastique!

4. Moustique aussi. Il **?** super!
5. Mais toi, tu **?** super aussi!

B *Bilde Sätze wie im Beispiel und schreibe sie in dein Heft.*

Exemple: **1.** C'est **un** monsieur. **Il** est super!

1. super   **2.** bizarre   **3.** super   **4.** fantastique   **5.** super

Grammaire

G**1**   un, une: l'article indéfini au singulier

masculin:	**un** copain
féminin:	**une** copine

G**2**   je suis, tu es . . .: le verbe **être** et les pronoms personnels au singulier

1ʳᵉ personne	**je suis**
2ᵉ personne	**tu es**
3ᵉ personne	**il est** / **elle est**

Lösungen zu den Bonus-Übungen findest du auf Seite 217.

L'alphabet

Jeu de sons
Parler

CD 1, 34
30

CD 1, 35
(Chanson)

1 Ça s'écrit comment[1]?

A *Ecoutez, lisez et répétez.*

A	B	C	D	E	F	G	H	I
[a]	[be]	[se]	[de]	[ø]	[εf]	[ʒe]	[aʃ]	[i]
J	K	L	M	N	O	P	**Q**	R
[ʒi]	[ka]	[εl]	[εm]	[εn]	[o]	[pe]	[ky]	[εʀ]
S	T	**U**	V	**W**	X	**Y**	**Z**	
[εs]	[te]	[y]	[ve]	[dubləve]	[iks]	[igʀɛk]	[zɛd]	

B *Repensez à votre prénom français et parlez avec votre partenaire. (Denkt noch einmal an euren französischen Vornamen und sprecht mit eurem Partner / eurer Partnerin).*

Exemple: – Tu t'appelles comment? – Cécile
   – Ça s'écrit comment? – C É C I L E. Et toi? …

> é («e accent aigu») ë («e tréma») nn («deux n»)
> è («e accent grave») ç («c cédille») l' («l apostrophe»)
> ê («e accent circonflexe») – («trait d'union»)

Ecouter

CD 1, 36 – 38
31–33

2 Madame comment?

Hunde und Katzen werden für einen Wettbewerb angemeldet. Notiert in euer Heft für jede Anmeldung den Namen der Person und des Tiers sowie ihre Adresse.

Exemple:

> Céline Fabre
> Chien: Chocolat
> 2 rue[2] Brey, Paris

Jeu de mots

3 Le code secret[3]

A *Déchiffrez le code secret.*
   (Entziffert den Geheimcode.)

Exemple: Le cœur[4], c'est B.
   Le zéro[5], c'est …

1. ♥ O N 0 O U R!
2. M E 1 C I, Madame!
3. B 2 E N 3 E N U 4!
4. Q 5 6 T R E
5. un 7 H I E N

6. S I 8
7. un 9 A R Ç 10 N
8. D O U 11 E
9. V O I 12 À

B *Utilisez le code secret et cherchez le nom de ces villes. Ensuite, cherchez-les sur la carte à la fin de votre livre.*
   (Nutzt den Geheimcode und findet die Städtenamen heraus. Sucht sie dann auf der Karte hinten im Buch.)

1. ♥ – 2 – 6 – 1 – 1 – 2 – T – 11
2. 12 – 4   H – 6 – 3 – 1 – 4
3. D – 2 – 0 – 10 – N
4. M – 6 – 1 – S – 4 – 2 – 12 – 12 – 4
5. S – T – 1 – 6 – S – ♥ – 10 – 5 – 1 – 9
6. 12 – Y – 10 – N
7. ♥ – 10 – 1 – D – 4 – 6 – 5 – 8
8. 7 – 6 – 12 – 6 – 2 – S

---

1 Ça s'écrit comment? Wie schreibt man das? **2 une rue** eine Straße **3 un code secret** ein Geheimcode
4 le cœur [ləkœʀ] das Herz **5 le zéro** die Null

Unité 2
Copain, copine

Mehr dazu
km64bf

Vis-à-vis

Was ist das für ein Geschäft?
Was gibt es hier zu kaufen?
In welchen Geschäften kann man diese Dinge bei euch kaufen?
Zu dieser Unité findet ihr Videos auf der DVD im Cahier d'activités.

maison de la presse
un magasin

une affiche

tout pour la rentrée!!!

un journal

une BD

SFF

Marie

Moustique

un monsieur

Malabar

Léo

Malou

Wie viele Hunde findet ihr auf diesem Bild?

18, 1-2
20, 3

Que fait Léo?
Léo <u>regarde</u> une BD.
Un monsieur <u>parle</u> <u>avec</u> Malabar.
Une fille <u>arrive</u>. C'est Marie.
Marie <u>cherche</u> Léo.

PORTFOLIO

Am Ende dieser Unité kannst du weitere Informationen über dich geben.
Dazu lernst du u. a. zu sagen . . .
• wo du wohnst und
• was du gerne oder nicht so gerne magst.

Qu'est-ce que c'est?
C'est un magasin à Paris.
C'est <u>une maison de la presse</u>.

Atelier A

Jeu de mots

1 **Qu'est-ce que c'est <u>en français</u>?**

Mehr dazu
km64bf
CD 1, 39
34
20, 4

A *Ecoutez et répétez.*

un <u>livre</u>

un <u>cahier</u>

un <u>crayon</u>

un <u>stylo</u>

C'est un <u>truc</u> bizarre.

un <u>sac à dos</u>

une <u>gomme</u>

B *Regardez l'exemple sur la photo et jouez.*
(Schaut euch das Beispiel auf dem Foto an und spielt.)

Qu'est-ce que c'est en français?

C'est un stylo?

Oui, c'est un stylo.

Jeu de mots

2 **En rythme**

CD 1, 40 – 41

22, 8

Ecoutez et mimez les verbes que vous entendez.
(Hört zu und macht Pantomimen zu den Verben, die ihr hört.)[1]

Die Playback-Version kann auch für die Einführung der Pluralformen im B-Teil verwendet werden.

je regarde …

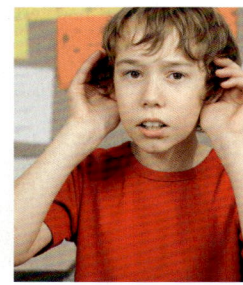

j'<u>écoute</u> …

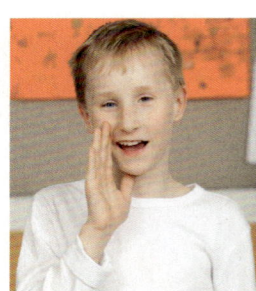

je parle …

je cherche …

je <u>trouve</u> …

je <u>porte</u> …

je <u>travaille</u> …

---

1 Die Lieder befinden sich aus lizenzrechtlichen Gründen nur auf der zusätzlich erhältlichen Audio-CD.

3 Voilà Alex.

CD 1, 42 – 47
35 – 40

1. Léo est <u>dans</u> <u>la</u> <u>rue</u> avec Marie et Malabar.
Un chat <u>arrive</u> et <u>entre</u> dans <u>le</u> magasin.

> Malabar, non! Viens ici!

2. Que fait Malabar? <u>Il</u> <u>entre</u> aussi.
<u>Il</u> <u>cherche</u> <u>le</u> <u>chat</u>!

> Bonjour, … euh, pardon … <u>je</u> <u>cherche</u> Malabar.

> Malabar? Qu'est-ce que c'est? Une BD?

> Non, c'est un chien.

3. Dans <u>le</u> magasin, <u>Léo</u> <u>trouve</u> Malabar.

> Malabar, ah, tu es <u>là</u>!

> Chut! <u>Je</u> <u>travaille</u>.

> <u>Tu</u> <u>travailles</u> <u>pour</u> <u>l'école</u>?

> Non, pour moi. <u>On</u> <u>est</u> <u>en</u> <u>vacances</u>!

> <u>Tiens</u>, voilà grand-mère.

Alex

4. Mme Latière, <u>la</u> grand-mère d'Alex, <u>dit</u> bonjour.
Elle <u>porte</u> un <u>carton</u> et une affiche.

> … mais qu'est-ce que c'est?

> C'est Malabar, <u>le</u> chien de … euh …

5.

> Bonjour, madame, je m'appelle Léo.

> Malabar est <u>le</u> chien de Léo. Et c'est <u>l'ami</u> de Malou.

6.

> Un chien ici? Et <u>le</u> chat? <u>Zut</u>! C'est <u>la</u> catastrophe!

Mme Latière

Lire

4 A propos du texte

Qui est-ce?

Exemple: 1. C'est Marie.

1. Elle est dans la rue avec Léo et Malabar.
2. Il cherche le chat.
3. C'est le chat de Mme Latière.
4. Elle travaille.
5. C'est la grand-mère d'Alex.
6. C'est l'ami de Malou.

En forme

5 Le cahier de Marie (G 3)

→ **En plus 136, 1 △ ; 137, 2**

A Exemple: 1. – Qu'est-ce que c'est? – C'est **un** cahier.

21, 5 - 6
22, 7

B Exemple: 1. – C'est le cahier de Léo? – Non, c'est **le** cahier de Marie.

1. cahier – Léo?

2. BD – Malabar?

3. magasin – Alex?

4. affiche – Marie?

5. chat – Léo?

6. gomme – Moustique?

Parler

6 Viens ici!

Trouvez les phrases qui correspondent aux situations.
(Findet die Sätze, die zu den Situationen passen.)

Exemple: 1. Tu parles avec un chien. ⟶ ⌜Viens ici!⌝

1. Tu parles avec un chien.
2. Tu entres dans un magasin.
3. Un copain parle, mais toi, tu travailles.
4. Tu cherches et tu trouves un copain.
5. Dans la rue, tu trouves un truc bizarre.

Qu'est-ce que c'est?   Chut, je travaille!

Ah, tu es là.   Bonjour. Je cherche une BD.

Viens ici!

En forme

7 ## Que fait …? (G 4, 5)

Faites huit phrases différentes. Attention à la forme des verbes.
(Bildet acht unterschiedliche Sätze. Achtet auf die Form der Verben.)

22, 8

Exemple: [Marie] [parle avec] [la grand-mère d'Alex] .

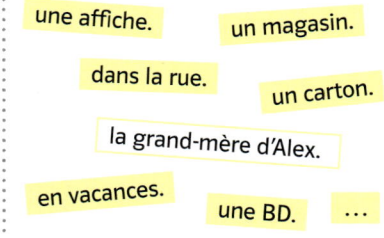

Je / J'   Tu
Elle   Marie
Une fille   Léo
Un monsieur
Alex   …

parler avec
arriver   chercher
regarder
porter   entrer dans
être   …

une affiche.   un magasin.
dans la rue.   un carton.
la grand-mère d'Alex.
en vacances.   une BD.   …

Ecouter
Parler

8 ## Zut, le carton!

41

CD 1, 48

Ecoutez le texte, puis corrigez les phrases. (Hört den Text an und korrigiert die Sätze.)

1. Dans un magasin, Léo cherche un livre.
2. Un copain de Léo arrive. Il cherche un stylo.
3. Un monsieur entre dans le magasin avec une affiche.
4. Dans le carton, Léo trouve un animal super.

Ecrire

9 ## Une catastrophe

→ **En plus 137, 3 △ ; 138, 4 △**

Racontez l'histoire. Les mots donnés peuvent vous aider.
(Erzählt die Geschichte. Die angegebenen Wörter können euch helfen.)

> Zur Verwendung des bestimmten
> und unbestimmten Artikels vgl.
> auch Grammatisches Beiheft, S. 71.

1. papa de Marie – rue – Moustique – porter – carton

2. dit – Attention! – carton! – Non!

3. chercher – chien – Que fait …? – catastrophe!

4. Léo – arriver – Malabar – Moustique – papa de Marie – dit – merci! – garçon super, Léo!

Atelier B

Approche
CD 1, 49
42
23, 9

1 Toi et moi

*Ecoutez et répétez. Puis, notez les formes du verbe **être** dans vos cahiers.*

*(Hört zu und sprecht nach. Notiert dann die Formen des Verbs **être** in eurem Heft.)*

Voilà Pierre et Térence.
Ils sont en vacances.
Voilà Fleur et Lucie.
Elles sont en vacances aussi.
Toi et moi, nous sommes ici.
Anne et Ali, vous êtes à Paris.

2 Salut, Jérôme!

CD 1, 50 – 53
43 – 46

Nous habitons rue Truffaut.

1. Léo et Marie sont devant le magasin de Mme Latière. Ils parlent avec Alex.

Marie: Tu habites ici?
Alex: Dans le magasin? Non, moi, j'habite
5 rue Nollet. Et vous, vous habitez où?
Marie: Moi, j'habite rue Truffaut.
Léo: Ah oui? Moi aussi!

2. *Marie:* Tiens, un t-shirt super.
Alors, tu aimes le rugby, Alex?
10 *Alex:* Oui, et aussi le judo.
Marie: Et toi Léo, qu'est-ce que tu aimes?
Léo: Moi, j'aime le sport et euh …
la musique.

Jérôme

3. *Alex:* Oh, voilà Jérôme!
15 *Jérôme:* Salut!
Marie: Salut, tu es un copain d'Alex?
Jérôme: Non. Nous sommes frère et sœur.
Elle est sympa, Alexandra, non?

4. *Alex:* «Alexandra», je déteste ça.
20 Je m'appelle Alex! D'accord?
Jérôme: D'accord, d'accord, Alexandra.
Alex: Alors, au revoir, Jérôme!
Jérôme: Salut, Alex…andra!
Alex: Ouf!

Lire

3 A propos du texte

A *Vrai ou faux? Donnez la ligne du texte. (Richtig oder falsch? Gebt die Textzeile an.)*

Exemple: **1.** ⟶ C'est faux. Ligne 1.

1. Léo et Marie sont dans le magasin.
2. Léo et Marie habitent rue Truffaut.
3. Marie déteste le t-shirt d'Alex.
4. Alex aime le rugby.

5. Elle déteste le judo.
6. Léo déteste la musique.
7. Jérôme est le frère d'Alex.

Voici …. C'est le frère/la sœur/le copain/ la copine de … Il/Elle habite … Il/Elle aime …

B *Faites le portrait de chaque personnage. (Macht das Porträt von jeder Figur.)*

Jeu de sons

CD 1, 54–55
47–48

24, 11

4 ssss et zzzz

A *Hört die Wörter an.*

[s] Salut!
Wenn ihr **[s]** *hört, macht mit den Armen Schlangenlinien und zischt wie eine Schlange.*

[z] la mu**s**ique
Wenn ihr **[z]** *hört, breitet die Arme aus und summt wie eine Biene.*

B *Ecoutez et répétez.*

1. Vous êtes de Paris?
2. Vous habitez où?
3. Nous habitons rue Truffaut.
4. Vous aimez le sport?
5. Oui, mais nous détestons le rugby.
6. Mais c'est un sport fantastique!
7. Alors, qu'est-ce que vous aimez?
8. Nous aimons la musique.

Achtet auf die Liaison!

En forme

23, 10

5 Jeu de rôle (G 4)

A *Complétez les phrases avec les formes correctes du verbe* **être**. *(Vervollständigt die Sätze mit den richtigen Formen des Verbs* **être**.)

1. *Le garçon:* Bonjour, madame! Je cherche un stylo.
2. *Mme Latière:* Bonjour! Un stylo? Mais oui.
3. *La fille:* Euh, pardon madame, mais … vous **?** la grand-mère d'Alex?
4. *Mme Latière:* Oui. Et vous, vous **?** frère et sœur?
5. *Le garçon:* Oui. Et nous **?** à l'école avec Alex.
6. *La fille:* Jérôme et Alex **?** là?
7. *Mme Latière:* Non, ils **?** à l'école.
8. *Le garçon:* A l'école? Oh, non! Et nous, nous **?** ici!
9. *La fille:* Mais c'**?** la catastrophe! Vite, à l'école!»

B *Jouez la scène.*

En forme

6 Ils travaillent, ils parlent . . . (G 5)

→ **En plus 138, 5** △

24, 12
25, 13
26, 15

A *Trouvez le pronom. (Findet das Pronomen.)*

Exemple: **?** cherche une BD. (Léo)
⟶ **Il** cherche une BD.

1. **?** cherche une BD. (Léo)
2. **?** parlent. (Marie et Mme Latière)
3. **?** sont à l'école. (Alex et Jérôme)
4. Marie et Léo, **?** aim**ez** le rugby?
5. Oui, **?** aim**ons** le rugby.

B *Trouvez la forme correcte du verbe.*
(Findet die richtige Verbform.)

1. Tu (parler) avec un monsieur.
2. – Monsieur, vous (travailler)?
3. – Non, je (regarder) le journal.
4. Et toi, tu (chercher) Léo et Marie?
5. – Oui. Ah, voilà, ils (arriver).
6. – Salut, nous (chercher) la rue Nollet.

Jeu de mots

7 Le sport et la musique

Mehr dazu
km64bf

CD 1, 56
49

Ecoutez, puis faites deux filets à mots.
(Hört zu und erstellt dann zwei Wortnetze.)

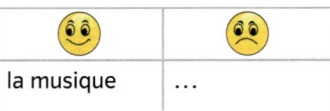

le rock le rap le judo

la chanson le rugby

la musique classique

le foot la techno

la gymnastique le vélo

Ecouter

8 Tu aimes la musique, Léo?

CD 1, 57
50

Ecoutez, puis notez deux choses que Léo
aime et deux qu'il déteste.
(Hört zu. Schreibt dann zwei Dinge auf,
die Léo mag und zwei, die er nicht mag.)

Du musst hier nicht jedes Wort
verstehen. Achte vor allem
darauf, was auf **J'aime** ... und
Je déteste ... folgt.

Exemple:

😀	😟
la musique	...

aimer	le rugby
détester	l'école
	la techno

Parler

9 Et toi, qu'est-ce que tu aimes?

→ **En plus 138, 6**

Parlez avec votre partenaire.
Utilisez des mots de l'exercice 7.
(Sprecht mit eurem Partner / eurer Partnerin.
Verwendet Wörter aus der Übung 7.)

25, 14

Miaou. Moi, j'habite
Cité des Fleurs.

ON DIT

– J'habite rue Truffaut. Et toi, tu habites où?
– J'habite à Neunkirchen, Jägerstraße.

– J'aime le rugby. Et toi, qu'est-ce que tu aimes?
– J'aime le vélo et le rock. Et toi, tu aimes aussi
le rock?
– Oui, j'aime aussi le rock. / Non, je déteste le rock.

– Et Max, qu'est-ce qu'il aime?
– Il aime la musique classique.
– Et Sonja, qu'est-ce qu'elle aime?
– Elle aime le foot.

→ **En plus 139, 7** △

Pratique: tâches

Parler **1** **Voilà Melissa.**

A *Travaillez à deux. Chacun présente un élève à son partenaire.
(Arbeitet zu zweit. Jeder präsentiert seinem Partner einen Schüler.)*

27, 16

Exemple: Voilà Melissa. Elle habite à Munich[1].
Elle aime … Elle déteste … C'est la sœur de … et
la copine de …

Saskia

Stadt	Bamberg
😊	Sport, klassische Musik
😞	Rock, Rap
Geschwister	Katja, Kevin
Freunde	Teresa

Jonathan

Stadt	Passau
😊	Judo, Rap
😞	Fußball
Geschwister	Lukas
Freunde	Robin, Orhan

Melissa

Stadt	München
😊	Sport, Rock
😞	Schule
Geschwister	Lukas
Freunde	Kim, Viviane, Julia

Pascal

Stadt	Ingolstadt
😊	Fahrrad, Reggae, Comics
😞	Turnen
Geschwister	Cora
Freunde	Philipp, Ali

B *Stelle deiner Klasse deinen Partner / deine Partnerin
auf Französisch vor.*

Médiation **2** **Voilà un copain, voilà une copine.**

*Trouvez pour chaque élève allemand de **l'exercice 1** un correspondant français.
Justifiez votre choix en allemand. (Findet für jeden deutschen Schüler der Aufgabe 1
einen französischen Briefpartner. Begründet eure Wahl auf Deutsch.)*

27, 17

Amélie ★
Ville: Paris
Amis d'Amélie

Salut! Je m'appelle **Amélie** et
j'habite à Paris. J'aime le basket
et le volley. J'aime aussi le violon
et je suis dans un orchestre.
Je déteste la musique pop.

Lylia ★★
Ville: Toulouse
Amis de Lylia

Je suis **Lylia** et j'habite à
Toulouse. J'aime la musique rock
et surtout la guitare électrique.
J'aime être avec mes copines.
Attention: je déteste la danse!

Noah ★★
Ville: Brest
Amis de Noah

Bonjour! Je m'appelle **Noah** et
j'habite à Brest. J'aime la moto
et la musique: le rap et le rock.
Je suis fan de Titeuf et j'aime
aussi Astérix.

Romain ★
Ville: Clichy
Amis de Romain

Salut, c'est moi, **Romain**. J'habite
à Clichy. Je fais du karaté, j'aime
Eminem et 50 Cent. Je cherche
un corres qui aime ça aussi.
Tu aimes les Sims? Moi aussi!

Wen hättest du gerne als Austauschpartner?
1 Munich [mynik] München

Stratégie

3 Mit dem Französischbuch arbeiten

1. Wo schlägst du nach, wenn du vergessen hast, was das Wort **devant** bedeutet?

2. Worauf verweist das Zeichen (G) in den Überschriften der Übungen?

3. Wo kannst du nachschauen, wenn du eine französische **Übungsanweisung** nicht verstehst?

4. In der nächsten Aufgabe begegnet dir das neue Wort **les jeux vidéo**. Wo kannst du nachschlagen, wie man es ausspricht?

5. Wobei hilft dir die Rubrik **Bilan**?

> ### STRATEGIE
>
> Eine „Gebrauchsanweisung" zu deinem Französischbuch findest du auf den Seiten 8 und 9.
> Im Vokabelteil auf Seite 161 steht, wie du Wörter lernen und behalten kannst.
> Nützliche Ausdrücke für das Gespräch in der Klasse kannst du auf den Seiten 60 und 61 nachschlagen.

PORTFOLIO

4 J'aime … Je déteste …

28, 18-19

Gestalte eine Seite für dein Portfolio.
Schreibe auf, was du gerne magst und was du gar nicht magst.
Du kannst eine Collage aus Zeitschriften erstellen oder auch zeichnen.
Denke an die Wörter auf S. 34, Übung 7.

J'aime …

Je déteste …

Mon dico personnel
Lerne, wie deine Lieblingsbeschäftigung auf Französisch heißt.
Weitere Aktivitäten findest du im Vokabular auf Seite 171.

le cinéma

la lecture

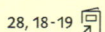

le piano

la télévision

les jeux vidéo

Internet

la natation

le saxophone

la guitare

le dessin

Bilan

1 **Parler**

29, 1

Du kannst jetzt schon …

1. … sagen, wessen Freund(in) du bist.
2. … fragen, wo jemand wohnt.
3. … sagen, wo du wohnst.
4. … fragen, was etwas auf Französisch heißt.
5. … fragen, was jemand macht.
6. … fragen, was jemand mag.
7. … sagen, dass du etwas gerne hast / magst.
    (Rad fahren)
8. … sagen, dass du etwas gar nicht magst.
9. … sagen, dass du einverstanden bist.
10. … sagen, dass du Ferien hast.

> Überprüfe, was du kannst!
> Vergleiche deine Lösungen mit
> den Lösungen auf Seite 217 – 218.

Und so kannst du den Satz anfangen:

Je suis … Joséphine.
Tu …?
J'… Neustadt, …
Qu'…, en …?
Que … Max?
Qu'… tu …?
J' … le vélo.

Je … le rap.
D'…!
Je suis …

Mehr dazu
km64bf   Weitere Übungen findest du im Internet.

2 **Lire et écrire**

Mets les phrases dans le bon ordre et écris l'histoire.
(Bringe die Sätze in die richtige Reihenfolge und schreibe die Geschichte auf.)

Commence comme ça: *(Beginne so:)* Marie entre dans un magasin. …

1

2

3

4

Elle regarde une BD.

Mais que fait Jérôme?

Jérôme, attention, la BD!

Oh! C'est la catastrophe!

Elle cherche une BD pour une amie.

Marie entre dans un magasin.

Ah! Voilà une BD super!

Tiens, voilà Jérôme.

> Zu jedem Bild
> gehören zwei Sätze.

3 Ecouter et lire

CD 1, 58
51

29, 2

Ecoute les questions et trouve la bonne réponse.
(Höre die Fragen an und finde die richtige Antwort.)

Exemple: Vous habitez à Paris? ⟶ **3.** Non, nous habitons à Toulouse.

1. J'aime le judo et le rugby.
2. C'est un stylo.
3. Non, nous habitons à Toulouse.

4. Non, il est dans le magasin.
5. Non, j'aime bien le vélo.

4 En forme (G 4)

*Complète les phrases avec les formes correctes du verbe **être**.*
*(Vervollständige die Sätze mit den richtigen Formen des Verbs **être**.)*

1. Marie et le papa de Marie **?** dans un magasin.
   Marie: Bonjour, madame Latière.
2. *Mme Latière:* Bonjour, Marie. Bonjour, monsieur.
   Ah, vous **?** le papa de Marie?
3. *Le papa:* Oui, c'est ça, je **?** le papa.
   Nous **?** ici pour une BD.

4. *Mme Latière:* Voilà une BD fantastique.
   Le papa: Elle **?** super, non, Marie?
5. *Marie:* Tu trouves la BD super?
   Tu **?** bizarre, papa!

5 On combine. (G 3, 5, 6)

Complète le dialogue. Utilise les verbes donnés ★.
(Vervollständige den Dialog. Verwende die vorgegebenen Verben.)

29, 3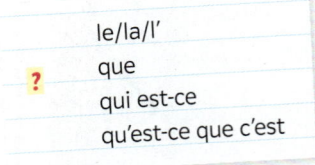

Marie: **1.** Papa, elle est super, **?** affiche, non?
   2. … Tiens, dans **?** magasin, c'est Alex!
Le papa de Marie: **3.** Alex, **?** ?
Marie: **4.** C'est une copine. Elle habite dans **?** quartier.
Le papa de Marie: **5.** Elle ★ avec un garçon.
   6. C'est **?** ami d'Alex?
Marie: **7.** Non, c'est Jérôme, **?** frère d'Alex. **8.** Mais **?** fait Alex?
9. Le papa et Marie ★ dans **?** maison de la presse.
Marie: **10.** Salut, Alex! Salut, Jérôme. Vous ★ une BD?
Alex: **11.** Non, nous ★ un livre sur le taekwondo.
Le papa de Marie: **12.** Vous ★ ça?
Marie: **13.** Mais le taekwondo, **?** ? C'est un sport?
Jérôme: **14.** Oui, et on ★ ça. **15.** Moi, je/j' ★ **?** gymnastique,
   mais le taekwondo, je/j' ★ ça. **16.** Je/j' ★ ça bien.
Alex: **17.** Et toi, Marie, tu ★ **?** sport? (…)

| le/la/l' |
| que |
| qui est-ce |
| qu'est-ce que c'est |

?

sprechen

eintreten
ansehen
suchen
mögen

mögen, verabscheuen
mögen, finden
mögen

Grammaire

G 3   le, la: l'article défini au singulier

masculin:	**le** chien
	l'ami
féminin:	**la** catastrophe
	l'amie

G 4   nous sommes, vous êtes … : le verbe **être** et les pronoms personnels

singulier		pluriel	
je	suis	nous	sommes
tu	es	vous	êtes
il		ils	
elle	est	elles	sont
on			

G 5   chercher, arriver, habiter … : les verbes en **-er**

singulier		pluriel	
je	cherch**e**	nous	cherch**ons**
tu	cherch**es**	vous	cherch**ez**
il		ils	
elle	cherch**e**	elles	cherch**ent**
on			

! **j'**habite – **j'**arrive: Achte auf den Apostroph!

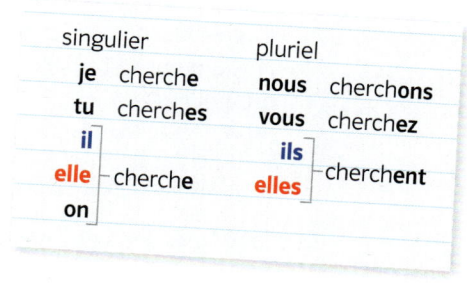

G 6   Tu es le frère d'Alex? L'interrogation (I)

Tu habites **ici**?	Wohnst du hier?
Tu habites **où**?	Wo wohnst du?
Tu t'appelles **comment**?	Wie heißt du?
Qui est-ce?	Wer ist das?
Qu'est-ce que c'est?	Was ist das?
Que fait Léo?	Was macht Léo?
Qu'est-ce que tu aimes?	Was magst du?

Plaisir de lire

Avant la lecture:

1. *Ihr findet ein Katzenbaby auf der Straße. Was macht ihr?*

2. *Seht das Schild an. Findet heraus, was ein **vétérinaire** ist, und was er tut.*

Docteur Bertrand TAVERS
VETERINAIRE

MEDECINE GENERALE · CARDIOLOGIE
DERMATOLOGIE · RADIOLOGIE · ECHOGRAPHIE
TROUBLES DU COMPORTEMENT
CHIRURGIE GENERALE · CHIRURGIE SPECIALISEE
ANALYSES BIOLOGIQUES · DENTISTERIE

01 46 27 66 86 - 09 66 27 75 24

Frères et sœurs

C'est un beau jour d'octobre. Clément et son père M. Garnier sont dans la rue. Clément porte un carton.
– Regarde, papa, «Clinique vétérinaire», c'est ici.

5 Ils entrent. M. Tavers, le vétérinaire, est là.
– Bonjour, monsieur. Je suis M. Garnier et voilà Clément.
– Bonjour, Clément, bonjour M. Garnier. Alors, qu'est-ce que vous m'apportez là?
10 – Regardez, monsieur. Je l'ai trouvé[1] dans le parc.

Clément ouvre[2] doucement le carton.
– Oh, un bébé chat. Il a 12 jours, au maximum, dit le vétérinaire.
– Il est malade[3]?

15 Le vétérinaire regarde le petit chat tigré.
– Non, mais il a besoin[4] d'une mère.

Que faire? Clément et M. Garnier regardent le vétérinaire.
– Ecoutez, dit M. Tavers. J'ai une amie, elle
20 s'appelle madame Riquet. Sa chatte Minette a trois bébés. Minette acceptera peut-être ce petit tigré? Je téléphone, si vous voulez.[5]
– Oh, oui, monsieur, c'est très gentil, dit Clément.
– Il s'appelle comment, ton petit chat?
25 – Il s'appelle … euh … Moustache.

Le vétérinaire téléphone et … Mme Riquet est d'accord! Clément et son père apportent Moustache chez Mme Riquet. La chatte Minette regarde le bébé chat d'un air intéressé. Et bientôt, Moustache trouve sa place.   30

Les jours passent. De temps en temps[6], Clément est chez Mme Riquet et regarde les quatre petits chats. Ils sont comme frères et sœurs.

Le mois de décembre arrive et puis[7], c'est Noël[8]. Dans la maison des Garnier, devant le sapin de   35 Noël, il y a des cadeaux, des grands et des petits. Tout à coup[9], on sonne[10]. Qui est-ce? M. Garnier ouvre. C'est Mme Riquet. Elle entre avec un carton.
– Voilà, Clément, Moustache veut fêter Noël avec   40 toi. Et si ton papa est d'accord, il reste[11] avec vous.
– Oh, merci, madame! Papa, tu es d'accord? C'est mon plus beau cadeau de Noël!

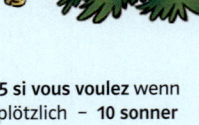

1 je l'ai trouvé ich habe es gefunden – **2 ouvre** öffnet – **3 malade** krank – **4 il a besoin de** es braucht – **5 si vous voulez** wenn Sie wollen – **6 de temps en temps** von Zeit zu Zeit – **7 puis** dann – **8 Noël** Weihnachten – **9 tout à coup** plötzlich – **10 sonner** klingeln – **11 rester** bleiben

Erschließbare und für das Globalverstehen nicht unmittelbar wichtige Wörter sind nicht annotiert.

Après la lecture: *Moustache hatte Glück. Clément auch. Erklärt auf Deutsch, warum.*

Révisions

Lösungen zu den Révisions-Übungen findest du auf Seite 218.

Ecouter Parler

64
CD 1, 73

1 Qui est-ce?

Ecoutez, puis répondez.

Qui est Moustique?

Exemple: → C'est le chien de Marie.

Jeu de mots

2 Bonjour. Je m'appelle Marie.

Complétez les phrases avec les mots à droite.
(Vervollständigt die Sätze mit den Wörtern rechts.)

1. Bonjour. Je m'appelle Marie.
   Et toi, tu t'appelles **?** ?
2. Tu es de Paris? Moi **?** !
3. J'habite **?** une maison super, rue Truffaut.
4. Tu travailles **?** ?
5. Le chien **?** le magasin, c'est Moustique.
6. Je cherche une BD **?** un copain.
7. Au revoir, Alex. … Viens, Moustique, viens **?** moi.

ici
aussi
devant
dans
avec
comment
pour

Parler

3 Réponse et question

Lisez les réponses et trouvez les questions. (Lest die Antworten und findet die Fragen.)

1. C'est Alex.
2. Alex travaille.
3. C'est un t-shirt de rugby.
4. «Je m'appelle Alex.»
5. «J'habite à Paris.»
6. «J'aime le rugby et le judo.»

Médiation

4 Dans un camping

Du bist mit deinem französischen Bekannten Romain auf einem Campingplatz in Frankreich.
Im Waschraum spricht Romain einen deutschen Jungen an, der aber kein französisch spricht.
Du hilfst beim Gespräch. Spielt die Szene.

Exemples: **1.** *(zu Jan)* Er fragt, wie du heißt.
          2. *(zu Romain)* C'est Jan.

Romain:
1. Tu t'appelles comment?
3. Moi, je suis Romain!
   Jan aime le rugby?
5. Il est d'où, Jan?
8. J'habite à Nice.
10. Tu es sympa. Salut!

…

Jan:
2. Ich bin Jan.
4. Nö. Aber ich mag Fußball!
6. Ich bin aus Coburg.
7. Und er? Frag ihn, wo er wohnt.
9. Nizza? Very nice!
11. Sag ihm, er ist auch nett.
    Tschüss.

On prépare le DELF

1 Compréhension de l'oral

CD 1, 74 – 75
65

Ecoute les trois dialogues. Trouve les bonnes réponses.
(Höre die drei Dialoge an. Finde die richtigen Antworten.)

Scène 1: Qui parle?
a Noémie.
b Julie.
c Pauline.

Scène 2: Où est la fille? Dans
a la rue.
b un magasin de musique.
c une maison de la presse.

Scène 3: Que fait Nicolas? Il cherche
a Victor et Gabriel.
b un chien.
c grand-mère.

2 Compréhension des écrits

Lis le message, puis les 5 phrases. Vrai ou faux?
(Lies die Nachricht, dann die fünf Sätze: Richtig oder falsch?)

J'habite à Strasbourg et j'apprends l'allemand à l'école.
Je déteste mon livre d'allemand, mais j'aime bien les BD.
Je suis fan de Captain Biceps!
Alors, je cherche la BD «L'Invincible» en allemand.
julien_12@wanadoo.fr

Julien ★★
Ville: Strasbourg
Amis de Julien

1. Julien habite en France.
2. Il déteste les BD.
3. Il aime bien «Captain Biceps».
4. «L'Invincible» est une chanson.
5. Il cherche une BD en français.

3 Production écrite

Tu t'inscris à un forum Internet français. Présente-toi avec ton prénom et ta ville.
Dis ce que tu aimes et ce que tu n'aimes pas.
(Du meldest dich in einem französischen Internetforum an. Stelle dich kurz mit deinem Vornamen und deinem Wohnort vor. Sage, was du magst und was du nicht magst.)

4 Production orale

Réponds aux questions suivantes.
(Beantworte folgende Fragen.)

1. Ça va bien?
2. Tu t'appelles comment?
3. Tu es d'ici?
4. Tu habites où?

Unité 3
Bon anniversaire, Léo!

CD 1, 76   Mehr dazu mr3k4s

36, 1

▌▌ Vis-à-vis

Wie feiert ihr Geburtstag? Welche Lieder singt ihr? Kennt ihr den Ausdruck für „Herzlichen Glückwunsch" in anderen Sprachen?

Léo

Alex(andra)

Joyeux anniversaire …

PORTFOLIO

Am Ende dieser Unité kannst du über deine Familie und deinen Geburtstag sprechen.
Dazu lernst du u. a. . . .
- dein Alter und das Datum anzugeben,
- zu sagen, wem etwas gehört.

Atelier A

Approche   **1**   <u>Des</u> <u>idées</u> pour un <u>cadeau</u>   (G 7, 8)

CD 1, 77
67

<u>Aujourd'hui</u>, Alex et Marie cherchent un cadeau pour Léo à la <u>FNAC</u>.

36, 2   A la FNAC, <u>il y a</u> …

– <u>des</u> livr**es**   – <u>des</u> affich**es**   – <u>des</u> <u>ordinateurs</u>   – <u>des</u> BD   – <u>des</u> CD

> Alex, c'est <u>bientôt</u> l'anniversaire de Léo!

> Ah, <u>bon</u>? Alors, on cherche un cadeau <u>ensemble</u>?

Marie   Alex(andra)

> Un livre? Une <u>histoire</u> fantastique? <u>Ou</u> une affiche?

> Hum, bof! … Un ordinateur?

> Mais non!

> Alors… un <u>CD</u>?

Vis-à-vis

Die FNAC ist eine in Frankreich und Belgien weit verbreitete Ladenkette. Man kann dort Bücher, Poster, CDs, Computer, Handys und vieles andere kaufen.

*Quel est le pluriel de **un** et **une**?*
Comment est-ce qu'on forme le pluriel des noms?
Comparez avec l'allemand.

Approche

Mehr dazu
mr3k4s

CD 1, 78
68

2 Nous achetons des cadeaux. (G 9)

Marie et Alex achètent un cadeau pour Léo à la FNAC. Mehdi, un copain de Léo, achète un cadeau avec Jérôme dans le magasin de Mme Latière.

A *Qu'est-ce qu'il y a dans le magasin de Mme Latière?*

Exemple: Dans le magasin, **il y a des livres.**
Il y a aussi …

Et il y a aussi des chats.

Continuez. (Macht weiter.)

B *Parlez avec votre partenaire. Utilisez tous les mots donnés.*
(Sprecht mit eurem Partner / eurer Partnerin. Verwendet alle vorgegebenen Wörtern.)

Qu'est-ce que   la fille   on   nous   à la FNAC?
Qu'est-ce qu'   vous   acheter   à la maison de la presse?
                j'   Léo et Mehdi
            tu   le monsieur
                ils   elle

Exemple: – Qu'est-ce que **vous achetez** à la maison de la presse?
           – A la maison de la presse, **nous achetons** des stylos.

3 ## On prépare l'anniversaire.

Avant la lecture: *Voilà M. Pirou, le papa de Léo.*
Il est en France ou en Allemagne?

M. Pirou

CD 1, 79
69

1. *Léo:* Allô?
M. Pirou: Léo, c'est papa.
Léo: Oh, papa! Bonjour! Ça va? Tu es dans le train?
M. Pirou: Je suis à Munich.
5 *Léo:* Comment? Tu es là demain?
M. Pirou: Léo, c'est ton anniversaire, mais voilà:
je travaille … demain.
Léo: Demain? Oh, non, papa! Zut!
M. Pirou: C'est dommage, Léo. Pour moi aussi!
10 Alors, tu invites tes copains?
Léo: Bien sûr! J'invite mon copain Mehdi, ma copine
Alex, Jérôme, le frère d'Alex, et aussi mon amie Marie!
M. Pirou: C'est bien. Alors à bientôt, Léo. En allemand,
on dit «bis bald!»
15 *Léo:* A bientôt, papa. Tiens, maman est là.
Mme Pirou: Allô, Marc? …

Léo

CD 1, 80
70

Ecoutez les phrases. Vrai ou faux?

37, 3

CD 1, 81
71

2. Dans la chambre de Léo. Mme Pirou arrive avec
les bougies pour le gâteau.
Mme Pirou: Bon, alors demain, il y a Marie, Mehdi, …
20 *Léo:* … Alex et Jérôme. Avec toi et moi, on est six.
Mme Pirou: Bon, alors je prépare un gâteau pour
six … ou pour douze. Et toi, aujourd'hui, tu ranges
ta chambre, s'il te plaît. Tu invites des copains ici,
demain et …
25 *Léo:* «Je range ma chambre! Je range ma chambre!»
D'accord, mais demain …
Mme Pirou: Non, maintenant! Tu ranges d'abord tes jeux
vidéo. Ta chambre, c'est la catastrophe!
Léo: Oui, mais c'est ma chambre et ce sont
30 mes affaires!
Mme Pirou: Comme tu préfères. Ce sont tes affaires
et ce sont aussi tes amis, Léo!
Léo: Zut, zut et zut! Des histoires! Toujours
des histoires. D'abord, papa travaille demain,
35 et maintenant, ça!
Mme Pirou: Chut! Léo! Papa arrive bientôt!
Léo: D'accord. Et mon cadeau, qu'est-ce que c'est?
Mme Pirou: Les cadeaux, c'est pour demain, Léo!

Mme Pirou

Ranger ou jouer? Qu'est-ce que vous préférez?

Lire

4 A propos du texte

Ecrivez les phrases correctes dans votre cahier. (Schreibt die korrekten Sätze in euer Heft.)

Exemple: **1.** M. Pirou travaille en Allemagne .

1. M. Pirou travaille

à Paris. en Allemagne. à la FNAC.

2. L'anniversaire de Léo, c'est

aujourd'hui. demain. bientôt.

3. M. Pirou arrive

maintenant. demain. bientôt.

4. Léo invite

des amis. Mme Latière. M. Pirou.

5. Mme Pirou prépare

les cadeaux. un gâteau. la chambre.

6. Léo déteste

le gâteau. ranger. les histoires.

En forme

5 Mon anniversaire et mes copains (G 10, 11)

37, 4

A *Relisez le texte et complétez.*

– Alors Léo, tu invites **?** amis à **?** anniversaire?

– Oui, j'invite **?** copains et copines:
Alex, Jérôme, Mehdi et bien sûr **?**
amie Marie.

Mme Latière Léo

B *Faites des dialogues.*

Exemple: C'est **ta** copine ? – Oui, c'est **ma** copine.
– Non, c'est **la** copine de …

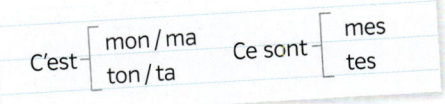

| C'est | mon / ma | Ce sont | mes |
| | ton / ta | | tes |

le chat l'idée l'ordinateur le copain
la sœur les cadeaux la chambre
la copine
la gomme le vélo les copines
la maison le cahier
l'amie l'ami les affaires
les crayons …

Jeu de sons

6 Les amis et le cadeau

CD 1, 82 – 83
72–73

37, 5

A *Schließt die Augen und hört gut zu. Wenn ihr den Singular **le** hört, zeigt euren Daumen.
Wenn ihr den Plural **les** hört, zeigt 5 Finger.*

B *Des ou les? Ecoutez et répétez. Puis écoutez encore une fois
et écrivez les phrases dans votre cahier.*

1. **?** copains de Léo cherchent **?** idées.
2. Léo aime **?** livres, mais il préfère **?** BD.
3. Il aime aussi **?** CD de rock … **?** animaux

4. Dans le magasin, ils regardent **?** BD.
5. Ils écoutent aussi **?** CD de Superbus¹.
6. **?** cadeaux, c'est pour demain.

En forme

7 **On achète un CD ou tu préfères une BD?** (G 9, 12)

Mettez les verbes à la forme correcte. (Setzt die Verben in die richtige Form.)

Le 2 décembre, les Pirou parlent au téléphone.

Mme Pirou: **1.** Tu (acheter) un cadeau pour Léo en Allemagne?
M. Pirou: **2.** On (acheter) les cadeaux à Paris, non?
Mme Pirou: Mais l'anniversaire, c'est bientôt!
M. Pirou: **3.** Comme tu (préférer). Alors j'(acheter) un CD en Allemagne.

Mme Pirou: **4.** Super! Mon père et ma mère (acheter) des livres.
M. Pirou: **5.** Des livres pour Léo? Il (préférer) les jeux vidéo, non?
Mme Pirou: **6.** Oui, mais papa et maman (préférer) les livres.
M. Pirou: **7.** Comme vous (préférer).
Mme Pirou: **8.** Bof! Bon, d'accord, nous (acheter) aussi un jeu vidéo.

Ecouter Parler

8 **C'est une idée super!** (G 9, 10, 12)

38, 7

A *Qu'est-ce qu'ils aiment,
qu'est-ce qu'ils préfèrent
et qu'est-ce qu'ils détestent?*

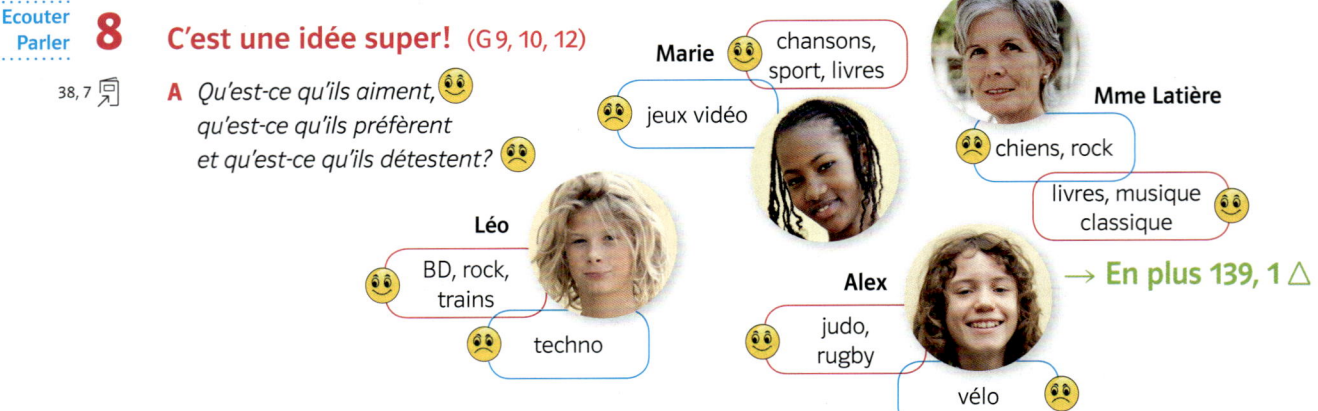

Marie — chansons, sport, livres / jeux vidéo

Mme Latière — chiens, rock / livres, musique classique

Léo — BD, rock, trains / techno

Alex — judo, rugby / vélo

→ **En plus 139, 1** △

CD 1, 84
74

B Ecoutez et répondez.

Exemple:

Tu achètes un CD de techno pour Léo?

> Mais non, il **déteste** …
> Il / elle **préfère le / la / les** …
> Oui, il / elle **aime bien le / la / les** …

⟶ Mais non, il **déteste** la musique techno.

C *Qu'est-ce que vous achetez comme cadeau pour vos amis?
Et vous, qu'est-ce que vous préférez comme cadeau? Parlez avec votre partenaire.*

––––––––––
1 Superbus [sypɛʀbys] un groupe de rock français

→ **En plus 139, 2** △

Jeu de mots

9 La famille de Léo

les grands-parents
le grand-père /
la grand-mère

les parents
le père / la mère
l'oncle / la tante

les enfants
le fils / la fille
le frère / la sœur
le cousin / la cousine

Alain

Claude

Georges

Madeleine

Marc

Anne

Julie

Pedro

Léo

Malabar

Sarah

Jean

Pierre

A *Faites des devinettes. (Erfindet Rätsel.)*

Exemple: C'est le cousin de Léo et le frère de Jean. Qui est-ce? ⟶ C'est Pierre.

B *Présentez votre famille. Vous pouvez faire des dessins.*
(Stellt eure Familie vor. Ihr könnt dazu Zeichnungen machen.)

Exemple: – Voilà mes tantes: Angela et Christa. Et là, c'est ma cousine Iris.

Stratégie

10 Lire et parler

> **STRATEGIE**
>
> So kannst du das flüssige Vorlesen üben:
> Nimm dein Buch und setze dich deinem Partner gegen-
> über. **Lies** nun einen Satz leise, bis du ihn auswendig
> kannst. **Blicke** dann deinem Partner in die Augen.
> **Sprich** den Satz laut, aber ohne dabei ins Buch zu sehen.
> Wechselt euch ab, bis der ganze Text gelesen ist.

Probiert die Strategie mit dem folgenden Text aus.

Le père de Léo
Marc Pirou, le père de Léo, travaille en Allemagne, à Munich. Il travaille pour un journal français. Il parle bien l'allemand. Marc Pirou aime bien l'Allemagne. Il aime aussi être en famille, avec Anne et Léo. Mais la famille de Monsieur Pirou habite à Paris. Léo dit toujours:
«Viens vite, papa!»

Atelier B

1   ## L'anniversaire de Léo

CD 1, 85 – 90
75 – 80

1. Le 19 décembre, c'est l'anniversaire de Léo.
Ses copains et ses copines arrivent. Ils ont des
cadeaux pour Léo.

> Voilà un CD. Tu aimes la
> musique techno, c'est ça?

> La techno … euh,
> oui, bien sûr! Merci!

> Oh! Un CD … de rock!
> Ouf! Je déteste
> la techno. Merci,
> Alex, merci Marie!

2.

> Nous aussi, nous avons un
> cadeau pour toi, Léo.

> Léo, tu as encore
> un cadeau, ici.

> Une BD!
> «Malabar»!
> Super!

3.

> Qu'est-ce que c'est,
> un DVD? Oh! Un jeu vidéo!
> Merci, maman!

> Vous avez faim?
> On mange le gâteau?

4. Léo souffle les bougies de son gâteau
d'anniversaire, puis ses amis chantent.

> Super! J'ai onze
> ans, maintenant!

> Joyeux anniversaire!

5.

> Maman, on a envie de regarder le jeu vidéo
> sur mon ordi. D'accord? S'il te plaît!

> Bien sûr!
> C'est ton
> anniversaire!
> On mange
> d'abord
> le gâteau?

6. Léo est dans sa chambre avec ses copains.

> Oh, tu es là!
> Mais c'est une
> surprise, ça!

> Maman?! Qu'est-ce qu'il y a?
> Qui est-ce?

Après la lecture: *Devinez qui arrive.*

Lire

2 A propos du texte

Mettez les phrases dans le bon ordre et notez les lettres. Elles vous diront qui arrive chez Léo. (Bringt die Sätze in die richtige Reihenfolge und notiert die Buchstaben. Sie verraten euch, wer bei Léo eintrifft.)

Il souffle les bougies de son gâteau et ses amis chantent «Joyeux anniversaire». **R**

Le 19 décembre, c'est l'anniversaire de Léo. **M.**

Léo est dans sa chambre avec ses copains et alors, il y a une surprise. **U**

Léo regarde ses cadeaux: il y a d'abord un CD de rock, puis une BD. **P**

Ils mangent le gâteau, puis les amis ont envie de regarder le jeu vidéo. **O**

Il regarde aussi le cadeau de ses parents: c'est un jeu vidéo. **I**

Jeu de mots

3 . . . sept, huit, neuf, clap! . . .
(Vocabulaire, p. 177)

*Faites trois groupes. Comptez de 1 à 39. Remplacez 10, 17, 24, 33 par **Clap!** (Bildet drei Gruppen. Zählt von 1 bis 39. Ersetzt 10, 17, 24, 33 durch **Clap!**)*

neuf! clap! onze! …

Ecouter

CD 1, 91
81

4 Marie et Mehdi

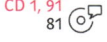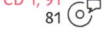

Ecoutez le texte et notez les nombres dans votre cahier. (Hört den Text und schreibt die Zahlen in euer Heft.)

1. Marie a une sœur de **?** ans et un frère de **?** ans.
2. Elle habite avec sa famille **?** rue Truffaut.
3. Mehdi a **?** ans. Il a **?** frère et **?** sœur.
4. La famille de Mehdi habite **?** rue Nollet.

Jeu de sons

CD 1, 92
82

5 3 gâteaux, 6 cadeaux . . .

Ecoutez et répétez, puis lisez. (Hört und sprecht nach, dann lest vor.)

39, 8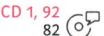

1. Il a 2 crayons et 2 idées.
2. Elle a 3 gâteaux et 3 affiches.
3. Nous avons 6 cadeaux et 6 amis.
4. Vous avez 8 copains et 8 affaires.
5. Ils ont 10 trains et 10 ordinateurs.
6. Elles ont 19 bougies et 19 ans.

… nous avons, vous avez, ils / elles ont: Achtet auf die Liaison!

→ **En plus 140, 3**

En forme

6 Les «dominos» (G 13)

Jouez «aux dominos». Jouez trois minutes. Vous pouvez utiliser les «dominos» plusieurs fois.
(Spielt „Dominos" drei Minuten lang. Ihr könnt die „Dominosteine" mehrmals benutzen.)

39, 9
40, 10

Exemple: J'ai **11 ans**. Tu … *Continuez.*

| ont faim. | J' | avez un vélo? | Elles | avons des BD. | Vous | ai envie de chanter. | Tu |

| avez un chien? | Ils | as 12 ans? | Il | as encore faim? | Elle | ont une sœur sympa. | J' |

| a des CD de rock. | Nous | ai 11 ans. | Tu | a 11 ans. | Nous | avons des amies. | Vous |

Jeu de mots

7 Les <u>mois</u> de l'<u>année</u>

janvier · février · mars · avril · mai · juin

1. — Marie

4. — Mehdi

juillet · août · septembre · octobre · novembre · décembre

10. — Alex

6. — Jérôme

19. — Léo

An dieser Stelle werden die Monatsnamen eingeführt.

A *Faites des dialogues. (Macht Dialoge.)*

Exemple: – L'anniversaire de Marie, <u>c'est quand</u>? – L'anniversaire de Marie, c'est le <u>premier</u> mars.

B *Parlez avec vos camarades. (Sprecht mit euren Klassenkameraden.)*

Exemple: – Ton anniversaire, c'est quand? – Mon anniversaire, c'est le …

C *Regardez la vidéo. L'anniversaire de Lou, c'est quand?*

→ **En plus 140, 4** △

En forme **8** **Léo range …, Marie regarde …** (G 11)

41, 11

Faites des phrases.

Léo / Marie
son sa ses

A Exemple: **1.** Dans sa chambre,
Léo range **ses affaires**.

1. les affaires **2.** les cadeaux **3.** la gomme
4. les livres **5.** les CD **6.** l'affiche **7.** le stylo

B Exemple: **1.** Dans sa chambre, Marie
regarde **son DVD**.

1. le DVD **2.** les cahiers **3.** la BD **4.** le stylo
5. le journal **6.** l'ordinateur **7.** l'affiche
8. les t-shirts

Parler **9** **Tu as quel âge?**

41, 12
42, 13

A *Parlez avec votre partenaire. Prenez des notes.*
(Sprecht mit eurem Partner / eurer Partnerin.
Macht euch Notizen.)

B *Présentez votre partenaire.*
(Stellt euren Partner / eure Partnerin vor.)

Exemple:
Mona a 11 ans. Son anniversaire, c'est le 2 octobre.
Elle a un frère, il s'appelle Victor. Il a 8 ans …

ON DIT

– Tu as quel âge? – J'ai 11 ans.

– Ton anniversaire, c'est quand?
– Mon anniversaire, c'est le 23 février.

– Tu as des frères et sœurs?
– Non. / Oui, j'ai un frère. Il s'appelle …
  J'ai aussi une sœur. Elle s'appelle …

– Ils ont quel âge?
– Mon frère a 14 ans et ma sœur a 9 ans.

– Vous avez des cousins et des cousines?
– Non. / Oui, nous avons deux cousines.
  Elles ont 18 et 20 ans.

Lire
Ecrire **10** **Voilà Mehdi.**   → **En plus 141, 5** △

Voilà quelques notes sur Mehdi.
Ecrivez un texte pour présenter Mehdi.
(Hier sind einige Notizen zu Mehdi.
Schreibt einen Text, um Mehdi vorzustellen.)

Commencez comme ça:

C'est Mehdi. Il a …

Mehdi, 11 ans
Anniversaire: 4 / 5
Frère: Abdel (10)
Sœur: Karima (14)
Adresse: 25 rue Nollet
Aime: les mangas,
les histoires, le karaté
Déteste: le foot, la gymnastique
Copains, copines: Léo, Jérôme, Marie,
Alex

→ **En plus 141, 6** △

Pratique: tâches

Médiation

1 Qu'est ce qu'il y a ici, en janvier?

43, 15

Deiner französischen Freundin erklärst du mündlich, warum der „Bücherwurm" feiert und welche Aktivitäten und Attraktionen es gibt.

STRATEGIE

Du musst nicht jedes Wort wiedergeben. Beschränke dich auf die wesentlichen Aussagen und lasse alles andere weg, z.B. die Wörter …
- *Hörbuchtag*: erläutere einfach, was an diesem Tag geschieht.
- *spannend*: es ist für das Verständnis nicht notwendig.

Der „Bücherwurm" wird 10 Jahre alt! Ein buntes Programm wartet auf euch mit vielen Überraschungen und einem großen Geburtstagskuchen!

14. Januar Hörbuchtag: Ihr könnt euch spannende Geschichten auf CD anhören.
15. Januar Filmetag: Seht euch 3 Filme aus unserem DVD-Angebot an.
16. Januar Spieletag: Probiert Computerspiele auf dem Computer aus.

Und das Beste: Unsere **Sonderaktion** 10 Bücherkartons mit Büchern und Comics zu je 1€

Um zu sagen, was es gibt, kannst du *il y a* verwenden.

Lire

2 Un cadeau super pour mon copain

43, 16

C'est l'anniversaire de ton copain français le 25 mars. Pour son cadeau, tu as 12 euros. Ton copain aime le hip-hop, le vélo et le rugby. Il déteste le chocolat et les chats. Voilà quatre idées. Tu trouves le cadeau? C'est le cadeau numéro …

Das gesuchte Geschenk ist die Hip-Hop-CD. Das Rugby-Spiel findet vor dem Geburtstag statt.

1

Rencontre France-Angleterre

Rugby à XIII

le 18 février à 21 heures
Stade Jean Bouin
Entrée Place de l'Europe
rue Claude Farrère
Paris 16ᵉ

Places de 6,25 € à 22 €
Billets disponibles à la FNAC

2

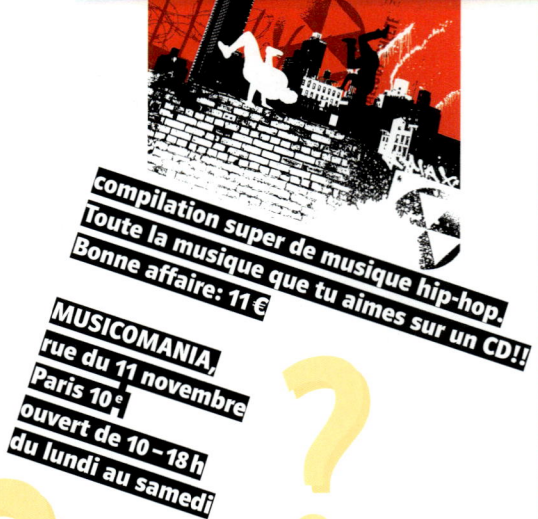

compilation super de musique hip-hop.
Toute la musique que tu aimes sur un CD!!
Bonne affaire: 11€

MUSICOMANIA,
rue du 11 novembre
Paris 10ᵉ
ouvert de 10 – 18 h
du lundi au samedi

3

Nous avons le gâteau pour votre fête. Plein de chocolat, de crème et de smarties, avec ou sans bougies.

Pâtisserie Le Choc

Le pur plaisir des grands et des petits!

A partir de 12 €
8 passage de Melun Paris 19ᵉ
ouvert 7/7 de 8 – 20 h

4

A vendre :
Vélo VTT
24 vitesses
bon état, équipement complet,
100 €
velovite@wanadoo.fr

Ecrire

3 Voilà, c'est moi!

*Tu cherches un correspondant français.
Ecris un petit texte pour te présenter.
Prends d'abord des notes.*
(Du suchst einen französischen Austauschpartner.
Schreibe einen kleinen Text, um dich vorzustellen.
Mache zuerst Notizen.)

Commence comme ça:

Je m'appelle ...

Wenn du nicht weißt,
wie du den Text schreiben
kannst, sieh noch einmal
die Übungen 9 und 10
auf S. 53 an.

Nom
Age
Adresse
Anniversaire
Famille
J'aime
Je déteste

Parler

4 Ma famille et mes copains

Travaillez à deux. Parlez de vos familles, de vos copains et de vos copines.
(Arbeitet zu zweit. Sprecht über eure Familie, eure Freundinnen und Freunde.)

mon
ma   mes

famille   cousin / cousine
père   ami / amie   mère
frère   sœur   copain / copine

avoir un / une   habiter à
avoir ... ans   aimer bien
être sympa   travailler à

PORTFOLIO

5 Mon roman photo

*Erstelle eine Collage zu einem Fest,
bei dem du warst. Du kannst z.B. Fotos
benutzen oder Bilder malen.
Schreibe unter jedes Bild zwei Sätze.
Du kannst auch mit Sprechblasen
arbeiten.*

Mon dico personnel
Weitere Feste findest du im
Vokabular, Seite 178.

Bonjour,
Mélanie!

Attention!

C'est l'anniversaire de Sven.
Nos grands-parents arrivent.

Notre cousin est
là aussi.

Sven souffle les
bougies de son gâteau.

un mariage

un anniversaire

Noël (m.)

le Nouvel An

Bilan

1 Parler

Du kannst jetzt schon …

45, 1

1. … jemandem zum Geburtstag gratulieren.
2. … fragen, was es irgendwo gibt.
   (Was gibt es in dem Geschäft?)
3. … jemanden um etwas bitten.
   (Zimmer aufräumen)
4. … sagen, dass du bestimmte Dinge magst,
   andere aber lieber magst. (Ich mag Comics,
   aber Bücher mag ich noch lieber.)
5. … jemanden fragen, ob er Hunger hat.
6. … sagen, wie alt du bist. (Ich bin 11.)
7. … sagen, wann du Geburtstag hast.
8. … sagen, dass du auf etwas Lust hast.
   (Ich habe Lust, eine CD zu hören.)

> Überprüfe, was du kannst!
> Vergleiche deine Lösungen mit
> den Lösungen auf Seite 218.

Und so kannst du den Satz anfangen:

Bon …! / …!

Qu'est-ce qu'…?

Tu ranges ta chambre, …?

… BD, mais je …

Tu …?

… 11 ans.

…, … premier mars.

J'ai … écouter un CD.

Mehr dazu mr3k4s   Weitere Übungen findest du im Internet.

2 Regarder et écrire (G 11)

45, 2

A *Décris les images en utilisant les mots donnés.*
(Beschreibe die Bilder und benutze dabei
die vorgegebenen Wörter.)

Exemple:
1. Aujourd'hui, c'est l'anniversaire de Léo.
   Sa mère …

1. Aujourd'hui / anniversaire / Léo.
   mère / préparer / gâteau.

2. Léo / dans / chambre / amie Marie / Malabar
   Et voilà / cadeaux: / jeu vidéo. / BD

3. Maintenant / père / là aussi.

B *Maintenant, Léo parle des images.*
(Jetzt spricht Léo über die Bilder.)

Exemple:
Aujourd'hui, c'est **mon** anniversaire. …

1

2

3

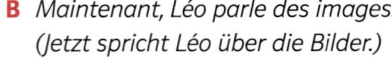

3 En forme (G 13)

Invente des phrases. (Erfinde Sätze.)

1. J' …
2. Tu …
3. Il …
4. Nous …
5. Vous …
6. Elles …

avoir

faim?

une idée.

envie d'écouter un CD?

une surprise.

11 ans.

un cadeau pour Léo.

4 Jeu de mots

Complète le texte.
(Vervollständige den Text.)

Et moi, je suis le **?** de **?** .

1. Léo est le **?** de Marc Pirou.
2. La mère de Marc Pirou est la **?** de Léo.
3. La fille de l'oncle de Léo est la **?** de Léo.
4. La sœur de la mère de Léo est la **?** de Léo.
5. Le grand-père et la grand-mère sont les **?**.
6. Le frère du père de Léo est l'**?** de Léo.

7. Les fils et les filles sont les **?**.
8. La fille de ma mère, c'est moi ou ma **?**.

5 On combine. (G 8-13)

*Complète le texte avec les adjectifs possessifs **?***
et les mots donnés à la forme correcte.
(Vervollständige den Text mit den
*Possessivbegleitern **?** und den vorgegebenen*
Wörtern in der passenden Form).

45, 4

1. Marie, Clara et Gabriel (avoir) une cousine sympa: Célanie.
2. Bientôt, c'est **?** anniversaire.
3. Célanie aime bien **?** cousins.
4. «Maman, pour **?** anniversaire, on invite **?** cousins, d'accord?».
5. Célanie aime bien (les / des) BD, mais elle (préférer) (les / des) livres:
6. Marie (acheter) pour **?** cousine un livre sur les animaux.
7. Clara et Gabriel (acheter) un t-shirt.

8. Aujourd'hui, Célanie (avoir) 9 ans.
Célanie: 9. Vous (avoir) toujours des idées super pour les cadeaux!
10. Vous (acheter) toujours des trucs fantastiques.
11. Merci! Maintenant, on joue dans **?** chambre ou on mange le gâteau, qu'est-ce que vous (préférer)?
Marie: 12. Aujourd'hui, c'est **?** anniversaire, qu'est-ce que tu (préférer)?
Célanie: 13. Moi, je (préférer) les deux!

Grammaire

G7 **une bougie, deux bougies:** le pluriel des noms

Alors, pour Léo:
une bougie, deux bougie**s**
… onze bougie**s**!

singulier	pluriel
un livre	**deux** livre**s**
une bougie	**deux** bougie**s**
un cadeau	**deux** cadeau**x**
un fils	**deux** fils
une BD	**deux** BD

G8 **des:** l'article indéfini au pluriel

Des crayons et
des gommes? Bof!

Pour Léo,
de Mme
Latière!

singulier	pluriel
un crayon	**des** crayon**s**
ein Bleistift	– Bleistifte
une gomme	**des** gomme**s**
un ami	**des** ami**s**
une amie	**des** amie**s**

G9 **j'achète, tu achètes . . . :** le verbe **acheter**

Nous, on **achète** un CD
pour Léo. Et vous, qu'est-
ce que vous **achetez**?

cadeaux

singulier		pluriel	
j'	achète	**nous**	achet**ons**
tu	achèt**es**	**vous**	achet**ez**
il		**ils**	
elle	achète	**elles**	achèt**ent**
on			

G10 **les:** l'article défini au pluriel

Super! J'aime bien **les**
chansons de Superbus.
Ah! J'aime **les** cadeaux!

Pour Léo,
de Pedro!

superbus

singulier	pluriel
le cadeau	**les** cadeau**x**
das Geschenk	die Geschenke
la chanson	**les** chanson**s**
l' ami	**les** ami**s**
l' amie	**les** amie**s**

G**11** mon, ton, son . . .: les adjectifs possessifs (I)

C'est **ma** copine Alex et **son** frère Jérôme.

singulier		pluriel	
mon	frère	**mes**	frères
ton	frère	**tes**	frères
son	frère	**ses**	frères
ma	copine	**mes**	copines
ta	copine	**tes**	copines
sa	copine	**ses**	copines

! mon / ton / son͜ amie

G**12** je préfère, tu préfères . . .: le verbe **préférer**

Vous **préférez** ça, vous?
Moi, je **préfère** le gâteau!

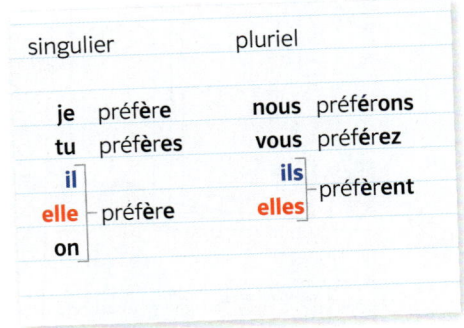

singulier		pluriel	
je	préf**è**re	**nous**	préf**é**rons
tu	préf**è**res	**vous**	préf**é**rez
il		**ils**	
elle	préf**è**re	**elles**	préf**è**rent
on			

G**13** j'ai, tu as . . . : le verbe **avoir**

Zut!

Maman, nous **avons** faim!

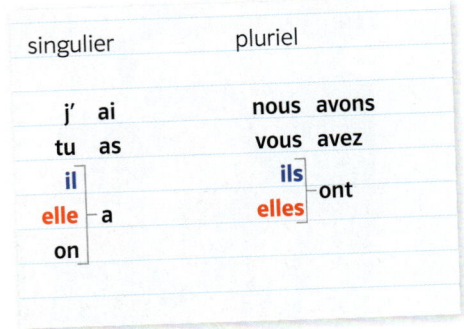

singulier		pluriel	
j'	ai	**nous**	avons
tu	as	**vous**	avez
il		**ils**	
elle	a	**elles**	ont
on			

! Tu **as** quel âge? – Wie alt **bist** du?
! J'**ai** onze ans. – Ich **bin** 11 Jahre alt.

Lösungen zu den Bonus-Übungen findest du auf Seite 218 – 219.

Pour parler en classe

1 Le professeur

CD 2, 9
90

A *Ecoutez les phrases et regardez le dessin. Qui est qui?*
(Hört die Sätze und schaut die Zeichnung an. Wer ist wer?)

Exemple: Lukas, c'est le «O» et Julia, c'est le «P».

1. Lukas et Julia, silence, SVP[1]!
2. Louis, épèle le mot «aujourd'hui», STP[2].
3. Jonas et Emma, fermez les fenêtres.
4. Max, lis le texte, STP.
5. Ben, écris la phrase[3] au tableau.
6. Qui commence? Toi, Arda?

7. Ali et Sofia, ouvrez vos livres à la page 5.
8. Aicha et Noah, prenez vos cahiers.
9. Lisa et Kevin, jouez la scène, SVP.
10. Lea et Jan, écoutez Max, SVP!
11. Rita, va au tableau, STP.

---

1 **SVP (s'il vous plaît)** bitte (wenn man jemanden siezt oder zu mehreren Personen spricht)
2 **STP (s'il te plaît)** bitte (wenn man jemanden duzt) **3 une phrase** ein Satz

B *Ecoutez encore une fois et répétez les phrases.*
(Hört noch einmal die Sätze an und sprecht sie nach.)

C *Faites des groupes de 4 élèves. A tour de rôle, jouez le professeur,*
les autres miment le rôle des élèves. Vous avez 5 minutes.
(Bildet Vierer-Gruppen. Übernehmt reihum die Rolle des Lehrers, die anderen
machen eine Pantomime in der Rolle der Schüler. Ihr habt dafür 5 Minuten Zeit.)

2 Les élèves

CD 2, 10
91

A *Voici des situations. Ecoutez et lisez ensuite les phrases en français.*
Quelle phrase correspond à quelle situation?
(… Hört und lest dann die Sätze auf Französisch.
Welcher Satz entspricht welcher Situation?)

Exemple: **1.** C'est «d».

1. Ich habe meine Hausaufgaben vergessen.
2. Ich bitte meinen Lehrer/meine Lehrerin zu wiederholen.
3. Ich möchte wissen, was *Federmäppchen* auf Französisch heißt.
4. Ich weiß nicht, auf welcher Seite etwas ist.
5. Ich muss auf die Toilette.
6. Mein Lehrer / Meine Lehrerin spricht zu schnell.
7. Ich verstehe das Wort *collège* nicht.
8. Ich erkundige mich nach der Schreibung eines Wortes.
9. Ich möchte wissen, ob meine Lösung auch richtig ist.
10. Ich bin mit der Übung fertig.
11. Ich weiß die Antwort nicht.
12. Ich habe eine Frage.

a. Vous pouvez parler moins vite, SVP?
b. Ça s'écrit comment?
c. C'est correct aussi?
d. Je n'ai pas mes devoirs.
e. J'ai fini mon exercice.
f. J'ai une question.
g. C'est à quelle page, SVP?
h. Je ne comprends pas le mot *collège*.
i. Vous pouvez répéter, SVP?
j. Je peux aller aux toilettes, SVP?
k. Je ne sais pas.
l. Qu'est-ce que c'est *Federmäppchen* en français?

B *Ecoutez encore une fois et répétez les phrases.*
(Hört noch einmal und sprecht die Sätze nach.)

C *Spielt zu zweit. Der erste deckt die rechte Spalte in Teil*
A ab und würfelt. Er sucht in Teil A die Nummer der
Situation, die der Summe der Augen entspricht, und
formuliert den Satz. Ist der Satz richtig, gibt es einen
Punkt. Ist der Satz falsch oder muss er passen, ist der
Partner dran. Wer nach 5 Minuten die meisten Punkte
hat, hat gewonnen.

Exemple: + = 7

7. Ich verstehe das Wort *collège* nicht.
h. Je ne comprends pas le mot *collège*.

Unité 4
Au collège Balzac

Mehr dazu
v6v5zu

> Voilà mon collège.
> Je suis dans la <u>classe</u>
> de Léo, Alex et Mehdi.

Marie

48, 1

PORTFOLIO

Am Ende dieser Unité kannst du
über die Schule sprechen und
deine Schule vorstellen.
Dazu lernst du u. a. . . .
- die Uhrzeit und die
  Wochentage anzugeben,
- zu sagen, wohin du gehst
  und was du machst
  oder nicht machst.

🎬

Vis-à-vis

Seht euch die Fotos genau an.
Was gibt es hier?
Was gibt es bei euch?
Zu dieser Unité findet ihr ein Video
auf der DVD im Cahier d'activités.

Dans la <u>cour</u>: les <u>élèves</u> <u>jouent</u>.

Mme Barette

Léo

Un <u>cours</u> d'allemand: tiens, qui est <u>en retard</u>?

Alex(andra)

Mehdi

Léo

<u>Au</u> <u>CDI</u>: chut! On travaille!

Mehdi

Marie

On a faim! Qu'est-ce qu'il y a, <u>à</u> <u>la</u> <u>cantine</u>?

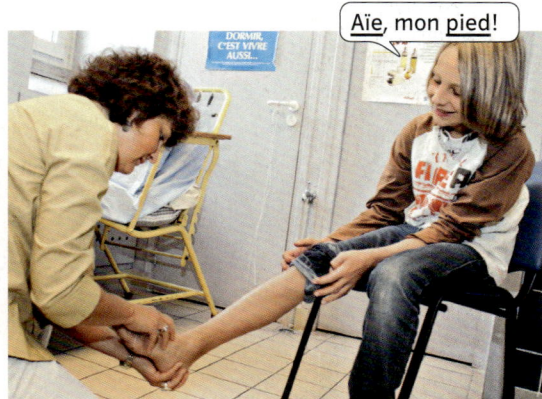

Aïe, mon <u>pied</u>!

<u>A</u> l'<u>infirmerie</u>.

CD 2, 11–15
92–96 🎧

Ecoutez les scènes et écoutez bien les bruits. Dites où les scènes se passent.
(Hört die Szenen und achtet auf die Geräusche. Sagt, wo die Szenen spielen.)

Atelier A

Approche   **1**

CD 2, 16
97

Une journée de Marie

Sept heures et demie: Moustique est <u>aux</u> <u>toilettes</u>.

Huit heures et quart: J'ai un cours de français avec M. Racine.

Il est <u>sept heures</u>: Je suis encore <u>au</u> <u>lit</u>!

Midi: c'est l'heure de la cantine!

Huit heures moins vingt-cinq: Nous mangeons, puis nous regardons <u>la télé</u>.

Deux heures cinq: Le cours de musique <u>commence</u>.

Six heures moins le quart: je suis <u>chez</u> Alex avec Moustique.

Quatre heures vingt: <u>Après</u> le collège, je <u>rentre</u> <u>à</u> la maison.

Quelle heure est-il?
(Wie spät ist es?) Il est …

Parler   **2**

Quelle heure est-il?

Tu veux savoir
– quelle heure il est,

48, 2

– quand ton / ta camarade rentre,
– quand il / elle mange,
– quand il / elle joue.
Posez des questions et répondez.

Exemple:
– Quelle heure est-il, s'il te plaît?
– Il est …

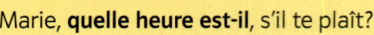

ON DIT

– Marie, **quelle heure est-il**, s'il te plaît?
– **Il est** sept heures et demie.

– Tu rentres **à quelle heure**, aujourd'hui?
– Je rentre **à** quatre heures vingt.

– Vous mangez quand, aujourd'hui?
– **A** huit heures. /
   De huit heures **à** neuf heures.

> Vous allez au cours d'allemand?
> Moi, je vais chez Malabar!

3 La clé

CD 2, 17–19
98–100

1.

Lundi, à huit heures moins le quart, Mehdi
cherche Léo dans la cour. Mais il ne trouve pas son
copain. Il va au CDI. Il cherche aux toilettes,
puis il va à l'infirmerie … mais Léo n'est pas là.

5

Huit heures moins deux. Pour les élèves de
la 6eA, le cours d'allemand commence dans deux
minutes. La classe est là, mais où est Léo?
Mme Barette, la professeure d'allemand, arrive.

2.

Huit heures! Aujourd'hui, Léo est en retard.
10 Il arrive au collège. Il entre vite dans la cour.
Mais qu'est-ce qu'il y a, là, sous son pied?
Qu'est-ce que c'est? Une clé USB! Bizarre!
Quand Léo entre dans la salle de cours, il est
huit heures quatre.

15 *Mme Barette:* Léo, mon cours ne commence pas
à huit heures quatre!
Léo: Oui, madame. Excusez-moi.
Léo va à sa place. Dans sa main, il a la clé USB.
Mehdi: Qu'est-ce que c'est?
20 *Léo:* Chut!
Mme Barette: S'il vous plaît! On écoute,
maintenant!

3.

A la récréation de 10 heures, les garçons
retrouvent Marie et Alex dans la cour. Elles sont
25 en 6eB. Léo raconte l'histoire de la clé USB.

Marie: Une clé USB, dans la cour? Elle est à qui?
Léo: Je ne sais pas!
Alex: Alors, après la cantine, nous allons au CDI
et nous regardons sur l'ordi, d'accord?
30 *Mehdi:* Bof, je ne trouve pas ça bien!
Ce ne sont pas mes affaires.

Les enfants discutent … Mais à une heure,
ils vont au CDI: bientôt, la clé USB est dans
l'ordinateur …

Devinez: Qu'est-ce qu'il y a sur la clé USB? Elle est à qui?

Lire **4 A propos du texte**

 A *Corrigez les phrases. (Korrigiert die Sätze.)*

1. Mehdi cherche Mme Barette.
2. Le cours d'allemand commence à 9 heures.
3. La récréation est à 11 heures.
4. Léo trouve la clé USB à la cantine.
5. Marie et Alex sont en 6ᵉA.
6. Quand les enfants sont dans la cour, ils parlent du cours d'allemand.

B *Vous trouvez une clé USB dans la cour. Faites le dialogue.*

Jeu de sons **5 Chanson**

CD 2, 20 **A** *Ecoutez la chanson, puis chantez.[1]*

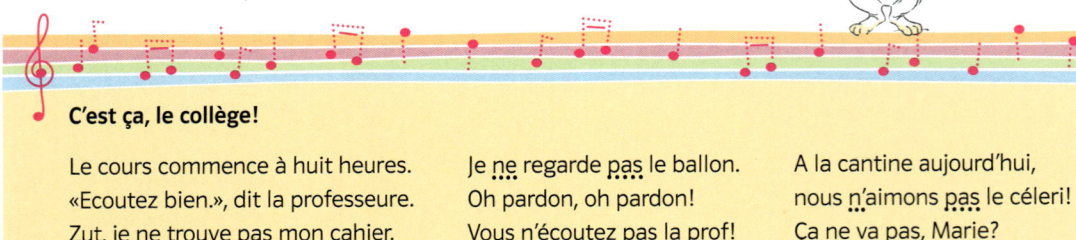

C'est ça, le collège!

Le cours commence à huit heures.
«Ecoutez bien.», dit la professeure.
Zut, je ne trouve pas mon cahier.
Il est où? Tu as une idée?

Refrain
Oh c'est ça, le collège! (3x)

Je ne regarde pas le ballon.
Oh pardon, oh pardon!
Vous n'écoutez pas la prof!
C'est la catastrophe!

Refrain

A la cantine aujourd'hui,
nous n'aimons pas le céleri!
Ça ne va pas, Marie?
Vite, vite, à l'infirmerie!

Refrain

B *Expliquez comment on forme la négation en français.*
(Erläutert, wie man die Verneinung auf Französisch bildet).

En forme **6 Marie chante. Léo ne chante pas.** (G 14)

Moi, je **ne** chante **pas**.

 A *Faites des phrases qui s'enchaînent. (Bildet eine Satzkette.)*

Exemple: **1.** Léo ne chante pas. Il parle. **2.** Mehdi ne parle …

1. Léo – parler
2. Mehdi – être à la cantine
3. Mme Barette – arriver dans la cour
4. Alex – ranger
5. M. Racine – entrer dans le collège
6. Mme Latière – travailler
7. Jérôme – jouer
8. Malabar – chercher Malou
9. Mme Pirou – manger
10. Moustique – avoir faim

B *Mimez les verbes de l'exercice, vos camarades devinent.*
(Stellt die Verben der Übung als Pantomime dar, eure Mitschüler sollen sie erraten.)

Exemple: – Tu travailles?
– Non, je ne travaille pas. / Oui, c'est ça.

---

1 Die Lieder befinden sich aus lizenzrechtlichen Gründen nur auf der zusätzlich erhältlichen Audio-CD.

Jeu de mots **7** **On va où?**

Exemple: – | Je cherche un livre en allemand. | ⟶ – Alors, on va | au CDI. | *Continuez.*

– Il est midi. J'ai faim!   – J'ai envie de rentrer.

– Je cherche un cadeau pour un copain.

– Je cherche un livre en allemand.

– Aïe! Aïe! Mon pied!   – C'est la récréation.

– Alors, on va

dans la cour.   à l'infirmerie.

à la cantine.

au CDI.   **chez** Mme Latière.

à la maison.

En forme **8** **Nous allons au collège.** (G 15, 16)   → **En plus 142, 2** △

| à + le | ⟶ | **au** |
| à + les | ⟶ | **aux** |

50, 5–7
51, 8

Faites des phrases.   Exemple: **1.** Nous allons au collège.

1. nous

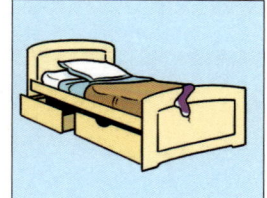

2. tu

3. Léo

4. nous

5. vous

6. elles

7. je

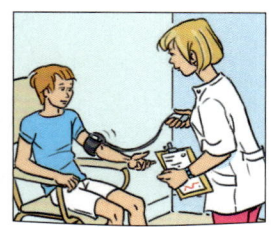

8. on

Ecouter **9** **Une journée de . . .**

CD 2, 21
101

A *Regardez d'abord le tableau,
puis écoutez le texte. Qui parle?*

B *Ecoutez une deuxième fois.
Il va au collège à quelle heure?*

C *Ecoutez une troisième fois.
Qu'est-ce qu'il fait à quatre heures
et demie? Et à neuf heures?*

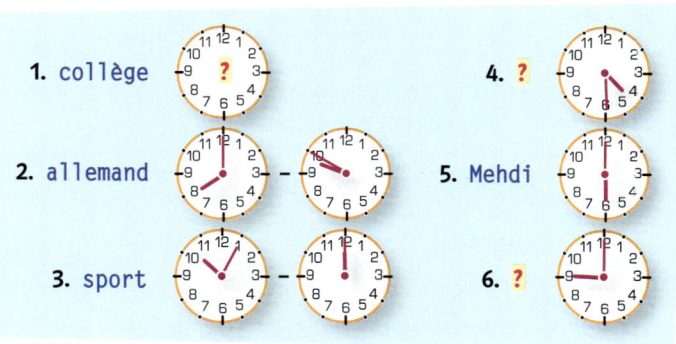

1. collège   4. ?

2. allemand   5. Mehdi

3. sport   6. ?

Ecrire **10** **Ma journée**

Raconte ta journée. (Erzähle deinen Tagesablauf.)

à ... heures   jouer (avec)   travailler pour

aller à / chez   rentrer   manger   être à

Atelier B

Lire

1   L'emploi du temps de Léo

> Die im Stundenplan enthaltenen Fächer zählen hier nicht zum aktiven Lernwortschatz.

52, 9

Heures	Lundi	Mardi	Mercredi	Jeudi	Vendredi
8h00 – 8h55	allemand	histoire-géo	anglais	allemand	mathématiques
9h00 – 9h50	allemand	mathématiques	technologie	allemand	mathématiques
	récréation				
10h05 – 11h00	E.P.S.	français	/	français	technologie
11h05 – 12h00	E.P.S.	français	français	français	E.P.S.
	pause / cantine				
13h30 – 14h25	mathématiques	arts plastiques	/	S.V.T.	/
14h30 – 15h25	anglais	histoire-géo	/	S.V.T.	histoire-géo
	récréation				
15h40 – 16h30	arts plastiques	éducation musicale	/	E.P.S.	vie de classe
16h40 – 17h30	/	/	/	/	/

Samedi – Dimanche

– *Donnez le nom des jours de la semaine.*
– *Quels noms de matières[1] est-ce que vous comprenez?*

> Lasst genug Platz in eurem Wortnetz! So könnt ihr es später weiter ergänzen.

Vis-à-vis

2   L'école en France – et chez nous

A   *Comparez l'emploi du temps de Léo avec le vôtre.*
    (Vergleicht Léos Stundenplan mit eurem.)

B   *Ecrivez votre emploi du temps en français.*

Jeu de mots

3   Les <u>mots</u> de l'école

Copiez et complétez le filet à mots dans votre cahier.
(Übertragt das Wortnetz in euer Heft und ergänzt es.)

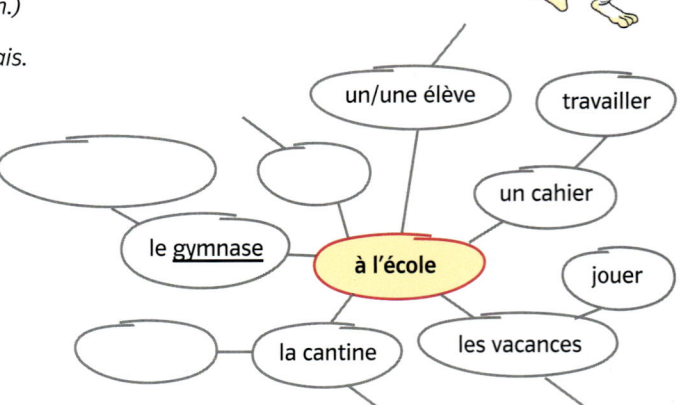

un/une élève — travailler — un cahier — jouer — les vacances — la cantine — à l'école — le gymnase

---

1 une matière ein (Schul)Fach

4 ## Une surprise

CD 2, 22 – 24
102 – 104

52, 10

1. Au CDI, les copains sont devant l'ordinateur.

> Non!? Mais … C'est un <u>rêve</u>! … Non … c'est <u>cool</u> …

> 6^eA, je <u>clique</u>! Tiens, voilà <u>nos interros</u>! Jeudi, on a une interro surprise!

> Chut! … Alors, c'est la clé USB de madame Barette! Tu cliques sur 6^eB?

> Tiens Marie, Alex, voilà, <u>votre</u> classe. Il y a aussi <u>vos</u> interros!

Alex(andra) Léo Marie Mehdi

Sur la clé USB, il y a … <u>leurs</u> interrogations d'allemand!
C'est la clé USB de Mme Barette, <u>leur</u> professeure d'allemand.

2. Léo cherche <u>quelque chose</u> dans son <u>sac</u> … et les enfants discutent.

> Voilà ma clé USB à moi. On <u>fait</u> une <u>copie</u> des <u>exercices</u>, d'accord?

> Non! Moi, je ne <u>fais</u> pas ça!

> Mais <u>si</u>! <u>Comme</u> ça, on prépare bien l'interro! C'est comme un cadeau!

> Mehdi <u>a raison</u>! C'est non!

6^eB Interrogation écrite
Sujet: Präpositionen mit dem Akkusativ

3. Mme Barette <u>ne</u> va <u>jamais</u> au CDI, mais aujourd'hui, elle est là. Quand elle entre, les enfants <u>ne</u> regardent <u>plus</u> l'ordinateur. D'abord, Léo <u>ne</u> dit <u>rien</u>.

> Chut! Madame Barette arrive!

> Bonjour! Ça va? <u>Vous faites vos devoirs</u>?

> <u>Nous faisons</u> … euh …!

Mme Barette

Que dit <u>notre</u> ami Léo? Que <u>font</u> ses copains? Que <u>fait</u> sa professeure? Devinez.

Lire **5 A propos du texte**

53, 11

A *Le texte a trois <u>parties</u>. Quel <u>titre</u> va avec quelle partie du texte? (Der Text besteht aus drei Teilen. Welche Überschrift passt zu welchem Teil des Textes?)*

«Bonjour, Mme Barette.» → C'est la partie …
«On clique … et on trouve.» → …
«Qui a raison?» → …

CD 2, 25
105

B *Ecoutez <u>la fin</u> de l'histoire, puis répondez. (Hört das Ende der Geschichte an und antwortet dann.)*

1. Que cherche Mme Barette?
2. Qu'est-ce qu'il y a sur la clé USB?

3. Qui est M. Castor?
4. Que font les élèves jeudi?

En forme **6 Devant l'ordinateur, on discute.** (G 17)

→ **En plus 143, 3**

*Complétez avec les formes du verbe **faire**.*

53, 12
54, 13

1. *Marie:* Nos interros! Qu'est-ce qu'on **?** ?
2. *Alex:* Toi et moi, nous **?** les exercices de la 6ᵉ B. Et les garçons **?** les exercices de la 6ᵉA!
3. *Mehdi:* Non, moi, je ne **?** rien!
4. *Léo:* Comment, tu ne **?** rien? Mais si, Mehdi, c'est comme un cadeau!
5. *Marie:* Mehdi a raison.
   Léo n'écoute plus: Oh, vous **?** toujours des histoires.

Parler **7 On parle avec la prof?**

Faites des dialogues pour les situations suivantes:

1. Vous avez un problème.
2. C'est la fin des cours.
3. Demain, il y a une interrogation écrite.
4. Vous travaillez à deux.
5. Il est midi.

Questions

aller au gymnase ensemble
commencer les devoirs
préparer l'interro
parler avec la prof
aller à la cantine
ranger la salle de cours
faire les exercices
rentrer ensemble …

Réponses

Oui!
Oh, oui, c'est cool!
Ah, non!
D'accord.
Non, moi, je ne fais pas ça!
Bien sûr.
Je ne sais pas …

Exemple (situation 1): – On parle avec la prof ? – D'accord.

Parler **8 Non? Si.** (G 14)

*Parlez de l'école. Utilisez le verbe **aimer**.*

Exemple:

– Tu **n'**aimes **pas** la cantine?

– **Non**, je **n'**aime **pas** la cantine.
– **Si**, j'aime bien la cantine.

les livres
l'ordinateur
le français
le sport
le collège
la cantine
l'allemand
les exercices
les surprises
…

En forme 54, 14

9 Nous ne faisons rien. (G 14)

Répondez aux questions. Utilisez la négation.
(Beantwortet die Fragen. Vewendet die Verneinung.)

| ne … plus |
| ne … jamais |
| ne … rien |

Exemple: **1.** Non, pour Léo, les cours ne commencent jamais à 7 h 50.

1. Pour Léo, les cours commencent toujours à 7 h 50?
2. Après 16 h 30, au collège, les élèves travaillent encore?
3. Les élèves ont quelque chose, au collège, le mercredi après-midi?
4. Léo va au collège, le samedi?
5. Léo écoute encore Mehdi, quand il trouve les interrogations sur la clé USB?
6. Mehdi fait quelque chose avec la clé USB?
7. Les copains regardent encore les interrogations, quand Mme Barette arrive?
8. Quand elle arrive, les copains racontent quelque chose?

Jeu de sons CD 2, 26 106

10 Au collège, aujourd'hui … → En plus 143, 4

Ecoutez, puis lisez le poème.
Cherchez les mots avec [ʒ] et les mots avec [ʃ].

Au collège, aujourd'hui,
je retrouve mes amis.
Moi, j'aime bien la gymnastique,
mon copain aime la musique.

Nous chantons une chanson,
puis je cherche mes crayons.
Je fais une affiche, et toi?
Moi, je… euh, … je ne sais pas.

Jeu de mots

11 Où est le cahier? → En plus 143, 5

Spielt in kleinen Gruppen: Einer legt einen Gegenstand vor, hinter, auf, unter oder in seine Schultasche. Die anderen drehen sich um und raten, wo sich der Gegenstand befindet.

Exemple: – Où est le cahier?
– Il est derrière ton sac.
– Non!
– Il est sur ton sac.
– Oui!

sur
devant
derrière
sous
dans

En forme

12 Dans la salle de cours (G 11, 18)

→ **En plus 144, 6** △

A *Cherchez et notez les expressions avec **son**, **sa**, **ses**, et **leur**, **leurs** à la page 69.*

B *Complétez avec **son**, **sa**, **ses**, **leur** ou **leurs**.*

Marie et **?** *copain.*

Marie et **?** *professeure.*

Marie et **?** *copains.*

Marie, Alex et **?** *copain.*

Marie, Alex et **?** *copains*

C *Complétez avec **son**, **sa**, **ses**, **leur** ou **leurs**.*

1. Le cours d'allemand commence. Les élèves font **?** exercices d'allemand et préparent **?** interrogation.
2. Mme Barette ne regarde pas **?** élèves: elle cherche **?** stylo.
3. Léo trouve **?** professeure bizarre.
4. Après le cours de français, Marie va parler avec M. Racine, **?** professeur de français.
5. Elle arrive avec **?** interro. «Pardon, Monsieur, je …».

6. Mais aujourd'hui, M. Racine n'écoute pas bien **?** élève, il regarde la cour.
7. Léo et Marie regardent **?** professeur, puis ils quittent **?** salle de classe.
8. Léo dit: «Nos profs sont bizarres, aujourd'hui! Ils ne trouvent pas **?** affaires, ils n'écoutent pas **?** élèves …»
9. Marie dit: «Tu as raison. Les professeurs sont comme **?** élèves … Ils ont aussi envie d'avoir des vacances!»

En forme

13 En classe (G 18)

Posez des questions et trouvez des réponses.

55, 15–16

Exemple: – Où est notre professeure?
– Notre professeure est dans la salle des professeurs.

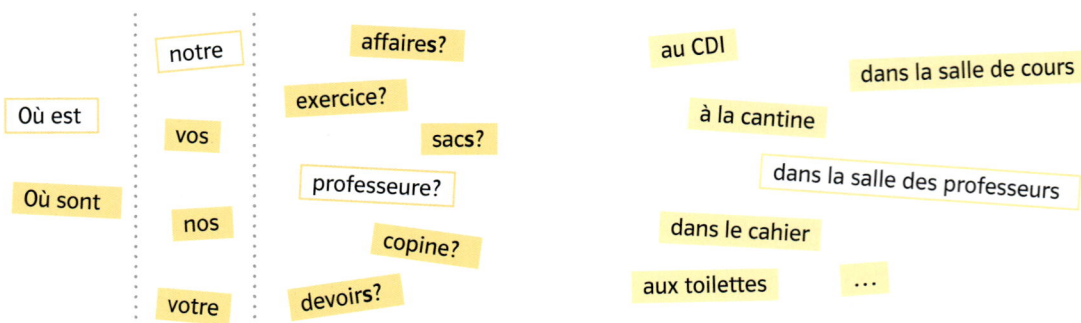

Médiation  **14** Faites l'interprète

👥

55, 17 📲

Du bist in den Ferien in Frankreich mit deinem Cousin Felix, einem jungen Österreicher, der noch nicht Französisch lernt.
Ihr trefft deinen französischen Brieffreund Jules.
Jules spricht Felix an, der gerade in einem Buch blättert.
Du hilfst den beiden beim Gespräch.

Exemple: 1. *Du:* Jules fragt, was du so machst und …
Continuez.

STRATEGIE

Du musst nicht übersetzen, nicht jedes Wort ist wichtig. Du musst auch nicht den Satzbau übernehmen. Gib nur die wichtigsten Informationen möglichst einfach und mit deinen Worten wieder.
In Satz 2 kannst du z. B. weglassen ~~Für die Schule?~~

1. *Jules:* Ça va, Felix? Qu'est-ce que tu fais? Tu travailles pour l'école?
Du: …

2. *Felix:* Für die Schule? Nein, dazu habe ich jetzt keine Lust. Schließlich sind Ferien und da arbeite ich nie.
Du: …

3. *Jules:* Je comprends! Comment c'est, dans ton collège, c'est stressant?
Du: …

4. *Felix:* Die Schule fängt morgens um zehn vor acht an und wir gehen oft erst um viertel vor vier nach Hause. Und da geht der Spaß dann weiter, dann kommen nämlich noch unsere Hausaufgaben.
Du: …

5. *Jules:* Ah, bon, c'est un peu comme chez nous. Heureusement qu'il y a le week-end. Tu as des cours, le samedi?
Du: …

6. *Felix:* Nein. Zum Glück nicht! Was hast du denn jetzt eigentlich noch so vor?
Du: …

7. *Jules:* On prépare une surprise avec des copains: des jeux et des chansons pour l'anniversaire de notre club de foot.
Du: …

8. *Felix:* Cool! Ist das nur für Vereinsmitglieder oder ladet ihr auch eure Freunde ein?
Du: …

9. *Jules:* Oui, bien sûr, et nos parents aussi. Viens aussi!
Du: …

10. *Felix:* Ja total gerne. Danke!
Du : …

→ **En plus 144, 7△**

Pratique: tâches

Lire

1   Einen Text verstehen

Um einen Text insgesamt zu verstehen, musst du nicht jedes Wort kennen.

56, 18
57, 19

STRATEGIE

1. Sieh dir zunächst die Überschrift und die Bilder an: **Worum geht es** in dem Text?

2. Lies den Text dann **einmal ganz** durch. Wenn du ein Wort nicht verstehst, lies einfach weiter.

3. Lies den Text noch einmal durch. Welche Wörter erinnern dich an deine **Muttersprache**, an das **Englische** oder an eine **andere Sprache**? Manche Wörter kannst du auch verstehen, wenn du auf den **Zusammenhang** des Textes achtest.

Le collège

Les élèves français vont au collège à l'âge de 11 ans. Le collège commence avec la classe de 6e. Après la 6e, les élèves vont en 5e, puis en 4e et enfin en 3e. Il y a donc 4 ans de collège, puis
5 les élèves vont au lycée.

«Honoré de Balzac» est un collège et un lycée. C'est le plus grand collège-lycée de Paris: il a 2000 élèves et 200 professeurs, 2 CDI, une bibliothèque internationale, une médiathèque, 4 gymnases,
10 une salle de spectacles et même une piscine!
A «Balzac», on trouve des classes internationales avec des cours en anglais, en arabe, en espagnol, en portugais, etc. Il y a aussi des cours de cirque, des cours de cinéma et de journalisme. Dans
15 un gymnase transformé en studio, les élèves font des interviews pour la télé.

 **Vis-à-vis**

A Quelle est la différence entre un «collège» et ton école? (Was ist der Unterschied zwischen einem Collège und deiner Schule?)

B Qu'est-ce que tu aimes au collège Balzac? Qu'est-ce que tu n'aimes pas?

Pratique

Médiation   **2**   ### Des affiches

A Am Collège Balzac hast du dieses Plakat entdeckt. Erkläre deinen Eltern auf Deutsch, worum es geht.

B Dein französischer Austauschpartner möchte wissen, worum es bei dem Angebot unten geht. Erkläre es ihm auf Französisch.

PORTFOLIO   **3**   ### Mon collège

57, 20

Gestalte eine Seite, auf der du deine Schule vorstellst.
Du kannst mit Fotos oder mit Zeichnungen arbeiten.

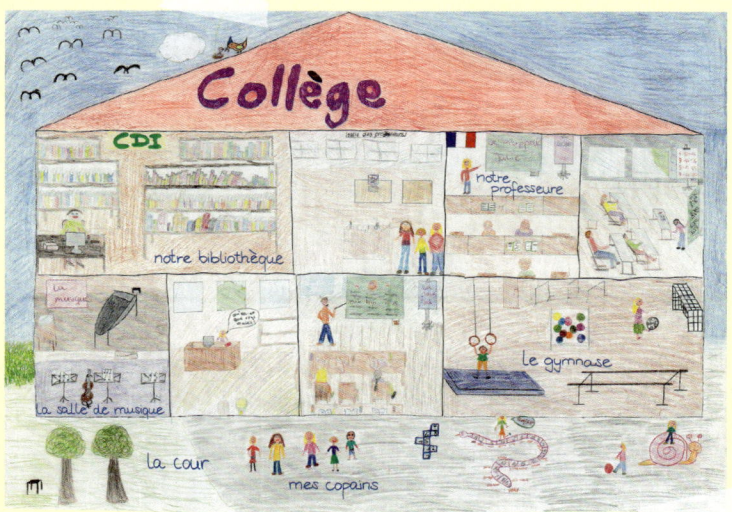

- Bilde verschiedene Räume ab und beschrifte sie auf Französisch.
- Stelle deine Lehrer und deine besten Schulfreunde vor.
- Nenne die Fächer, die du gerne magst, und die Fächer, die du nicht so gerne magst.

Mon dico personnel
Lerne, wie deine Lieblingsfächer auf Französisch heißen.
Die Schulfächer findest du im Vokabular auf S. 183.

Bilan

1 Parler

58, 1

Du kannst jetzt schon …

Überprüfe, was du kannst!
Vergleiche deine Lösungen mit
den Lösungen auf Seite 219.

Und so kannst du den Satz anfangen:

1. … fragen, wie viel Uhr es ist. Quelle …?
2. … sagen, wie viel Uhr es ist. Il est …
3. … sagen, von wann bis wann Je regarde …
   du heute fernsiehst.
4. … sagen, welcher Wochentag heute ist. Aujourd'hui, c'est …
5. … einen Freund fragen, ob ihr die Hausaufgaben On … ensemble?
   gemeinsam macht.
6. … sagen, wohin du gehst. Je … cantine. / Je … mon copain.
7. … sagen, dass du etwas nicht weißt. Je … pas.
8. … um Entschuldigung bitten. … -moi. / Pardon.
9. … sagen, dass du für die Schule nichts machst, Quand je suis …, je ne … pour l'école.
   wenn du Ferien hast.

Mehr dazu
v6v5zu

Weitere Übungen findest du im Internet.

2 Ecouter

CD 2, 27
107

*Ecoute les heures. Note les lettres
correspondantes et trouve le mot-clé.
(Höre die Uhrzeiten. Schreibe die entsprechenden
Buchstaben auf und finde so das Lösungswort.)*

3 En forme (G 14)

Réponds et dis le contraire.
(Antworte und sage das Gegenteil.)

ne … pas   ne … rien
ne … plus   ne … jamais

Je ne trouve pas
mes affaires!

Exemple: – Tu travailles encore?
– Non, je ne travaille plus.

1. Tu travailles encore? – Non, …
2. Alors tu joues? – Non, …
3. Tu écoutes quelque chose? – Non, …
4. Tu es toujours en retard! – Mais non, …

4 Vis-à-vis

Corrige les phrases.

58, 2

1. Un collège en France a six classes.
2. On entre au collège à l'âge de 10 ans.
3. Après le lycée, les élèves vont au collège.
4. Un «gymnase», c'est un «Gymnasium» en allemand.

5 En forme (G 18)

Complète les phrases avec les adjectifs possessifs qui conviennent.
(Vervollständige die Sätze mit den passenden Possessivbegleitern.)

1. Léo et Mehdi n'ont pas envie de faire **?** devoirs.
2. Marie et moi, nous allons chez **?** copine aujourd'hui.
3. Alex et Jérôme ne trouvent pas **?** copain Léo.
4. «Vous ne rangez pas **?** salle de cours, les enfants?»
5. Les professeurs préparent **?** cours.
6. «Monsieur, nous n'avons pas **?** affaires de sport.»

6 On combine. (G 15 – 18)

Complète les phrases par les formes correctes des mots donnés. (Ergänze die Sätze mit den passenden Formen der angegebenen Wörter.)

58, 3

🖐	notre	votre	leur	nos	vos	leurs
?	faire		aller chez / à			

Une fille: **1.** Salut, Léa. Qu'est ce que tu **?**, toi, maintenant? Nous **?** 🖐 devoirs pour 🖐 cours de français de demain?
Sa copine: **2.** Pas maintenant. Nous **?** Léo, non?
Une fille: **3.** Ah oui, avec les autres[1]. Ou est-ce que Marie et Alex **?** encore 🖐 exercices?
Sa copine: **4.** Non, elles **?** CDI avec 🖐 copine Line.
Une fille: **5.** Et que **?** Mehdi?
Sa copine: **6.** Il **?** infirmerie. C'est pour son pied.

Une fille: **7.** Ah, zut! Bon, pour l'anniversaire de Victor, Léo et toi, vous **?** une BD avec des histoires de 🖐 chiens. C'est ça, 🖐 idée, non?
Sa copine: **8.** C'est ça. Marie et toi, vous **?** Mme Latière, pour 🖐 cadeau, ou vous **?** FNAC?
Une fille: **9.** Je ne sais pas. Mais je **?** un gâteau, bien sûr!
Sa copine: **10.** Cool! Alors tu **?** les Pirou maintenant, toi aussi? Moi, j'arrive dans 2 minutes. D'abord, je **?** toilettes.

Grammaire

G14 ne … pas, ne … plus, ne … jamais, ne … rien: la négation

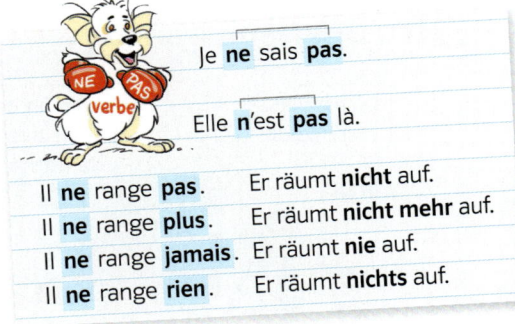

Il **ne** range **pas**.	Er räumt **nicht** auf.
Il **ne** range **plus**.	Er räumt **nicht mehr** auf.
Il **ne** range **jamais**.	Er räumt **nie** auf.
Il **ne** range **rien**.	Er räumt **nichts** auf.

—————
1 un autre ein anderer

G**15**   **au, aux:** la préposition **à** avec l'article défini

Marie est
au CDI?

Ou encore
à la maison?

à + le → au

à + les → aux

Marie est …

au CDI.	à + **le** → **au**
aux toilettes.	à + **les** → **aux**
à la maison.	à + **la** = **à la**
à l' infirmerie.	à + **l'** = à **l'**

die Präposition – **la préposition**

G**16**   **je vais, tu vas … :** le verbe **aller**

Tu ne **vas** pas
à l'école, aujourd'hui?

singulier		pluriel	
je	vais	nous	allons
tu	vas	vous	allez
il		ils	
elle	va	elles	vont
on			

G**17**   **je fais, tu fais … :** le verbe **faire**

Mais qu'est-ce que tu **fais?**
Il est 7 heures et demie.

singulier		pluriel	
je	fais	nous	faisons
tu	fais	vous	faites
il		ils	
elle	fait	elles	font
on			

G**18**   **notre, votre, leur, nos, vos, leurs:** les adjectifs possessifs (II)

Où est
votre sœur?

Maman, **nos** cours commencent à
10 heures aujourd'hui. **Notre** prof
de français n'est pas là.

singulier	pluriel
notre frère	**nos** frère**s**
votre frère	**vos** frère**s**
leur frère	**leurs** frère**s**
notre sœur	**nos** sœur**s**
votre sœur	**vos** sœur**s**
leur sœur	**leurs** sœur**s**

Plaisir d'écouter

CD 2, 41

Chanson

A *Ecoutez la chanson.*
Die Wörter des Refrains sind
unten erklärt. Was könnt ihr
außerdem noch verstehen?[1]

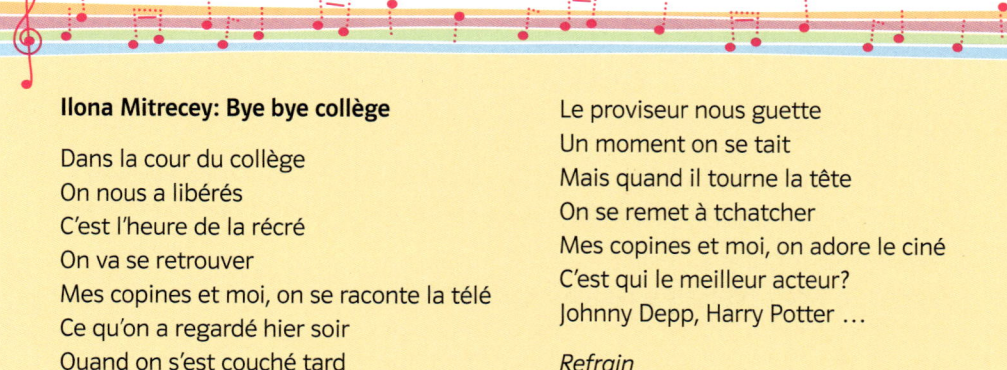

Ilona Mitrecey: Bye bye collège

Dans la cour du collège
On nous a libérés
C'est l'heure de la récré
On va se retrouver
Mes copines et moi, on se raconte la télé
Ce qu'on a regardé hier soir
Quand on s'est couché tard

Refrain
En sixième, on apprend[1] ses leçons[2]
En cinquième, on monte un peu le son[3]
En quatrième, on regarde les garçons
Et en troisième, bye bye collège …

Le proviseur nous guette
Un moment on se tait
Mais quand il tourne la tête
On se remet à tchatcher
Mes copines et moi, on adore le ciné
C'est qui le meilleur acteur?
Johnny Depp, Harry Potter …

Refrain

La journée, terminée
On reste à bavarder
Passée l'heure du goûter
Pas très envie de rentrer
Mes copines et moi, on se refile des infos
Des petits trucs, tout nouveaux,
Sur les derniers logos.

Refrain

Bye Bye Collège – Musik + Text: Jeanne, Laurent Guy Michel; Mitrecey, Dan; Pelet, Philippe Yves; Perrot, Olivier Louis – © Ed. Mus. Atollo; Money Penny; Scorpio Music; Roba Music Verlag GmbH, Hamburg; Universal Music Italia; Universal Music Publ. GmbH, Berlin

1 apprendre lernen – **2 une leçon** eine Lektion – **3 monter le son** *(hier)* lauter werden

B *Inventez un nouveau refrain. Utilisez des mots qui riment.*
(Erfindet einen neuen Refrain. Verwendet Wörter, die sich reimen.)

Exemple:
A huit heures, on a une interrogation
A … heures, c'est la récréation
A … heures, …
A … heures, …

crayon   professeur   copain   au revoir   maison

cantine   récréation   chanson   interrogation   fin

aimer bien   copine   Maurice   devoir   ordinateur   exercice

magasin   demain

---

1 Die Lieder befinden sich aus lizenzrechtlichen Gründen nur auf der zusätzlich erhältlichen Audio-CD.

Lösungen zu den Révisions-Übungen findest du auf Seite 219.

Révisions

Lösungen zu den Révisions-Übungen findest du auf Seite 219.

Jeu de mots

1 Où est Moustique?

Dites où est Moustique. Utilisez des prépositions.
(Sagt, wo Moustique ist. Benutzt Präpositionen.)   **Exemple:** **1.** Il est sur le sac.

1   2   3   4   5

En forme

2 Allez! (G 16)

*Complétez le texte avec le verbe **aller** et les prépositions et articles qui conviennent.*
*(Ergänzt den Text mit dem Verb **aller** und den passenden Präpositionen und Artikeln.)*

Mehdi: Vous **?** CDI aussi, maintenant?
Marie: On **?** cantine, mais après, on **?** CDI avec toi.
Léo: Oui, mais moi, je **?** infirmerie, c'est pour mon pied.
Alex: Tu n'as pas envie de travailler, alors tu **?** infirmerie, c'est ça?
Léo: Mais non, je ne **?** pas bien. Après, je **?** maison.
Alex: Léo a raison. Et nous, après le collège, nous **?** Marie pour regarder «Spiderman».
Léo: Zut, ils **?** Marie pour regarder «Spiderman», et moi, je **?** lit …

> aller à
> aller chez

Médiation

CD 2, 42
121

3 Bonjour, c'est Joséphine …

Lukas ist allein zu Hause. Joséphine, die französische Freundin seiner großen Schwester Isabel, ruft an. Lukas macht sich Notizen und gibt seiner Schwester später auf Deutsch Bescheid.

*Höre genau hin: **Wer? Wo? Wann?** Mache dir Notizen.*
Notiere nur das Wichtigste.
Was kann Lukas seiner Schwester ausrichten?

> Qui?
> Où?
> Quand?

Ecrire

4 Cherchez et trouvez.

faire   avoir   commencer   être

A *Faire, commencer, avoir ou être? Trouvez les verbes qui vont avec les expressions.*

1. ? à 10 heures / dans une minute   **2. ?** 13 ans / raison   **3. ?** en retard / frère et sœur   **4. ?** un gâteau / ses devoirs

B *Choisissez trois verbes et écrivez un petit texte.*
(Wählt drei Verben aus und schreibt einen kleinen Text.)

Exemple: Je suis dans la cuisine.
Je fais un gâteau pour mon copain.
Il a 12 ans demain.

On prépare le DELF

1 Compréhension de l'oral

CD 2, 43
122

Lisez d'abord les questions.
Ecoutez, puis trouvez les bonnes réponses.

1. Demain, c'est
  a vendredi.   **b** mercredi.   **c** mardi.

2. Max et Eric retrouvent les copains à
  a    **b**    **c**

3. Ils retrouvent les copains devant
  a le magasin.   **b** la cantine.   **c** le gymnase.

4. Ils vont
  a à l'infirmerie.   **b** au CDI.   **c** chez Mehdi.

2 Compréhension des écrits

Lisez le message, puis les quatre phrases.
Vrai ou faux?

1. C'est un message de Clément pour sa mère.
2. Elle ne rentre pas à midi.
3. Elle va au cours de piano.
4. Il y a des spaghettis et des fruits pour Clément.

> Clément,
> Je vais chez le docteur à 11 h 15 et mon
> cours de gym commence à 14 heures.
> Dans la cuisine, il y a des spaghettis,
> des bananes et des oranges.
> Je rentre à 16 heures.
> Bisous,
> Maman

3 Production écrite

Tu laisses un message à ton correspondant français. Tu écris
– où tu vas,
– ce que tu fais après,
– quand tu rentres.
(Du hinterlässt deinem französischen Austauschpartner eine Nachricht.
Du schreibst, wo du hingehst, was du danach machst und wann du zurückkommst.)

4 Production orale

Répondez.

1. Tu as quel âge?
2. Ton anniversaire, c'est quand?
3. Qu'est-ce que tu préfères: les chats ou
   les chiens?
4. Tu rentres à quelle heure, aujourd'hui?
5. Qu'est-ce que tu as envie de faire, samedi?

Unité 5
Un samedi dans le <u>quartier</u>

**Mehr dazu
vy29pj**

🇫🇷 **Vis-à-vis**

Was machst du in deiner Freizeit?
Welche Möglichkeiten gibt es
in deiner Nähe?

Notre quartier, c'est le quartier
des Batignolles, dans le <u>dix-septième</u>
<u>arrondissement</u> de Paris.
Voilà des <u>photos</u>!

On va au <u>parc</u>?
Le <u>roller</u>, c'est super!

Alex(andra)

PORTFOLIO

Am Ende dieser Unité kannst
du über dein Viertel sprechen
und Unternehmungen mit
deinen Freunden planen.
Dazu lernst du u. a. . . .
• Fragen zu stellen,
• auszudrücken, was ihr tun
  werdet.

Dans l'avenue de Clichy

A <u>Interclub 17</u>, il y a des <u>activités</u> pour <u>tout le monde</u>: des cours de musique, de théâtre, ... et de judo.

Une <u>buvette</u>

Le journal du quartier

65, 1   *Qu'est-ce qu'il y a dans le quartier? Qu'est-ce qu'il y a chez vous?*

Atelier A

Approche

1 Taxi!

CD 2, 46
125

Vendredi, après le collège, Alex prépare son sac. Elle va passer la nuit de vendredi à samedi chez Marie. Elle porte son sac dans l'entrée.

Alex: Papa, je vais chez Marie, ce soir.

5 *Son père:* Mais qu'est-ce qu'il y a dans ton sac? Vous allez passer 10 jours ensemble?

Alex: Mais non! Je vais rentrer demain soir, après le sport. J'ai aussi mes affaires de judo.

Son père: Ah bon? Alors à plus, ma puce!

10 *Alex:* Euh … papa, on va chez Marie en voiture?

Son père: Comment?! Mais Marie n'habite pas loin! On ne va pas aller chez elle en voiture! Je ne suis pas ton taxi!

Alex: Oui, mais mon sac …

15 *Son père:* Ah? … Bon, je vais porter ton sac, mais on va chez Marie à pied!

Alex: Bon d'accord, papa!

– *Que va faire Alex?*
– *Quand?*
– *Que va faire son père?*

🇫🇷 **Vis-à-vis**

In Paris ist es schwer, einen Parkplatz zu finden. Es gibt auch viele Staus. Deshalb fahren viele Pariser ungern mit dem Auto.

Parler

2 C'est samedi! (G 19)

→ **En plus 144, 1** △

A *Travaillez à deux. Faites des dialogues.*

66, 2–3

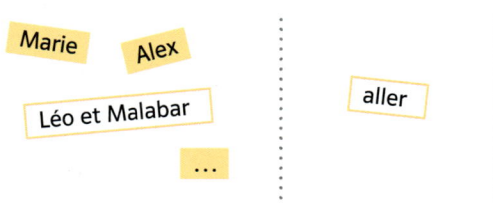

Marie
Alex
Léo et Malabar
…

aller

écouter des CD
travailler pour le collège
jouer dans le parc
aller au cours de judo
inviter des copains
préparer un gâteau
…

Exemple: – Qu'est-ce que Léo et Malabar vont faire?
– Ils vont jouer dans le parc.

B *Qu'est-ce que tu vas faire ce soir / demain / samedi / dimanche …?*

Exemple:
– Qu'est-ce que tu vas faire samedi?
– Samedi, je vais aller à Bamberg.
– Et ce soir?
– …

Vous pouvez travailler en «double-cercle».

3 Une nuit chez Marie

CD 2, 47 – 50
126 – 129

67, 4

Avant la lecture: Tu passes le week-end chez
ton copain / ta copine. Qu'est-ce que vous allez faire?

1. Marie, Clara et Gabriel habitent avec leurs parents
rue Truffaut, dans un appartement de quatre pièces.
Vendredi, après le collège, Marie et Clara sont dans
leur chambre et discutent.

5 *Marie:* Clara, Alex va passer la nuit ici.
Clara: Dans notre chambre? Zut! Et moi, je passe la nuit
où? Dans la salle de bains?
Marie: Mais non, tu vas dans le salon. S'il te plaît, Clara!
Clara: Bon, bon, je vais dans le salon. Mais ce n'est pas
10   pour toi, c'est pour Alex!
Marie: Oh merci, Clara, tu es sympa!

2. A 8 heures, Alex est là. Elle est à table avec les Chabane.
Mais Clara ne mange pas.
Mme Chabane: Et le repas, Clara?
15 *Clara:* Je n'ai pas faim, maman.
Mme Chabane: Mais tu vas avoir faim à minuit!

3. Après le repas, Marie et Alex vont dans la chambre
des filles. Elles regardent des photos, elles font des jeux
et elles parlent.

20 *Alex:* Mais qu'est-ce qu'elle a, ta sœur?
Marie: Elle … euh … elle n'a pas faim.
Alex: Ah! … Bon, qu'est-ce qu'on va faire demain?
Marie: Demain matin, nous allons d'abord faire un tour
avec Moustique.
25 *Alex:* Oh, oui! Mais le samedi après-midi, je fais du judo
à Interclub 17.
Marie: Ah oui. Et moi, je fais de l'athlétisme. Après,
je voudrais bien regarder ton cours de judo. C'est où,
Interclub?
30 *Alex:* C'est … tiens, il y a un bruit bizarre.
Marie: Oh, là là, qu'est-ce que c'est? Il est déjà tard. C'est
… c'est dans la cuisine! Mais qui est-ce? Viens, on va
regarder.

4. Les filles quittent la chambre et vont dans la cuisine.
35   Et là: surprise!

Des spaghettis, à minuit? Cool!

Marie: Ouf, c'est toi, Clara! Oh, tu as faim! J'ai une idée:
nous allons faire des spaghettis pour toi!
Clara: Merci, les filles, ça, c'est sympa !

Lire **4** **A propos du texte**

Trouvez le bon ordre. Pour chaque image, trouvez une ou deux phrases dans le texte.

1
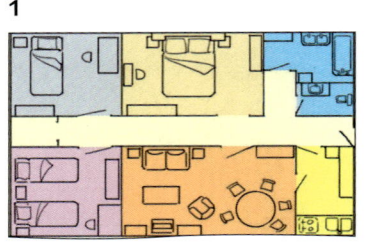

2

3

4

5

6

Jeu des mots **5** **Les activités** (Vocabulaire, p. 190)

CD 2, 51
130

A *Ecoutez. Que fait Clara?*

B *Faites un filet à mots sur «les activités».*

la natation
le roller
la danse

le théâtre
le vélo
la guitare

la musique
... ...
les activités
le sport
...

Parler **6** **Qu'est-ce que tu fais comme activités?** (G 20)

68, 5 – 6

A *Parlez avec vos camarades.*

Exemple:
– Qu'est-ce que tu fais comme activités?
– Je fais de la natation .
– Quand?
– Le samedi après-midi .

B *Trouve dans ta classe trois élèves qui font la même activité que toi.*

Quoi?

du foot
de la natation
de l'athlétisme
de la gymnastique
de la danse ...

Quand?

le lundi le vendredi
le mardi le samedi
le mercredi le dimanche
le jeudi

matin après-midi
soir

Atelier B

Approche

CD 2, 52
131

69, 7–8

1 Marie cherche Interclub.

Samedi après-midi, trois heures et quart:
<u>pour trouver</u> Interclub, Marie téléphone à Alex.

Marie: Allô? Alex, c'est Marie! Je suis devant
le collège. Tu es où?

5 *Alex:* Je suis déjà à Interclub. Je suis avec
mes copains de judo.

Marie: Mais c'est où, Interclub?

Alex: Ce n'est pas loin. <u>Va</u> <u>à droite</u>, puis <u>tourne</u>
<u>à gauche</u> après la <u>boulangerie</u>. <u>Va</u> <u>tout droit</u> et

10 au <u>café</u>, <u>tourne</u> à droite. <u>Traverse</u> le <u>carrefour</u>:
L'entrée est dans la rue à gauche.

Marie: Ok, j'arrive!

Ecouter
Parler

69, 9

2 Pardon, monsieur, pour aller à …? (G 21)

→ **En plus 145, 2 △ , 3**

CD 2, 53 – 54
132 – 133

A *Regardez le plan et écoutez.*
Vous arrivez où?

B Travaillez à deux.
Faites des dialogues.

Exemple:

– Pardon, monsieur, pour aller
à la <u>piscine</u>, s'il vous plaît?

– Allez à droite, puis …

ON DIT

– Pardon, monsieur / madame …, je cherche …
où est …? / pour aller à …, s'il vous plaît?

– Tu vas / Vous allez tout droit. ⬆
A la rue Boulay, <u>tourne</u> / <u>tournez</u> à gauche. ⬅
Au café, tourne / tournez à droite. ➡
Ne tourne / <u>tournez</u> **pas** à droite.
<u>Traverse</u> / <u>Traversez</u> le carrefour / la rue. ↗

– Comment? / Pardon? / <u>Vous pouvez répéter</u>, s'il vous plaît?

– Tu vas / Vous allez tout droit. ⬆ …

– Ah, bon! <u>Merci</u> <u>beaucoup</u>, monsieur / madame.

3 Le champion numéro 1

CD 2, 55 – 56
134 – 135

1. Marie retrouve Alex à l'entrée d'Interclub.
A trois heures et demie, tout le monde est là.
Le prof arrive et le cours commence. Les élèves
font d'abord des exercices. Puis ils font des
5 combats. Alex est vraiment super.
Elle fait «ippon[1]» même avec les garçons!

Marie: C'est cool, le judo. J'ai une idée, Alex.
Je vais faire une interview pour le journal
du quartier.
10 *Un garçon:* Est-ce que tu as envie de faire
ton interview avec un champion?
Alex: Il y a un champion, ici?
Le garçon: Ben moi, je gagne toujours!

2. Marie pose des questions au garçon.

15 *Marie:* Comment est-ce que tu tombes?
Est-ce que ça fait mal?
Le garçon: Non, non, ça ne fait pas mal.
Marie: Pourquoi?
Le garçon: Parce que je fais des exercices
20 pour ça. Regarde, on tombe comme ça! …
Aïe! Oh zut! C'est trop nul! Aïe! Aïe!

Alex(andra)   Marie   Damien

Le prof: Mais qu'est-ce que tu fais?
Fais attention, s'il te plaît, Damien!
Alex: Ça va, maintenant, Damien? Tu as mal?
Damien: Non, non, ça va, merci. Ecoute, 25
Marie, je n'ai pas envie de faire l'interview.
Mais Alex, on fait un combat?
Alex: Pourquoi pas? Un combat avec le
champion numéro 1, ça va être super, ça!
Mais pas aujourd'hui! 30

1 **«Ippon!»** (japonais): Höchste Wertung im Judo (Gewonnen!)

Parler

4 **A Interclub 17**

Décrivez le dessin.
Utilisez les mots donnés.

ON DIT

à droite / à gauche   devant (…) / derrière (…)   … il y a …

Lire

5 A propos du texte

A *Trouvez les réponses dans le texte.*

1. Où **est-ce qu'**Alex fait du judo?
2. Quand **est-ce que** le cours commence?
3. Qu'**est-ce que** les jeunes font en cours?
4. Comment **est-ce que** Marie trouve le judo?

5. Pourquoi **est-ce que** tomber ne fait pas mal, en judo?
6. **Est-ce qu'**Alex va faire un combat avec Damien?

B *Comment est-ce que vous trouvez Damien? Cool, sympa, nul? Pourquoi?*

Parler

6 A Interclub 17　　　　　　　　→ **En plus 145, 4** △

70, 10

Damien parle avec Marie. Posez ses questions et trouvez les réponses de Marie.

Exemple:　1. – Pourquoi est-ce que ⟨ tu regardes le cours de judo ⟩ ?

　　　　　　　　　– Je regarde le cours de judo parce que ⟨ je trouve ça cool ⟩ .

Pourquoi?

1. ⟨ Tu regardes le cours de judo ⟩ .
2. Tu n'es pas au cours avec nous.
3. Tu quittes déjà Interclub.
4. Tu rentres à pied.
5. Tu fais une interview.

Parce que / qu'

Il est tard.　　Je n'habite pas loin.

Je fais déjà de l'athlétisme.

J'aime poser des questions. Comme toi.

Je trouve ça cool.

Ecouter

7 L'interview d'Alex　　　　　　　→ **En plus 146, 5** △

CD 2, 57
136

A *Ecoutez. Vrai ou faux? Si c'est faux, corrigez.*

1. Alex fait du judo parce qu'elle aime gagner. ✗
2. Son cours n'est pas loin de sa maison. ✗
3. Il y a des écoles de judo dans son quartier. ✓
4. Alex va à son cours à vélo. *pied* *12*
5. Là, on commence le judo à 8 ans.
6. Alex fait des exercices avec son père. ✗ *frère*

B *Que raconte Alex sur son cours? Prenez des notes et répondez.* ✗ 　Pourquoi?　Où?　Quand?

C *Retrouvez les questions de Marie.*
　– *combat*
　– *n'ei mal*

**Ecrire
Parler**

8 On prépare une interview. (G 22)

*Prépare l'interview d'un copain ou d'une copine.
Note d'abord tes questions. Puis fais l'interview.*

Exemple: Qu'**est-ce que** tu fais comme activités?

Continuez: Où …　　　　⟶ faire du / de la / de l'
　　　　　　Est-ce que …　⟶ loin / aimer bien …
　　　　　　Quand …　　　⟶ commencer
　　　　　　Pourquoi …　　⟶ aimer le / la / l'
　　　　　　Comment …　　⟶ aller à
　　　　　　…

Atelier C

1 A la buvette

CD 2, 58 – 61
137 – 140

1.

Ouaouh! C'est fantastique, le roller! Dans le parc des Batignolles, tout le monde regarde
Léo et Mehdi. Ah, sur le <u>portable</u> de Léo, il y a un <u>SMS</u> de Marie!

71, 11

> **Tu fais quoi?**
> **On regarde**
> **1 <u>film</u> ce soir?**

→

> **:-(Bof.**
> **Non merci!**
> **Suis dans le parc**
> **des Bat. avec M.**

→

> **OK, Alex et moi,**
> **on va à la buvette.**

→

> **super idée**
> **:-))**
> **On arrive aussi!**
> **A +**

2.

Marie: Salut, tout le monde. J'<u>ai</u> <u>soif</u>!
    On <u>prend</u> quelque chose?
5 *Léo:* Oh oui! Moi, j'ai faim. J'ai envie de manger
    une <u>gaufre</u>, ou même deux. <u>Ça coûte combien</u>?
Alex: Regarde ici. Bon, moi, j'ai 4 <u>euros</u> et …
    <u>70</u> <u>centimes</u>.

3.

Le vendeur: Bonjour! Alors j'écoute!
10 *Marie:* Bonjour, je voudrais un <u>coca</u>, s'il vous plaît.
Léo: Une gaufre et une <u>eau minérale</u>, s'il vous plaît.
Mehdi: Pour moi, un <u>jus de pomme</u> et une <u>crêpe</u>!
    Et toi, Alex, <u>tu prends</u> un jus d'eau, c'est ça?
Le vendeur: Un judo? Euh … un jus d'<u>orange</u>?
15 *Alex:* Non, moi <u>je prends</u> un <u>diabolo menthe</u>.
Léo: Ça fait combien?
Le vendeur: Pour toi, ça fait <u>4,90</u> € …

3,00 €

2,50 €

2,50 €

2,70 €

1,90 €

2,90 €

2,80 €

4.

Une <u>mouette</u> arrive.
Le vendeur: Attention!
20   Les mouettes aiment aussi
    les gaufres!
Mehdi: Regardez, elle est sympa,
    non?
Marie: Ah, c'est cool, ça!
25 Puis il y a un bruit bizarre.
Attention!
Léo: Oh non! Zut!
Le vendeur: Ah ah! <u>Vous prenez</u>
    encore une gaufre? Allez,
30   une gaufre pour tout le
    monde. C'est un cadeau!

Et vous? Qu'est-ce que <u>vous prenez</u>? Ça coûte combien?

Lire **2** ## A propos du texte → En plus 146, 6

1. Où sont les garçons? Qu'est-ce qu'ils font?
2. Où est-ce qu'ils retrouvent les filles?
3. Et là, qu'est-ce que les enfants prennent?
4. Une crêpe coûte combien? Et un diabolo menthe?
5. Que va faire le vendeur?

Vis-à-vis **3** ## Une buvette

Was gibt es an diesem Stand?
Was gibt es an einem Imbissstand in Deutschland?

En forme **4** ## Chanson (G 23) → En plus 146, 7 △

71, 12
CD 2, 62 – 63

*Ecoutez et répétez. Puis notez les formes du verbe **prendre**.[1]*

Le rap des crêpes

Salut tout le monde, qu'est-ce que vous faites?
On chante le rap, le rap des crêpes.

On ? quelque chose? Qu'est-ce qu'il y a?
Tu ? une gaufre et un coca?

Je ? une gaufre. Et vous, les filles?
Vous ? une gaufre à la vanille?

Mais qu'est-ce qu'**ils** ?, les garçons?
? une crêpe, les crêpes, c'est bon.

Voilà les crêpes! J'ai déjà faim.
Bon appétit! Ça fait combien?

Parler **5** ## Qu'est-ce que vous prenez?

71, 13

ON DIT	
le <u>client</u> / la <u>cliente</u>	le vendeur / la vendeuse du <u>stand</u>
– Bonjour, monsieur / madame.	– Bonjour. Qu'est-ce que tu prends?
– Le diabolo menthe, c'est combien, s'il vous plaît?	– Le diabolo menthe, c'est 2,70 €.
– Alors, je prends un diabolo menthe. Et … je voudrais aussi …, s'il vous plaît.	– Et voilà!
– Ça fait combien?	– Ça fait 6,80 €.
– Voilà 7 €.	– Et 20 centimes, merci!
– Merci, au revoir, monsieur / madame.	– Merci et <u>bonne journée</u>!

2,80 €
2,50 €
2,50 €

Jouez à deux. Présentez votre dialogue. → En plus 146, 8 △

[1] Die Lieder befinden sich aus lizenzrechtlichen Gründen nur auf der zusätzlich erhältlichen Audio-CD.

In Unité 5 ersetzt der Übungszirkel „Au choix" den Pratique-Teil.

Activités au choix

> Die Aufgabe geht schneller als die anderen.

73,1 *Ihr habt die Wahl!*
Die Aufgaben auf den Seiten 92–95 könnt ihr selbstständig und in beliebiger Reihenfolge bearbeiten. Arbeitet zu zweit. Auf S. 220 könnt ihr nachsehen, ob eure Lösungen stimmen.

*Wählt zunächst die Aufgabe aus, mit der ihr **beginnen** möchtet. Achtet genau auf die **Aufgabenstellung** und die Hinweise.*

En forme

1 Une chambre à deux (G 21)

GEBOTE UND VERBOTE AUSSPRECHEN

Trouvez des verbes qui vont avec les panneaux et mettez-les à l'impératif.
(Findet Verben, die zu den Schildern passen, und setzt sie in den Imperativ.)

| parler | regarder | prendre | faire | ranger | écouter | jouer … |

A Exemple: 1. Parle avec moi.

1. ? avec moi.　　**2.** ? tes devoirs.　　**3.** ? avec moi.　　**4.** ? tes affaires.

B Exemple: 1. N'écoute pas mes CD.

1. ? mes CD.　　**2.** ? mon t-shirt.　　**3.** ? mes photos.　　**4.** ? mon portable.

C *Inventez 3 autres panneaux et 3 autres phrases. (Erfindet 3 weitere Schilder und Sätze.)*

Jeu de mots

2 Qu'est-ce qu'il y a sur la photo?

EIN BILD BESCHREIBEN

Décrivez la photo. Utilisez les mots donnés.
(Beschreibt das Bild …)

ON DIT

à droite / à gauche
devant / derrière
sur
il y a

Médiation **3**   ## Des activités pour tout le monde

DAS PROGRAMM EINES JUGENDTREFFS AUF FRANZÖSISCH ERKLÄREN

Ihr schlagt euren französischen Austauschschülern vor, in den Jugendtreff zu gehen. Erklärt ihnen, was der Jugendtreff ist und was man dort machen kann.

JUGENDTREFF WALDENBRONN

SAMSTAG:
Tanzen für Mädchen, Tischfußball

MONTAG:
Die Kinder des Monsieur Mathieu
oder Überraschungsfilm

DIENSTAG:
Selbstverteidigung für Kinder

MITTWOCH:
Fußball, Gitarrenkonzert

DONNERSTAG:
Spieleabend (Kartenspiele, Brettspiele)
Schreibatelier

FREITAG:
Theaterwerkstatt
Kochkurs: Wir backen Waffeln.

STRATEGIE

Ihr müsst nicht jedes Wort wiedergeben. Unwichtiges könnt ihr weglassen. Im Wort „Kartenspiele" ist z. B. „Spiele" wichtiger als „Karten". Die Wendungen unten können euch helfen.

Alors, il y a …
On fait du / de la / de l' …
Ce sont des …
C'est quelque chose comme / pour faire …
Vous trouvez ça bien?

En forme **4**   ## Bientôt samedi! (G 19)

GESPRÄCH: ZWEI PERSONEN UNTERHALTEN SICH DARÜBER, WAS SIE MACHEN WERDEN

Mettez les verbes au futur proche. Faites le dialogue.

Moi:

1. Tu (aller) chez Léo, samedi après-midi?

3. Mais non. Léo (inviter) Alex et Jérôme et ils (préparer) une surprise.

5. Mais non, nous (regarder) ensemble des combats de judo à Paris avec Teddy Riner.

7. Oui, mais tu (ne pas regarder) les combats avec nous. C'est dommage!

Teddy Riner, champion de judo

Toi:

2. Chez Léo? Oh non, Léo et ses copains (écouter) des CD de rock et moi, je déteste le rock.

4. Bof! Vous (jouer à) des jeux vidéo, comme toujours! C'est trop nul.

6. C'est vrai? Mais il est vraiment super, Teddy Riner! Ça (être) cool!

8. Quoi? Mais si!

Jeu de mots

5 Un rêve bizarre

1

2

3

4

5

6

A *Faites des phrases.*

Exemple:

1. C'est la catastrophe, l'ordinateur est dans l'entrée!

B *Et chez vous? Dans quelles pièces sont ces objets?*
(In welchen Zimmern sind diese Gegenstände bei euch?)

Exemple:

1. Chez nous, l'ordinateur est dans ma chambre.

> 🇫🇷 **Vis-à-vis**
>
> Attention! In Frankreich steht in
> **la chambre** (= Schlafzimmer)
> immer ein Bett. Wenn ihr allgemein
> von Zimmer sprechen wollt, benutzt
> das Wort **la pièce**.

Parler

6 Qui est «Scoubidou»?

Schüler A wählt eine Figur aus dem Buch aus, verrät sie aber nicht.
Er nennt sie vorläufig „Scoubidou". Schüler B stellt Fragen und versucht zu erraten,
wer „Scoubidou" ist. Danach tauscht ihr die Rollen.

Elève B

Exemple: – «Scoubidou» a quel âge?
– Est-ce qu'il va au collège?
– Qu'est-ce qu'il aime?

– C'est **Malabar**!

Il / Elle a quel âge?   Est-ce qu' …?

Qu'est-ce qu' …?

Où / Quand / Comment / Pourquoi est-ce qu'…

C'est le père / la mère / la grand-mère de …?

Elève A

– Je ne sais pas.
– Non, il ne va pas au collège.
– Il aime jouer avec Malou et il aime faire
un tour dans le parc.
– Oui, c'est ça!

habiter   faire du / de la / des

aimer, ne pas aimer, détester

travailler   aller au lit tard / à … heures

aller chez … en voiture / à pied

Lire
Ecrire

7 Mon quartier et mes activités

A *Lisez le texte et les questions.*
Ecrivez vos réponses dans votre cahier.

1. Quand est-ce que l'élève va arriver chez Valentin?
2. Un terrain de sport, qu'est-ce que c'est en allemand?
3. Qu'est-ce qu'on trouve dans une bibliothèque?
4. Pourquoi est-ce que Valentin et ses amis ne jouent pas dans la rue?
5. Est-ce qu'il y a une piscine dans le quartier de Valentin?
6. Est-ce qu'il y a un cinéma?

B *Qu'est-ce qu'il y a dans le quartier de Valentin? Que fait Valentin?*
Prenez des notes.

il y a …	activités
son collège _____	faire du … _____
… _____	… _____
_____	_____

> Bonjour,
> C'est déjà fin mars et dans 15 jours, tu vas arriver chez nous. Alors, je vais te parler de mon quartier et de mes activités. Dans mon quartier, il y a mon collège et un terrain de sport. Il y a aussi un parc et une bibliothèque. Dans les rues, il y a des magasins et des cafés. Et il y a toujours des voitures, même le dimanche! Alors avec mes copains, on ne joue jamais dans la rue. Dommage! Le mercredi après-midi, nous allons au terrain de sport pour faire du foot, et pour faire du roller, nous allons au parc. Le samedi, je fais un tour avec des amis ou je fais du saxophone avec mon copain Antoine. Le dimanche, ma famille et moi, nous faisons des jeux ou nous allons à «Aqua-Parc» faire de la natation. Ce n'est pas loin. Tu as envie de raconter comment c'est chez toi? Qu'est-ce que tu fais le week-end?
> A bientôt,
> Valentin

> Regardez encore la **stratégie** à la page 74!

PORTFOLIO

C *Répondez au courriel de Valentin.*

74, 2

STRATEGIE

Lest Valentins E-Mail noch einmal genau durch.
- Wie beginnt er die E-Mail, wie beendet er sie?
- Was erzählt er (was, wann, wo)?
- Welche Fragen stellt er?

Schreibt dann eure Antwort.
Macht zuerst Notizen.
Beantwortet Valentins Fragen.
Beginnt eure E-Mail mit einer Anrede und beendet sie mit einem Gruß.

Mon dico personnel
Lerne die Wörter für die Dinge und Orte, die in deinem Wohnviertel wichtig für dich sind. Beispiele findest du im Vokabular auf Seite 190.

Aufgaben erledigt? Prima!
Nehmt euch jetzt ein paar Minuten Zeit, um über die Fragen unten nachzudenken. Sprecht mit eurem Partner / eurer Partnerin darüber.

- Welche Aufgaben sind euch leichtgefallen?
- Welche Aufgaben fandet ihr schwierig?
- Was genau war schwierig?
- Was hat euch bei der Bearbeitung geholfen?

Bilan

1 **Parler**

75, 1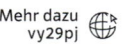

Du kannst jetzt schon …

Und so kannst du den Satz anfangen:

1. … jemanden nach seinem Hobby fragen.	… comme activité?
2. … sagen, dass du samstagmorgens Sport machst.	… je fais du sport.
3. … nach dem Grund fragen.	… est-ce que tu rentres déjà?
4. … einen Grund angeben.	… il est tard.
5. … fragen, wann man etwas macht.	… qu'on va à Paris?
6. … fragen, ob jemand Schmerzen hat.	… as mal?
7. … jemanden nach dem Weg fragen.	Pardon, … piscine?
8. … sagen, dass du hungrig und durstig bist.	J'ai …
9. … fragen, wie viel ein Apfelsaft kostet.	Ça …?

Mehr dazu
vy29pj

Weitere Übungen findest du im Internet.

2 **On combine.** (G 19 – 21)

🔺 *le nom des pièces d'un appartement*

❓ *la préposition **de** et l'article défini.*

75, 2

Mets les verbes donnés au futur proche ou à l'impératif et complète le texte par:

1. Les enfants Chabane passent trois jours chez des cousins. Mais comment est-ce qu'ils (faire), dans le petit appartement? La tante dit: «**2.** Clara et Marie, d'abord, vous (poser) vos affaires ici, à côté du lit: **3.** Ça (être) votre 🔺. **4.** A droite, là, c'est le 🔺 où il y a la télé et nos livres. **5.** Gabriel (passer) la nuit là. **6.** Les enfants, je n'ai pas envie de tomber quand j'entre chez nous, alors SVP (ne pas poser) vos affaires dans 🔺. **7.** Demain matin, je (préparer) le petit-déjeuner dans 🔺, mais nous (ne pas prendre) le petit-déjeuner ensemble. **8.** (Ecouter), Clara, demain, tu (aller) dans 🔺 la première pour prendre ta douche. **9.** (Faire) attention quand vous allez aux W.C: le carton du chat est dans 🔺. **10.** Pour faire ❓ danse, ❓ roller, ❓ athlétisme ou pour jouer ❓ guitare, (aller) dans la cour derrière la maison ou dans le parc. **11.** Là, quand on fait ❓ bruit, ce n'est pas un problème. **12.** Et maintenant, je fais un tour avec vous dans le quartier: (aller) d'abord dans le parc.»

Grammaire

G19 **aller faire qc:** le **futur proche**

On **va** bientôt **arriver**!

Aujourd'hui,	(Heute …)
Alex **travaille** pour l'école.	
Demain,	(Morgen …)
elle **va** **faire** du sport,	
elle **ne va pas travailler**.	

ɢ20 du, des: la préposition **de** avec l'article défini

Faire **du** judo, c'est super!

de + le		de + les
du		**des**

Voilà une photo
des filles: de + les ⟶ **des**
Alex fait **du** judo.   de + **le** ⟶ **du**
Marie fait
de la danse et   de + **la** = **de la**
de l'athlétisme.   de + **l'** = **de l'**

! à + le ⟶ Léo est **au** CDI. ⟶ G 15, S. 78
• à + les ⟶ Il va **aux** toilettes.

ɢ21 Regarde. Regardons. Regardez.: l'impératif

Regarde comment je fais.
Fais bien attention!

affirmation	impératif
je regard**e**	**Regarde.**
nous regard**ons**	**Regardons.**
vous regard**ez**	**Regardez.**
	Seht / Sehen Sie mal!

! je **vais**, mais **Va** … Geh!

ɢ22 Est-ce que …? Où est-ce que …? L'interrogation

Est-ce que
tu as mal?

Où est-ce que
tu as mal?

	Tu fais du judo?
Est-ce que	
Où est-ce que	
Pourquoi est-ce que	tu fais du judo?
Comment est-ce que	
Quand est-ce que	

! Est-ce **qu'il** a mal?
• Où est-ce **qu'elle** a mal?

ɢ23 je prends, tu prends …: le verbe **prendre**

On va **prendre** des cours de
judo ensemble, d'accord?

singulier		pluriel	
je	prends	nous	prenons
tu	prends	vous	prenez
il		ils	
elle	prend	elles	prennent
on			

Une région de France

Limoges et le Limousin

A *Regardez les photos et la carte, puis lisez les textes.*

Salut, je suis Elsa. Je suis de Limoges, dans la région du Limousin, mais j'habite maintenant en Finlande avec ma mère. Je passe mes vacances chez mes grands-parents, à Limoges. Voici des photos de la région.

Le Limousin

1. J'aime bien Limoges, …

2. … ses rues, ses magasins, ses restaurants.

3. Voici la gare[1].

4. Mais Limoges, c'est d'abord la capitale de la porcelaine.

—————
1 une gare ein Bahnhof

5. Je visite souvent le château de Montbrun avec mes amis. Il est très romantique, vous ne trouvez pas?

6. La Dordogne, c'est pour les sportifs: ils font souvent du kayak, mais un tour en gabare est sympa aussi.

7. Le Gouffre de la Fage est une grotte fantastique! Sa spécialité: les chauves-souris.

B *Qu'est-ce que c'est, en allemand: une région, la Finlande, un restaurant, une capitale, la porcelaine, visiter, un château, romantique, un sportif, un kayak, une grotte, une spécialité, une chauve-souris?*

C *Erklärt für jedes Wort in b, wie ihr auf die Bedeutung gekommen seid: Was hat euch bei der Lösung geholfen?*

Unité 6
Limoges en <u>fête</u>!

Mehr dazu
x23zg4

🇫🇷 **Vis-à-vis**

Seht euch die Bilder an: An der *Fête de la musique* nehmen weltweit 540 Städte teil, davon 300 in Europa. Gibt es in deiner Stadt auch ein Musik-Festival? Wann findet es statt, was gibt es da zu hören und zu sehen? Zu dieser Unité findet ihr ein Video auf der DVD im Cahier d'activités.

77,1

Le 21 juin, c'est la <u>Fête de la musique</u>.
Dans les rues, il y a des <u>chanteurs</u>,
des <u>groupes</u> de musique, des <u>concerts</u> …
C'est vraiment <u>intéressant</u>! Tout le monde est
<u>content</u>: les <u>gens</u> écoutent les <u>musiciens</u>,
chantent, discutent, mangent …

*Findet die deutschen Wörter für **une fête**,
**un groupe, un concert, intéressant, content,
un musicien, les gens**.*

PORTFOLIO

Am Ende dieser Unité kannst du über ein Fest sprechen. Dazu lernst du, Sachverhalte genauer zu beschreiben, u. a. durch
• die Verwendung von Adjektiven und
• die Ergänzung von Verben durch Objekte.

Atelier A

Approche
78, 2

1 Le journal de Marie

Paris, 20 juin
Salut, mon journal!
Ecoute, après une <u>mauvaise</u> journée au collège, voilà
encore un <u>problème</u>. Demain, c'est la Fête de la mu-
5 sique et nous allons aller à … Limoges!
C'est une idée de maman. C'est parce qu'il y a Louise,
Louise Martin. C'est une <u>très bonne</u> amie de maman.
Louise habite en <u>Finlande</u>, mais elle passe toujours
<u>Noël</u> et ses <u>vacances</u> chez ses parents à Limoges,
10 avec sa fille Elsa. Alors, on va à Limoges!
Maman et Louise sont super <u>contentes</u>, bien sûr.
Mon <u>petit</u> frère est <u>content</u> aussi parce qu'on
va prendre le TGV. Et mes copains sont <u>contents</u>
parce qu'ils vont faire la fête à Paris. Mais moi, je ne
15 suis pas <u>contente</u>: Limoges, c'est loin, c'est <u>triste</u>,
c'est petit. Papa ne dit rien, mais il trouve l'idée <u>nulle</u>
aussi! Moi, je voudrais faire la fête à Paris. J'ai des
<u>grands</u> amis, moi aussi, et ils sont ici! Et Elsa, est-ce
qu'elle est sympa? Je ne sais pas. Allez, je vais au lit,
20 <u>bonne</u> nuit!

🇫🇷 **Vis-à-vis**

TGV steht für **Train à Grande Vitesse**.
So heißt der französische Hochgeschwindigkeitszug. Was entspricht
ihm in Deutschland?

Elles sont	content.
Il est	contente.
Ils sont	contents.
Elle est	contentes.

A *Cherchez les mots qui vont ensemble.*
Les lignes 11 à 15 du texte vont vous aider.

B *Faites un tableau dans votre cahier.*
Notez tous les adjectifs de ce texte,
puis complétez votre tableau.
Regardez les formes des adjectifs
***bon, nul, mauvais, sympa** et **triste**.*
Qu'est-ce que vous remarquez?

	masculin		féminin	
singulier	**il est**	mauvais bon triste …	**elle est**	mauvaise …
pluriel	**ils sont**	mauvais …	**elles sont**	mauvaises sympas …

C *Parlez de vous. Attention à la forme correcte des adjectifs.*

Exemple:
Mon école est grande. Les cours sont …

mon école	mes copines	content	triste
les cours	mes copains	grand	petit
les repas à la cantine	ma chambre	bon / sympa	mauvais
mes professeurs	mon quartier	intéressant	nul
mon/ma professeur(e) de français	moi	super	bizarre

2 On va à Limoges.

CD 2, 71 – 74
147 – 150

1. Les Chabane arrivent à la <u>gare</u> d'Austerlitz, mais voilà: c'est la <u>grève</u>! Les gens <u>attendent</u>, cherchent, <u>téléphonent</u> et ils ne sont pas contents. Mme Chabane regarde sur son portable. A la gare
5 Montparnasse, il y a un TGV pour Poitiers. C'est déjà ça. Mais après? Est-ce que c'est vraiment une bonne idée? M. Chabane dit: «Vous <u>entendez</u>? Il y a aussi des problèmes avec les TGV.» «Bon, ne <u>perdons</u> pas notre temps!» dit Mme Chabane.
10 Les Chabane prennent leurs sacs. Ils vont prendre la voiture pour aller à Limoges.

2. Pour les enfants, le <u>voyage</u> est long. Gabriel <u>fait la tête</u> parce qu'ils ne prennent pas le TGV. «<u>Attends</u>, on arrive bientôt» dit M. Chabane.
15 «On fait un jeu?» demande Mme Chabane. Marie ne <u>répond</u> pas. Elle écoute les «Zweierpasch». Gabriel ne trouve pas ça intéressant: «Pas envie». «Bon, on cherche les voitures rouges», dit Mme Chabane. «Pff, c'est nul! Il y a déjà deux voitures
20 <u>rouges</u> devant.» «Alors, on cherche les voitures <u>vertes</u>. Tiens, une voiture verte! Je vais gagner!» dit Clara. Gabriel n'est toujours pas content: «Mais non, elle est <u>bleue</u>.»

3. «<u>J'ai envie de faire pipi</u>» dit Gabriel. «Alors, on
25 fait une petite <u>pause</u>. Tout le monde <u>descend</u>!» dit son père.
<u>Tout à coup</u>, Gabriel: «Regardez, c'est super!» «C'est une affiche du parc des <u>loups</u> de Chabrières», dit Mme Chabane. «Cool! On va
30 à Chabrières?» demande Gabriel. «Mais non», <u>répond</u> sa mère, «on va chez Louise et Elsa.» «C'est nul!» dit Gabriel.

4. Dans la <u>jolie</u> maison de la famille de Louise, on <u>attend</u> les Chabane avec un bon repas. «Super»,
35 dit M. Chabane, «j'ai <u>une faim de loup</u>!» «Tiens, demain, on va au parc des loups de Chabrières» dit Elsa. «Trop cool!» dit Gabriel maintenant très content. «Et ce soir, on va à la Fête de la musique, il y a un concert des Zweierpasch.» … Et tout à coup, Marie trouve les Martin vraiment sympas.

La tourte ist eine Spezialität der Region Limousin.

🇫🇷 **Vis-à-vis**

„Essen wir heute kalt oder warm?" Über diese Frage würde man sich in Frankreich wundern. Dort isst man in der Regel auch abends eine warme Mahlzeit. Meistens bestehen die Mahlzeiten aus mehreren Gängen (les <u>plats</u>). Wie ist das bei euch?

Lire

3 A propos du texte

78, 3

A *Relisez le texte.*
Que veulent dire les mots suivants?

**la gare, long, faire la tête, répondre, bleu,
faire pipi, la pause, avoir une faim de loup**

B *Quel titre va avec quel paragraphe du texte?*
Attention: il y a deux titres en trop.

C *Résumez chaque paragraphe du texte en une phrase.*

Exemple: **1.** C'est la grève à la gare. Alors, les Chabane
prennent la voiture pour aller chez Louise et Elsa.

> **STRATEGIE**
>
> Ihr könnt **unbekannte Wörter erschließen**
> • mithilfe des Deutschen oder anderer Sprachen
> • mit Wörtern aus der gleichen „Familie"
> • aus dem Zusammenhang
> • mithilfe von Bildern.

Pipi, papa!

Au parc des loups

C'est la grève!

Chez les Martin

Un voyage, c'est long!

A la gare Montparnasse

Jeu de sons

4 [ɛ] comme «grève» ou [e] comme «TGV»?

CD 2, 75–76
151–152

79, 4

A *Ecoutez les mots. Quand*
vous entendez [ɛ], levez la main.

[ɛ]	[e]
grève	**TGV**

B *Ecoutez et répétez les phrases. Puis notez-les.*
Attention aux accents et aux apostrophes.

En forme

5 Vite, le train n'attend pas! (G 25) → En plus 147, 1 △

79, 5
80, 6

A *Tu fais un voyage en train avec ta famille et un ami français.*
Les gens parlent, mais ton ami ne comprend pas bien l'allemand.
Alors, tu dis ces phrases en français pour l'aider. Utilise les verbes
attendre, entendre, répondre, perdre, descendre.

1. Dein Vater rät euch, nicht zu schnell auszusteigen.   «Ne **?** pas trop …!»
2. Er beklagt sich, dass er die Durchsage nicht hört.   «Je n'**?** rien.»
3. Er fragt dich, ob du etwas hörst.   «Tu **?**, toi?»
4. Deine Mutter fragt, warum die Angestellte nicht antwortet.   «… elle ne **?** pas?»
5. Ein Schaffner fragt, ob ihr auf den Zug aus Nice wartet.   «Vous **?** le …?»
6. Ein Mann sagt euch, er würde mit seiner Frau in Poitiers aussteigen.   «Nous **?** à Poitiers.»
7. Deine Schwester teilt mit, dass eure Cousins am Imbiss-Stand warten.   «Ils **?** à …»
8. Deine Mutter sagt deinem Freund, er soll sein Handy nicht verlieren.   «Ne **?** pas ton …»

B *Qu'est-ce qu'on entend encore dans une gare française?*
Ecrivez des phrases avec **attendre, entendre, répondre, perdre, descendre**
au présent ou à l'impératif. Utilisez des formes différentes de ces verbes.

Jeu de mots

6 **Des affaires pour le voyage** (G 24)

Les couleurs

bleu
blanc
rouge
noir
jaune
vert
gris

A *Qu'est-ce qu'il y a dans le sac de Gabriel?*
Dans son sac, il y a un portable blanc … *Continuez.*

B *Regardez bien le dessin, puis fermez le livre. Dans votre cahier, faites la liste des affaires de Gabriel avec leurs couleurs.*

C *Parlez avec votre partenaire. Comparez et complétez vos listes.*

En forme

7 **Jouez à la tombola** (G 24)

Denkt daran:
petit, grand, bon, joli
stehen vor dem Nomen!

→ **En plus 147, 2**

Jouez avec deux dés. Qu'est-ce que vous gagnez?
Attention à la forme et à la place des adjectifs.

81, 7 – 8
82, 9

Exemple: Moi, je gagne un petit train jaune. Et toi?

petit	joli	petit	grand	joli	petit

Parler

8 **Mes affaires pour mon voyage**

Qu'est-ce que tu prends pour ton voyage?
Fais une liste, puis raconte.

choses	pour…
bon livre	lire le soir
rollers	…
…	…

······· **Médiation** **9** Le parc des loups de Chabrières → **En plus 148, 3** △

82, 10 📱

In den Sommerferien würdest du gerne diesen Park besuchen. Deine Eltern möchten nun von dir wissen:

- wann der Park geöffnet ist,
- wie viel der Eintritt für euch drei kostet,
- ob man auch Führungen machen kann.

Was sagst du ihnen?

Il est là. Tout près. Partout!
Il est gris, blanc ou noir. Les yeux jaunes.
Il vous voit. Vous le regardez.
Bienvenue dans le clan
des loups de Chabrières!

Horaires:
- d'octobre à avril: tous les jours de 13 h 30 à 18 h
- de mai à septembre: tous les jours de 10 h à 20 h

Visites guidées:
- les mercredis, samedis, dimanches, jours fériés à 14 h 30
- juillet / août / septembre: tous les jours à 14 h, 15 h et 16 h 30

➜ Attention: dernières entrées 1 h avant la fermeture du parc!

Tarifs:
- Adultes: 9,50 € / pers.
- Enfants de 4 à 12 ans, étudiants, seniors + de 60 ans: 7 € / pers.

➜ En famille: 2 adultes + 3 enfants = 33 € (soit entrée gratuite pour le 3ème enfant)

······· **Ecrire** **10** En rythme

✏ **A** Lisez le <u>poème</u>.

✏ **B** Ecrivez un poème ou un rap sur l'école, puis présentez-le à vos camarades. Les mots suivants peuvent vous aider.
(Schreibt ein Gedicht oder einen Rap, tragt es / ihn dann euren Mitschülern vor. Die folgenden Wörter können euch helfen.)

Il a 12 ans
Il est très grand
Toujours content
Et intéressant
Vraiment
Il est trop bien
Mon copain Julien

Ihr könnt eure Texte rhythmisch vortragen und versuchen, sie mit Beatboxing zu begleiten.

gris	blanc	bleu	noir	vert
petit	attend	jeu	soir	père
joli	content	deux	histoire	super

Atelier B

1 A la Fête de la musique

CD 2, 77 – 79
153 – 155

83, 11

Elsa — Marie

Louise Martin

1.

Après le repas, les amis quittent la maison.

Louise Martin: Là, il y a le Boulevard Louis Blanc.
Les gens disent «le boulevard de la porcelaine»
parce que les magasins de porcelaine sont sur-
5 tout ici … Alors: il y a de la musique classique
et des chanteurs de rock devant Saint-Aurélien.
Et ici, place Saint-Pierre, il y a un bal.
Qu'est-ce que vous préférez?

Clara: On reste ici! La musique n'est pas
10 mauvaise. On va danser?

Mme Chabane: Allez danser! Mais Clara, tu donnes la main à ton petit frère, s'il te plaît!

Clara: Vous dites toujours ça, papa et toi! Et pourquoi toujours moi?

2.

15 Sur la place, un grand garçon parle à un petit.

Elsa: Regarde le grand, Marie, il est cool, non?
Tout à coup, le petit tourne sa casquette, puis il
arrive devant les filles. Il demande à Marie:

Noah: Salut! Je suis Noah. Tu danses avec moi?
20 *Marie:* Euh … non merci, je n'ai pas envie.

Noah: Ecoute une minute! Disons que c'est un petit jeu entre mon frère et moi: tu danses avec
moi et je gagne! Allez, viens!

Marie: Ah bon? Alors d'accord. On va montrer une
25 petite danse à ton frère!

Gabriel — Clara — Noah — Marie — le frère de Noah

3.

Elsa: Alors, Marie, tu as un petit copain?

Marie: Mais non! C'est un jeu entre les deux
frères. Regarde, il parle à son frère, maintenant.

Clara: C'est son frère, l'autre garçon? Alors, j'ai
30 une idée: on va aider Elsa. Elsa, tu demandes
une danse au grand frère?

Elsa: Je ne sais pas …

Clara: Mais si!

…

35 *Elsa:* Bonjour, on danse ensemble?

Le frère de Noah: Quoi? Qu'est-ce que tu dis? Non,
je danse comme un éléphant dans un magasin
de porcelaine. Et puis, je vais écouter «Zweierpasch», maintenant.

40 *Elsa:* Ah, nous aussi! On va au concert ensemble?

Elsa — le frère de Noah

**Lire
Parler**

2 A propos du texte

A *Qui parle?*

Exemple:

Gabriel, tu restes avec Clara! → *C'est Mme Chabane.*

1. C'est super ici pour acheter des jolies choses!

2. Je vais montrer à mon frère comment on danse avec une fille!

3. Je ne sais pas danser, mais j'aime écouter les musiciens.

4. Zut! Il danse vraiment avec elle. Il gagne toujours!

5. D'accord, dansons ensemble!

6. Aïe! Clara! Ma main!

B *Faites des groupes de quatre. Préparez un dialogue pour continuer l'histoire, puis jouez toute la scène à partir de «Alors, j'ai une idée.», lignes 29–30. (… spielt dazu die ganze Szene ab …, Zeilen 29–30.)*

> **STRATEGIE**
>
> - Verteilt die Rollen und überlegt gemeinsam, was die Figuren noch sagen und tun könnten.
> - Macht euch Notizen.
> - Versucht, die passende Mimik und Gestik zu finden.
> - Jeder übt seine Rolle.
> - Spielt die Szene.

En forme

3 A la fête … (G 27)

Racontez au présent. Mettez les verbes à la bonne forme.

> aider **qn**, téléphoner **à qn**, montrer **qc à qn**:
> Lernt bei Verben die **Ergänzung** mit.
> Denkt auch daran: à + le → au
> à + les → aux

A 1. **Deux garçons**
2. Noah
3. Marie

aider
porter
regarder

une casquette.
les filles.
le petit garçon.

B 1. **Clara**
2. Noah
3. Il
4. Marie et Noah

montrer
donner
parler
demander

une danse
une petite danse
la main

à Gabriel.
au frère de Noah.
à Marie.
à son frère.

C *Faites des phrases. Utilisez tous les mots donnés.*

Des musiciens	dire montrer donner téléphoner	leurs CD leur affiche bonjour	? une chanteuse. ? Marie. ? gens. ? frère de Noah.
sujet	**verbe**	**objet direct**	**objet indirect**

D *Dans la phrase française, quelle est la place du sujet, du verbe, de l'objet? Expliquez, puis comparez avec l'anglais et l'allemand.*

En forme **4** Le puzzle (G 27) → **En plus 149, 4** △

83, 12

Spielt 7 Minuten lang in Vierergruppen. Bildet sinnvolle Sätze im Präsens und schreibt sie auf. Jedes Gruppenmitglied ist bei jedem Satz für eine Farbe zuständig. Wechselt die Zuständigkeit bei jedem Satz. Die Gruppe mit den meisten sinnvollen Sätzen hat gewonnen.

Exemple: Le professeur pose des questions **aux** élèves.

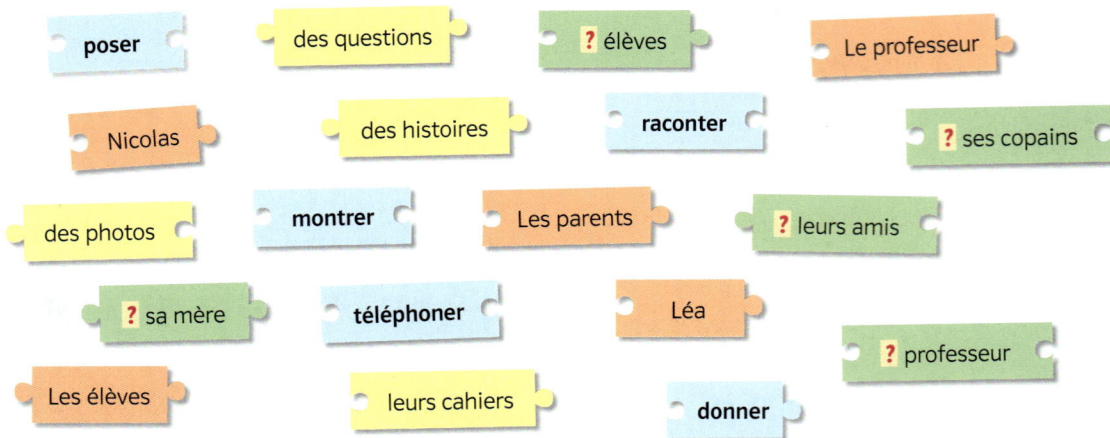

Ecouter **5** Vite! Le concert de «Zweierpasch» commence!

CD 2, 80
156

A *Ecoutez. Vrai ou faux? Si c'est faux, corrigez.*

1. Clara n'aime pas trop «Zweierpasch».
2. Elle aime écouter les groupes de hip-hop.
3. Elle fait de l'allemand, au collège.
4. Elsa parle allemand.
5. Noah aime les textes de «Zweierpasch».
6. Noah et son frère téléphonent
   à leurs parents.

CD 2, 81
157

B *Ecoutez encore une fois. Qu'est-ce qu'on apprend sur Zweierpasch? Prenez des notes.*

C *Ecoutez encore une fois certaines phrases du texte. Après chaque phrase, notez si vous avez entendu les mots suivants ou pas et corrigez. (… schreibt auf, ob ihr die folgenden Wörter gehört habt oder nicht und korrigiert.)*

1. n'entend pas
2. un jour
3. j'entends ça
4. leurs textes; un Allemand

5. un poème
6. Elsa aide
7. la grand-mère

Parler

6 Tu aimes la musique?

Faites un sondage¹ dans la classe et posez ces questions à vos camarades.

ON DIT

– Qu'est-ce que tu aimes comme musique?

– J'aime (bien) le rock / la <u>pop</u> / la techno / le rap / le <u>hip-hop</u> / la musique classique. Je n'aime pas (trop) la techno. Je préfère le rock.

– Tu as un groupe, une chanteuse / un chanteur <u>préféré(e)</u>?

– Mon chanteur préféré, c'est …

– Comment est-ce que tu trouves les musiciens / les musiciennes du groupe …?

– Je trouve leur musique (vraiment / trop / méga) cool! / Je trouve leurs <u>textes</u> nuls.

– Tu fais de la musique?

– Je chante. / Je fais du <u>piano</u> / de l'<u>accordéon</u> … Non, mais c'est dommage. / Je préfère d'autres activités.

1 un sondage eine Umfrage

Médiation

7 Le «Bardentreffen» de Nuremberg

→ **En plus 149, 5** △

84, 13

Ende Juli kommt dein französischer Freund Yann zu Besuch. Du möchtest mit ihm zum Nürnberger Bardentreffen gehen und hast im Internet folgende Kurzinformation gefunden. Erkläre ihm in einer E-mail, was dieses Treffen ist und was es bietet (ca. 80 Wörter). Fange so an: Salut, Yann, comment ça va? Moi, ça va bien. Du 29 au 31 juillet, à Nuremberg, il y a …

Bald ist es wieder soweit: Vom 29.–31. Juli findet das Nürnberger Bardentreffen statt! Dieses angesagte und riesige Musikspektakel lockt jedes Jahr ca. 200 000 Menschen aus allen Himmelsrichtungen an. Auf Schritt und Tritt hört man Musik, denn insgesamt stehen knapp hundert Konzerte auf Nürnbergs großen Plätzen auf dem Programm. Dazu zeigen etliche Straßenkünstler ihr Können. Keine Frage: Das bunte Musikprogramm animiert zum Mitsingen und Mittanzen. Und das Beste: Das Festival kostet keinen Cent Eintritt!

STRATEGIE

Versucht, nicht jedes Wort zu übersetzen oder den Satzbau zu übernehmen. Gebt nur die wichtigsten Informationen des Textes möglichst einfach und mit euren Worten wieder. Beispiele:

- Bald … soweit → ist für das Verständnis verzichtbar, man kann es weglassen.
- stattfinden / anlocken / auf dem Programm stehen → es gibt → *il …*
- riesig → sehr groß → *très …*
- ein Musikspektakel → Musikfest → *une …*
- jedes Jahr → wie immer → *c…*
- auf Schritt und Tritt → immer → *t…*
- Straßenkünstler → Musiker → *des …*
- … animiert zum Mitsingen und Mittanzen … → man hat Lust zu → *on a …*

Atelier C

1 Un courriel

De: Elsa.martin@yahoo.fi
Date: 3 juillet 17:15
@: marie.chabane@wanadoo.fi
Objet: Vacances

Chère Marie,
Je trouve enfin le temps de répondre à ton courriel. Oui, maintenant, je suis
chez nous, à Helsinki. Ici, il y a peu de films français, peu de BD françaises
et je n'ai plus de bons gâteaux de ma grand-mère comme à Limoges. Il y a
5 beaucoup de gens intéressants et c'est sympa ici, mais je n'ai pas de très
bonne copine comme toi. Et je n'ai plus d'amie française. Alors quand j'ai
envie de parler, ce n'est pas facile. Mais ça va.
Combien de jours de vacances est-ce que tu as, en juillet? Est-ce que tu
restes à Paris? J'aimerais beaucoup aller chez toi, à Paris. Ah, mais j'ai une
autre idée: pourquoi est-ce que tu ne passes pas tes vacances chez nous,
10 avec ta famille? La Finlande, c'est bien. Ici, c'est très joli, on rencontre des
gens intéressants et il y a beaucoup de choses sympas à faire. On a une
grande maison, beaucoup de place et … il y a aussi des fêtes et des bals,
en Finlande! ☺☺☺ Bon, alors n'oublie pas: j'aime bien avoir des courriels!
Réponds vite! A plus,
Elsa

Lire
Ecrire

2 A propos du texte

A *Complétez les phrases suivantes.*

1. Elsa dit: A Helsinki, j'aimerais avoir …
2. A Helsinki, les gens sont …
3. Mais les amies d'Elsa ne parlent pas …

4. Elsa a envie d'aller …
5. Elle a aussi l'idée de montrer …
6. Elsa a envie d'avoir …

B *Imaginez: Vous êtes Marie et vous écrivez une réponse (environ 80 mots).*

En forme
Parler

3 Tu as beaucoup de copains? (G 28)   → En plus 150, 6 △

84, 14

avoir / très bons amis

avoir / problèmes au collège

faire / activités   faire / sport   avoir / temps pour toi

avoir / copains dans d'autres classes   passer / temps devant l'ordinateur

avoir / encore / copains de la Grundschule   passer / temps avec ta famille

beaucoup de
peu de
pas de
plus de
combien de

Parlez avec votre partenaire.
Exemple:

– Tu as beaucoup de très bons amis?
– Oui, j'ai beaucoup de très bons amis.
  Non, j'ai peu de très bons amis.

→ En plus 150, 7 △

Pratique: tâches

Pour parler de la musique, regardez encore l'exercice 6 à la page 109.

Ecrire

1 Une fête

Ton ami français va t'aider à préparer une fête pour tes amis ou ta famille. Tu écris un courriel de 8 phrases pour répondre à ses questions:
- *Quand est-ce que vous allez faire cette fête?*
- *Qui est-ce que vous allez inviter et comment (SMS, courriel …)?*
- *Qu'est-ce que vous allez faire à la fête (musique, jeux, repas …)?*

Médiation

CD 3, 1
158

86, 16

2 Au joli mois de juillet

A *Du bist mit deinen Eltern in Frankreich im Urlaub. Am Nachmittag hörst du auf der Straße eine Lautsprecherdurchsage. Erkläre ihnen, worum es geht.*

B *In eurer Zeitung steht folgende Meldung. Du schlägst deinem französischen Austauschpartner vor, zu diesem Fest zu gehen. Erkläre ihm, was das für ein Fest ist und was es dort gibt.*

> **4. Juli:** An diesem Tag steigt ab 11 Uhr das große **Sommerfest** im Tierheim Augsburg. Geboten werden ein leckeres Kuchenbuffet, natürlich viele Tiere und ein großes Gewinnspiel für die Kinder. Für die musikalische Unterhaltung sorgt das TH-Trio.

PORTFOLIO

Venez[1] à notre fête française!

Fais une affiche pour une fête française à ton collège.
Donne des informations sur la fête:
- *Qui?*   *– Quand?*
- *Où?*   *– Quoi?*

Mon dico personnel
Lerne die Wörter für die Dinge, die es bei eurem Fest gibt. (Vokabular, S. 196)

un sketch

un concert

des boissons *(f.)*

des sandwichs *(m.)*

des tartes flambées *(f.)*

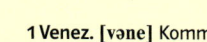

1 Venez. [vəne] Kommt!

Bilan

1 Parler

Überprüfe, was du kannst! Vergleiche deine Lösungen mit den Lösungen auf Seite 221–222.

Du kannst jetzt schon …   *Und so kannst du den Satz anfangen:*

1. … etwas beschreiben (eine kleine grüne und gelbe Tasche).	C'est un …
2. … sagen, wie es dir geht. (zufrieden / traurig)	Je suis …
3. … anmerken, dass das eine gute Idee ist.	C'est une …
4. … jemanden zum Aussteigen und Warten auffordern.	D … et a …
5. … sagen, dass du einen Bärenhunger hast.	J'ai une faim …
6. … sagen, dass du den Musikern hilfst.	J' …
7. … sagen, dass du deinen Freund anrufst, er aber nicht drangeht (antwortet).	Je t …
8. … sagen, dass du den Leuten den Bahnhof zeigen wirst.	Je vais …
9. … sagen, dass du gerne viele Ferien hättest.	J' …

Mehr dazu x23zg4 Weitere Übungen findest du im Internet.

2 En forme (G 24)

Complète le journal de Marie.
Mets les adjectifs à la bonne place et à la bonne forme.

1. Après une **?** surprise **?** (la grève), et après un **?** voyage **?** , nous sommes maintenant à Limoges.	mauvais, long
2. On passe vraiment des **?** journées **?** avec les Martin.	bon
3. Ils habitent dans une **?** maison **?** .	joli + blanc
4. Mme Martin prépare des **?** repas **?** .	bon
5. Demain, nous prenons leur **?** voiture **?** pour aller à Chabrières.	grand + bleu
6. C'est un **?** parc **?** avec des **?** animaux **?** .	intéressant, fantastique
7. Gabriel et Clara sont **?** parce qu'ils aiment les **?** loups **?** .	content, grand + gris
8. Et puis, Limoges est une **?** ville **?** avec des **?** quartiers **?** .	fantastique, sympa
9. Elsa est très **?** de la Fête de la musique parce qu'en Finlande, elle trouve peu de **?** musique **?** .	content
	français

3 Jeu de mots

Complète les phrases suivantes.

88, 1

1. Il a très faim, on dit qu'il a une faim …
2. Les trains restent en gare, c'est la …
3. Elle fait la tête parce qu'elle n'est pas …
4. Il joue bien de la guitare, c'est un bon …

5. Elle chante, c'est une …
6. Il va trois mois en Finlande, c'est un long …
7. Sur sa tête, il porte une …; c'est cool!

4 En forme (G 25)

Complète les phrases suivantes avec les verbes donnés.

attendre perdre descendre
entendre répondre dire

1. C'est la grève. Les gens **?** les trains, mais ils **?** leur temps.
2. Une dame **?** : «Nous **?** notre temps pour rien.
3. Vous, monsieur, vous **?** le train de Limoges aussi?»
4. Le monsieur **?** : «Comment? Qu'est-ce que vous **?** ?
5. Il y a beaucoup de bruit, je n' **?** pas.»
6. Le train arrive enfin et tout le monde **?**.
7. Une fille arrive: «Théo, pourquoi tu ne **?** pas à mes SMS?»

5 Ecouter

A *Ecoute, puis cherche les bonnes réponses.*

CD 3, 2 – 3
159 – 160

1. Les Chabane vont à Helsinki …
   a en juillet.
   b dans un mois.
   c dans une semaine.

2. M. Chabane va en Finlande …
   a avec son chef.
   b pour son travail.
   c pour ses vacances.

3. Mme Chabane et les enfants restent à Helsinki …
   a cinq jours.
   b huit jours.
   c quinze jours.

4. Clara n'est pas contente: elle n'a pas envie …
   a d'aller en Finlande.
   b de manger une tourte.
   c de préparer le repas avec son frère.

B *Ecoutez encore une fois six phrases du texte. Après chaque phrase,
notez si vous avez entendu les mots suivants ou pas et corrigez.
(… schreibt auf, ob ihr die folgenden Wörter gehört habt oder nicht und verbessert.)*

1. papa, tu as des jeux, là?
2. le vingt juillet
3. on prend le thé, après?
4. c'est trop bien
5. un SMS à Marie
6. je fais quoi

6 On combine. (G 24, 27)

*Ecris l'histoire. N'oublie pas les prépositions.
Attention aux articles, à la forme des adjectifs et à leur place.*

Exemple: 1. Aujourd'hui, les Martin montrent le parc des loups **aux** Chabane.

88, 2

1. le parc des loups / les Martin / Aujourd'hui, / les Chabane / montrer
2. avec une casquette / Un monsieur / noire / à l'entrée / attendre /
   les familles / sympa
3. dans le parc?» / est-ce qu'il y a / loups / «Combien / gris / demande Gabriel
4. Elsa et Gabriel / gaufres / demander / A la buvette, / vendeur
5. ne pas être / Mais ils / contents / parce qu'il n'y a plus / gaufres
6. dans le parc / une journée / vert, / grand / Après / long / dire au revoir /
   les Chabane / Louise et Elsa

Grammaire

G24   Elle est contente.: l'adjectif

singulier

Mehdi est	content.
Alexandra est	contente.

pluriel

Mehdi et **Léo** sont	contents.
Alexandra et **Marie** sont	contentes.

! **Léo** et **Marie** sont contents.

! Stellung!

J'ai un **joli** t-shirt.

J'ai un **joli** t-shirt **vert**.

Die meisten Adjektive stehen nach den Nomen.

! Vor dem Nomen stehen:

petit (klein)   mauvais (schlecht)
bon (gut)   joli (hübsch)
grand (groß)

G25   répondre, attendre, entendre . . . : les verbes en **-dre**

	singulier		pluriel
je	répond**s**	nous	répond**ons**
tu	répond**s**	vous	répond**ez**
il		ils	
elle	répon**d**	elles	répond**ent**
on			

Ebenso: attendre, entendre, descendre, perdre

G26 **Je dis, tu dis, on dit . . . :** le verbe **dire**

Qu'est-ce que tu **dis**?

	singulier		pluriel
je	**dis**	nous	**disons**
tu	**dis**	vous	**dites**
il		ils	
elle	**dit**	elles	**disent**
on			

Impératif: Dis …
          Disons …
          Dites …

G27 **Je montre le t-shirt à Jérôme:** l'objet direct et indirect

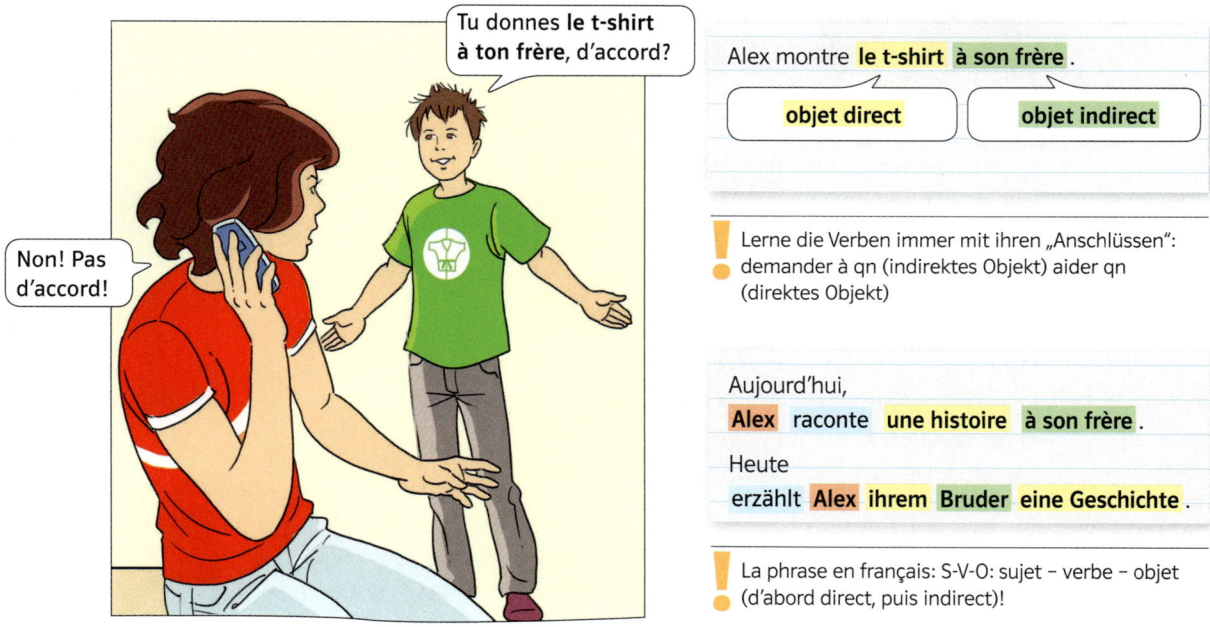

Tu donnes **le t-shirt à ton frère**, d'accord?

Non! Pas d'accord!

Alex montre **le t-shirt** **à son frère** .

| **objet direct** | **objet indirect** |

! Lerne die Verben immer mit ihren „Anschlüssen":
demander à qn (indirektes Objekt) aider qn
(direktes Objekt)

Aujourd'hui,
Alex raconte **une histoire** **à son frère** .

Heute
erzählt **Alex** ihrem **Bruder** **eine Geschichte** .

! La phrase en français: S-V-O: sujet – verbe – objet
(d'abord direct, puis indirect)!

G28 **combien de, ne . . . pas de, ne . . . plus de, beaucoup de, peu de**

Tu ne fais **pas de** cadeau à ton petit frère?

Non, tu as déjà **beaucoup de** t-shirts, non?

Tu as	des questions?
	↓
Je n'ai	**pas de** questions.
Je n'ai	**plus de** questions.
Tu as	**combien de** questions?
J'ai	**beaucoup de** questions.
J'ai	**peu de** questions.

Lösungen zu den Bonus-Übungen findest du auf Seite 222.

La France en fête

Lire
Ecouter
1

CD 3, 9
165

Des jours pas comme les autres

Lisez les textes, puis écoutez Justin.
Cherchez ses «blagues[1]» et corrigez.

Vis-à-vis

Am 25. Dezember isst man in Frankreich eine Weihnachtspute (la dinde). Als Nachtisch gibt es eine Cremetorte in Form eines Holzscheits (la bûche de Noël). Welche Feste gibt es bei euch? Wie werden sie gefeiert?

1. C'est **Noël**! Dans la nuit du 24 décembre, le père Noël passe[2]. Et le matin du 25, les enfants trouvent les cadeaux sous l'arbre[3]. Mais le 26 décembre, en France, tout le monde travaille.

2. Le 31 décembre au soir, on fait un grand repas, puis, à minuit, on descend dans la rue pour fêter **le Nouvel An**[4] avec un feu d'artifice[5]; on fait beaucoup de bruit et on dit: «Bonne année!».

3. Pour **le carnaval** de Limoges, en mars, il y a un grand défilé[6] avec beaucoup de musiciens et de chars[7]. A la fin du défilé, on noie[8] le mannequin «Carnaval» dans la Vienne, la rivière[9] de Limoges.

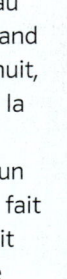 

4. C'est le **1er avril**, le jour des «poissons[10] d'avril»! Tout le monde fait des blagues, et souvent, on a un poisson en papier dans le dos[11] et on ne le sait pas!

5. Le **1er mai**, on ne travaille pas. Dans les rues, il y a beaucoup de stands de muguet[12].

6. En octobre, il y a une fête très typique, à Limoges: la «**Frairie des petits ventres**»[13]. C'est une fête pour manger des bonnes choses: de la charcuterie[14], des tripes[15], mais aussi des plats[16] et des gâteaux traditionnels.

---

1 une blague *hier* ein Streich – **2 passer** vorbeikommen – **3 un arbre** ein Baum – **4 le Nouvel An** das neue Jahr – **5 un feu d'artifice** ein Feuerwerk – **6 un défilé** ein Umzug – **7 un char** *hier* ein Faschingswagen – **8 noyer qc** etwas ertränken – **9 une rivière** ein Fluß – **10 un poisson** ein Fisch – **11 le dos** der Rücken – **12 le muguet** das Maiglöckchen – **13 la «Frairie des petits ventres»** das „Dorffest der kleinen Bäuche" – **14 la charcuterie** die Wurst – **15 les tripes** Kutteln – **16 un plat** ein Gericht

Methodik:
Découvertes / Atelier: Erarbeitung im Plenum.
Stationen: Erarbeitung durch Schüler.
Auch herkommliche Erarbeitung ist möglich.

Unité 7
P comme … papa à Paris!

CD 3, 10
166

Super, papa passe une <u>semaine</u> à Paris!
Il prépare un <u>reportage</u> sur notre <u>ville</u> pour
son journal. Et moi, je suis son <u>assistant</u>!
Nous allons <u>visiter</u> les <u>endroits</u> intéressants,
faire des interviews avec des <u>touristes</u> et
prendre des photos.

M. Pirou, le père de Léo, est <u>journaliste</u>.

| visiter | un reportage |
| un touriste | un assistant |

Warum sind diese Wörter
nicht schwer zu verstehen?

PORTFOLIO

Am Ende dieser *Unité* könnt ihr in eurem
Klassenzimmer eine Parisausstellung
organisieren.
Dafür lernst du u. a.:
- wie die wichtigsten Sehenswürdigkeiten
  und Verkehrsmittel heißen.
- wie man nach etwas Bestimmtem
  fragt und auf etwas Bestimmtes
  hinweist
- wie man eine Postkarte verfasst und
- wie man Vorschläge macht.

117

Le <u>Louvre</u>, un grand <u>musée</u>

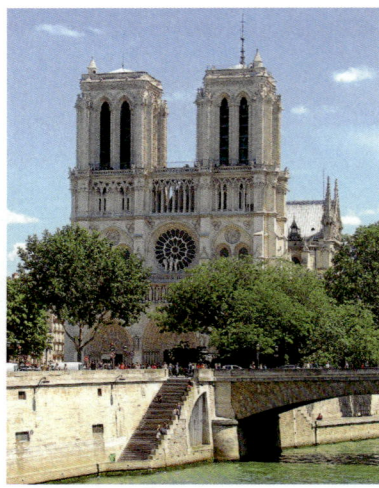

La <u>cathédrale Notre-Dame</u>, une des <u>églises</u> préférées des touristes

Les <u>tours</u> de la <u>Défense</u> avec la <u>grande Arche</u>: un quartier très <u>moderne</u>

Qu'est-ce que c'est en allemand?

un musée   moderne

une cathédrale

un monument

Mehr dazu
zk8b82

91, 1

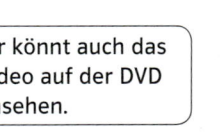
Ihr könnt auch das Video auf der DVD ansehen.

L'<u>Arc de triomphe</u>, un <u>monument célèbre</u>

→ **En plus 151, 1**

Atelier

Approche **1** Quel est le nom de ces endroits?

Dans un café, Léo et son père attendent leur jus d'orange. Alors, Léo demande à son père quels endroits il va montrer dans le reportage. Voici la réponse de M. Pirou.

1. Dans ce parc, il n'y a pas d'arbres: c'est un parc pour les fans de foot. Quel est son nom?
2. On trouve cette tour célèbre place du Trocadéro. C'est quelle tour?
3. Quelles tours est-ce qu'il y a encore à Paris?
4. Quels musées est-ce qu'on trouve à Paris? Donne le nom de trois de ces musées.
5. Quels sont les noms des quatre grandes gares de Paris?
6. Cet Arc est sur une grande place. Quel est cet Arc et quelle est cette place?
7. Beaucoup de personnes visitent ces deux églises. Quel est leur nom?

A Cherchez ces endroits sur le plan à la fin du livre.

B *Quel* et *ce: qu'est-ce que c'est, en allemand?*
A quels noms du texte est-ce que ces mots se rapportent?

C *Relisez le texte. Dans votre cahier, faites un tableau pour noter les formes de* **quel** *et de* **ce***. Quand est-ce qu'on utilise la forme* **cet***?*

	masculin	féminin
singulier	quel	
pluriel	quels	

En forme Parler **2** Quels endroits est-ce que vous préférez? (G 29, 30)

Léo prépare des questions pour les touristes.
Notez ses questions. Utilisez l'adjectif interrogatif **quel***.*

92, 1-2
93, 3

A Exemple:
Quels quartiers est-ce que vous aimez?

1. quartiers
2. rues
3. endroit
4. fête

B Exemple:
Quels sont vos musées préférés?

1. musées
2. parc
3. rues
4. activité

Attention à la liaison!
Exemple:
quelles_activités

C *Un ami français pose des questions sur votre ville et vous répondez. Travaillez à deux et faites le dialogue. Utilisez les mots de* **A** *et* **B***, l'adjectif interrogatif* **quel** *et le déterminant démonstratif* **ce***.*

→ **En plus 151, 2** △

Exemple: – **Quels** quartiers est-ce que tu aimes?
– Maxvorstadt et Schwabing-West. J'aime bien *ces* quartiers. Et toi? → **En plus 151, 3**

Approche

3 **Un tour à la tour Eiffel, ça t'intéresse?**

– On va à la tour Eiffel
  et … Léo, tu **m'**écoutes?
– Oui, papa, je **t'**écoute.
– Alors, pourquoi tu ne
  me regardes pas?

– On prend le train pour
  aller à Versailles?
– Oui, on **va le prendre**
  à la gare Montparnasse.
– La gare Montparnasse?
  Je ne **la** trouve pas.

– Je **vous** retrouve où, à 3 heures?
– Tu **nous** retrouves devant le Louvre.
– D'accord, mais les musées,
  je ne **les** aime pas trop.

A *Lest die Dialoge. Wofür stehen **le**, **la** und **les**?*

B *Wann benutzt man die Pronomen **me, te, nous** und **vous**?*

C *Wo stehen die Pronomen im Satz?*

En forme

4 **Vous m'attendez?** (G 31)

93, 4

Complétez les phrases.

me	nous
te	vous

→ **En plus 151, 4**

1. Aurélie, tu es où? Je **?** cherche.
2. Je suis devant Notre-Dame avec Lucie.
   Tu vas **?** trouver, Lucie et moi?
3. Pas de problème. Je vais **?** trouver.

4. Ecoute, Marc, tu as faim? On **?** invite au
   restaurant.
5. Vous **?** invitez? C'est super sympa!
6. Oui, et après, tu **?** invites à une fête.

En forme
Parler

5 **La Joconde, je la trouve cool!** (G 32)

Parlez avec votre partenaire.
Comment est-ce que tu trouves …

94, 5–6

1. les BD françaises?
2. la tour Eiffel?
3. la cuisine française?
4. les chanteurs français?
5. ton livre de français? …

le   la   les

cool   nul

intéressant

(pas)

joli   (pas) facile

super   bizarre

→ **En plus 152, 5** △

Vermeide Wiederholungen in den Antworten,
indem du die Objektpronomen verwendest.
Achte auf die Angleichung des Adjektivs.

Exemple: **1.**
– Comment est-ce que tu trouves
  les BD françaises?
      ↓
– Je **les** trouve intéressant**es**.

→ **En plus 152, 6** △

Approche
95, 7

6 Selbstständig arbeiten

Die **Stationen** auf Seite 122–129 könnt ihr **selbstständig** bearbeiten. Die Stationen 1–3 könnt ihr **in beliebiger Reihenfolge** machen, **Station 4 kommt am Schluss und ist freiwillig.** Geht am besten **zu zweit** auf eure Entdeckungsreise in Paris. Ihr bekommt einen **Laufzettel**, auf dem ihr festhalten könnt, was ihr bereits gemacht habt.

PORTFOLIO

Am Ende jeder Station findet ihr eine **Portfolioaufgabe**. Von diesen insgesamt drei Portfolioaufgaben müsst ihr nur **eine** bearbeiten.

Richtig gemacht?

Bei den meisten Aufgaben könnt ihr eure **Lösungen** auf **S. 222–223 überprüfen**. In dem Spiel in Station 4 könnt ihr zeigen, was ihr in Unité 7 gelernt habt.

Neue Wörter

Versucht zunächst, **selbst herauszufinden**, was die Wörter bedeuten, bevor ihr im **Vokabelteil** nachseht. Wie ihr auf Seite 117 und 118 gesehen habt, ist das bei manchen Wörtern gar nicht schwer.

Aussprache

Hört zu Hause oder in der Klasse die **Tonaufnahmen** an. Im Vokabelteil findet ihr die **Lautschrift** der neuen Wörter. Oft könnt ihr die richtige Aussprache auch **selbst herausfinden**. Die folgende Übung zeigt euch, wie.

Stratégie

7 Savoir prononcer

A *Diese Wörter habt ihr **schon gelernt**. Ihr wisst, wie man sie ausspricht.*

*Diese Wörter sind **neu**. Ihre Aussprache könnt ihr selbst herausfinden.*

une **gui**tare	un **gui**de
une r**ue**	une v**ue**
d**eux**	je v**eux**
bi**en**	un moy**en**
ils pos**ent**	ils lis**ent**
un g**ym**nase	éc**o**logique
un arr**on**dissement	la J**oconde**

B *Findet heraus, wie man die folgenden neuen Wörter ausspricht. Welches schon gelernte Wort hilft euch jeweils bei der Aussprache?*

schon gelernt

une guitare

un chanteur

elles arrivent

une question

un cadeau

neu

ils écrivent

fatigué

bureau

un avion

leur

Station 1

Bonjour de Paris!

POSTKARTEN SCHREIBEN

Lire

1 ### Sur la tour Eiffel

CD 3, 11
167

96, 1

Aujourd'hui, sur la tour Eiffel, il y a beaucoup de touristes.
Un monsieur lit son guide. M. Pirou commence ses interviews:

M. Pirou: … qu'est-ce que vous aimez, ici?
Le monsieur: C'est surtout la vue sur Paris.
5   Elle est vraiment fantastique. Et toi, Julie?
La dame: Attends, j'écris une carte postale. Voilà.
Pour moi, la tour Eiffel est comme une petite
ville: ici, il y a des restaurants, des boutiques
de souvenirs, des films sur l'histoire de la tour
10   Eiffel …
Le monsieur: Nous allons peut-être visiter le
bureau de Gustave Eiffel, mais avant, nous
allons manger quelque chose.
Une autre dame: Vous écrivez pour un journal?
15 *M. Pirou:* C'est ça.
Ses enfants: Et nous, nous écrivons des textos à
nos copains!
Léo: Une minute! Je prends une photo.

→ **En plus 153, 7**

A *Qu'est-ce qu'il y a sur la tour Eiffel?*

B *Regardez les mots à droite.*
Quels mots vont ensemble?
Notez les expressions dans votre cahier.

écrire	souvenirs
le bureau	fantastique
une vue	de l'homme célèbre
une boutique de	une carte postale

En forme

2 ### J'écris, tu lis … (G 33, 34)

A *Complétez le filet à mots dans votre cahier.*
Trouvez environ sept mots.

96, 2

B *Regardez les verbes **écrire** et **lire** à la page 131*
et écrivez-les dans votre cahier. Puis jouez avec
un dé et faites six phrases différentes.

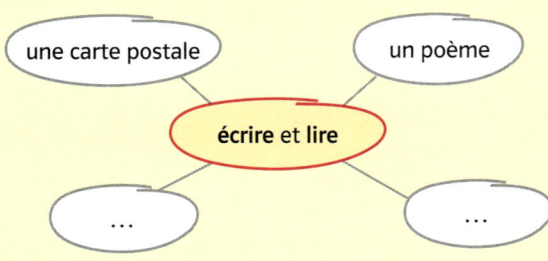

une carte postale — un poème — **écrire** et lire — … — …

Exemple:

Elle écrit une carte postale.   je   tu   il / elle / on   nous   vous   ils / elles

→ **En plus 153, 8** △

Lire
Ecrire **3 Des cartes postales**

A *Lisez les cartes postales des touristes. Quelle carte va avec quelle photo?*

1

2

3

<u>Cher</u> papi et <u>chère</u> mamie,
<u>Comment allez-vous?</u> Regardez
mon copain sur la photo! Il n'est
pas très joli, mais il est cool, non?
☺ Notre-Dame, c'est <u>génial</u>.
<u>Bisous</u>

Julie

Salut Léa,
Je suis enfin à Paris! C'est trop
bien pour le shopping. Demain, on
va aller au musée du Louvre pour
rencontrer la jolie <u>Joconde</u>!
<u>Bises</u>

Margaux

Coucou!
Nous écrivons de Paris.
Aujourd'hui, on visite la Défense.
C'est intéressant et vraiment
très moderne.
Grosses bises

Justin et Elise

B *Faites un grand tableau dans votre cahier. Cherchez, puis notez dans le tableau des expressions qu'on trouve sur des cartes postales.*

pour commencer	pour raconter	à la fin
Cher …	C'est génial!	Bisous
Comment …?	…	…
…		

C *Complétez le tableau avec les expressions suivantes.*

Les gens sont très sympas.   Bonjour!   Je suis à … avec mes parents.

Je rentre jeudi.   J'aime bien …   On va visiter …

Je t'embrasse.   On va faire un tour …   A bientôt!

Nous passons … jours à …   C'est vraiment super!

4 Un petit bonjour de …

Vous passez trois jours dans une autre ville.
Ecrivez une carte postale à votre copain français /
votre copine française (entre 25 et 30 mots).

Station 2

Paris, ça bouge!

Lire

CD 3, 12–13
168–169

1 Vous ne pouvez pas faire attention, monsieur?

1. Léo pose les bols sur la table de la cuisine. Il va prendre le petit-déjeuner avec son père. «Ça va, mon grand?» dit M. Pirou. «Aujourd'hui, pour mon reportage …». Léo adore la baguette et il a une faim de loup: il mange trois grandes tartines «… je veux faire un tour en bateau-mouche.» Léo ne dit rien. Les touristes veulent toujours aller sur la Seine, mais quand on habite à Paris: bof! Sur son portable, il montre un site Internet à son père:

> VOUS VOULEZ VISITER PARIS –
> Alors, faites un tour en segway avec nous!

Des bateaux-mouches sur la Seine

2. «On pourrait faire ça, non?» demande Léo. «Ben …si tu veux, pourquoi pas? Là aussi, nous pouvons faire nos interviews.» répond M. Pirou. Deux heures après, Léo et son père sont devant le Centre Pompidou. Mais M. Pirou a un problème avec son segway. Il bouge trop et … patatras! Il tombe! Une dame dit: «Vous ne pouvez pas faire attention, monsieur?» Léo n'en peut plus! Le guide arrive: «Monsieur! Ça va?

Je vous montre encore une fois comment faire?». «Non, non» répond M. Pirou. «Ça va! Désolé! Je ne veux pas … enfin, je ne peux pas … euh, je vais faire attention! Le segway est une très bonne idée pour montrer Paris, je trouve. Avec ça, les touristes peuvent faire des grands tours. Depuis quand est-ce que vous les faites, monsieur? …»

Ecrire

A Quel résumé va avec le texte «Vous ne pouvez pas faire attention, monsieur?»? Corrigez les autres résumés.

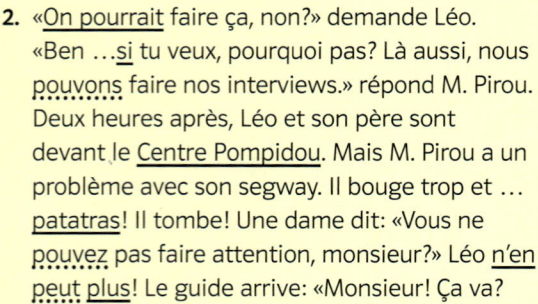

1. Léo veut faire du segway dans Paris, mais son père n'est pas d'accord. Alors, ils font un tour en bateau-mouche. Tout à coup, les affaires de M. Pirou tombent dans l'eau.

2. Léo et son père vont faire un tour au Centre Pompidou en segway, mais Léo tombe. M. Pirou veut l'aider, mais Léo ne veut pas. Il va faire attention. Après. M. Pirou interviewe le guide.

3. M. Pirou veut faire un tour en bateau-mouche, mais Léo préfère faire du segway. Devant le Centre Pompidou, M. Pirou tombe. Le guide veut l'aider, mais M. Pirou préfère l'interviewer.

Parler

B Quelles questions est-ce que M. Pirou peut poser au guide? Cherchez quatre questions.

En forme

C Cherchez les formes de **vouloir** et de **pouvoir** dans le texte et notez-les.

→ **En plus 153, 9** △

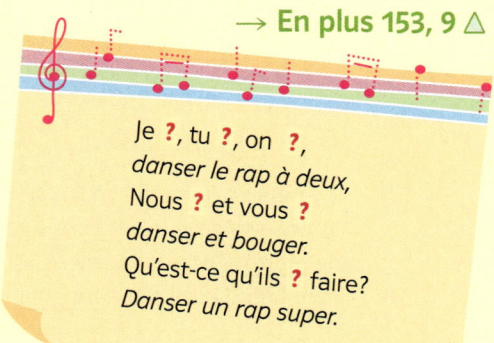

Je **?**, tu **?**, on **?**,
danser le rap à deux,
Nous **?** et vous **?**
danser et bouger.
Qu'est-ce qu'ils **?** faire?
Danser un rap super.

Parler

2 Deux raps: je veux … je peux … (G 35, 36)

CD 3, 14

97, 1

A *Ecoutez, puis complétez le rap d'abord avec
le verbe vouloir, ensuite avec le verbe pouvoir.[1]*

B *Ecoutez ces raps, puis dites ces textes par cœur.
(… auswendig).*

**Médiation
Ecrire**

3 Le Centre Georges Pompidou

97, 2

A *Deine Eltern fragen dich, was das Centre Pompidou
eigentlich ist und ob die Farben eine Funktion haben.
Antworte ihnen auf Deutsch mit Hilfe des Dokuments.*

Au Centre Pompidou (1977) (on
l'appelle aussi Beaubourg), il y a un très
important musée d'art moderne (4e et
5e étages), une grande bibliothèque
(sur trois étages), des salles de spectacle
(danse / musique) et de cinéma, et
des expositions. Au 6e étage, on trouve
un restaurant. La vue sur Paris est
super! Devant le Centre, il y a souvent
des musiciens, des jongleurs …

Les couleurs et leur
fonction:
Le jaune: l'électricité
Le rouge: les couloirs
Le bleu: l'air[2]
Le vert: l'eau

B *Quand on va au Centre Pompidou, on peut trouver des
activités pour tout le monde. Ecrivez un texte pour un
blog. Utilisez des formes du verbe pouvoir et les mots donnés.*

vous	visiter	lire
on	les enfants	écouter

PORTFOLIO

4 On fait un rap.

*Dans l'exercice 2, changez les mots du rap en
italique pour écrire un autre rap. Ensuite,
présentez votre rap à vos camarades. Les mots
à droite peuvent vous aider pour les rimes.*

un jeu	chanter	frère
un peu	parler	anniversaire
les deux	jouer	mon cher
…	…	…

---

1 Die Lieder befinden sich aus lizenzrechtlichen Gründen nur auf der zusätzlich erhältlichen Audio-CD. – 2 **l'air** *(m.)* die Luft

Station 3

Des millions de kilomètres

Lire

CD 3, 15
170

1 Trop tôt pour Léo

A 7 heures du matin, Léo et son père font déjà des interviews dans des <u>bus</u>, des gares et des <u>stations</u> de <u>métro</u>. C'est les vacances, et 7 heures, c'est tôt pour Léo. Il est encore <u>fatigué</u>.

M. Pirou: Ecoute ça, Léo! A Paris, les gens font 8 millions de kilomètres <u>par jour</u> avec les <u>moyens de transport</u>.

Léo: Combien de kilomètres, papa? Les gens sont <u>un peu</u> bizarres, tu ne trouves pas?

A *Ihr kennt schon folgende Wörter:* → bientôt   enfin   à plus   attention   sport
Wie spricht man also diese Wörter aus? → tôt   matin   bus   station   transport

B *Lest euch gegenseitig den 1. Abschnitt des Textes vor.*
Benutzt die Methode «Lire et parler» auf S. 49.

Vis-à-vis

2 En train, en bus et en métro ...

Mehr dazu
zk8b82

Voilà la <u>gare de l'Est</u>. A Paris, il y a six gares.

Tiens, une station de métro!

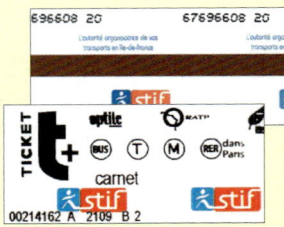

Voilà un <u>ticket</u> pour le métro ou pour le bus.

On attend l'<u>arrivée</u> du <u>batobus</u>.

Le vélo, un moyen de transport <u>écologique</u>.

Super! Des vélos pour tout le monde!

Zut! Le bus est en retard!

A *Seht euch die Logos und Abkürzungen auf Seite 127 genau an.*
Zu welchen Pariser Verkehrsmitteln gehören sie? Welches Logo gehört nicht hierher?

1   2   3   4   5   6

B *Corrigez les phrases.*

1. A Paris, il y a 5 gares.
2. «Velib'», ce sont des trains pour tout le monde.

3. Voilà un «M» jaune. Ici, il y a un restaurant.
4. Un ticket de bus est aussi un ticket de cantine.

3   A la gare

M. Pirou va aller de Paris à Munich Pasing.
A la gare, il achète <u>un billet</u> de train.
Faites le dialogue, puis <u>changez</u> <u>de</u> rôle.

Paris Est:	10h42	13h53
Stuttgart:	14h13	17h12
München Pasing:	16h18	19h18

ON DIT

– Pardon, madame/mademoiselle/monsieur, pour aller demain à …, s'il vous plaît?

– Vous avez un TGV à … heures.
Puis vous changez à ….
et vous arrivez à … à … heures.

– Alors, je prends un billet pour <u>demain matin</u>, s'il vous plaît.

– Voici votre billet. Ça fait 146 €, s'il vous plaît.

Jeu de mots
Parler
Ecouter

4   Comment est-ce que tu vas …?

→ **En plus 154, 10** △

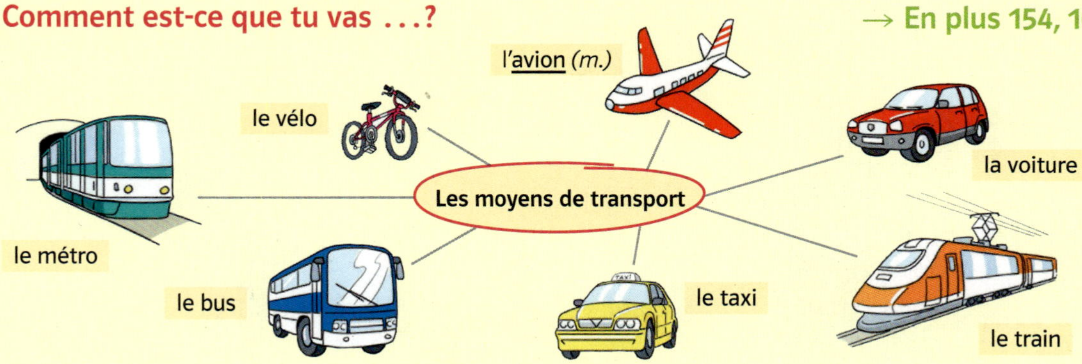

l'<u>avion</u> *(m.)*

le vélo

la voiture

le métro

Les moyens de transport

le bus

le taxi

le train

A *Faites des dialogues.*

Exemple:
– Comment est-ce que tu
vas à la piscine ?
– Je vais à la piscine en bus .

Continuez.

aller

à la piscine   à l'école
au cinéma
chez tes grands-parents
à la boulangerie
à la gare   à la poste

<u>en</u> métro   en bus
en train   en taxi
en voiture   en avion
à pied   à vélo

CD 3, 16   **B** *Ecoutez la chanson. De quels moyens de transport est-ce que la chanson **ne** parle **pas**?[1]*

PORTFOLIO

98, 1
99, 3
100, 4

C *Des mots-images:*
Wählt mindestens ein Verkehrsmittel aus. Schreibt dessen Namen so,
dass man am Schriftbild erkennt, was das Wort bedeutet.

1 Die Lieder befinden sich aus lizenzrechtlichen Gründen nur auf der zusätzlich erhältlichen Audio-CD.

Station 4

Le jeu de l'escargot

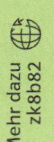

Mehr dazu
zk8b82

101, 1
102, 2

Mit diesem Spiel könnt ihr eure Kenntnisse überprüfen. Spielt zu viert. Ihr benötigt einen Würfel und vier Spielsteine. Wer als Erster die Ziffer 20 erreicht und die Aufgabe richtig gelöst hat, hat gewonnen. Der Schüler / Die Schülerin mit der höchsten Augenzahl beginnt.

Spielt zuerst das „Jeu de l'escargot". Sucht dann Informationen und Fotos zu Paris und macht eine Parisausstellung in eurer Klasse mit Bildern und selbstgeschriebenen kurzen und interessanten Texten auf Französisch.

→ En plus 154, 11 △

Vis-à-vis

Die Schnecke (= un escargot) , auf der ihr spielt, zeigt die Anordnung der 20 *arrondissements* (Stadtviertel) von Paris.

Redemittel / Wortschatz	Wissen
Grammatik	surprise

1. Combien de gares est-ce qu'il y a à Paris?

2. Fais 4 phrases avec des formes différentes du verbe *écrire*.

3. Trouve 4 expressions pour dire comment est quelque chose. 😀 😀 😀 😀

4. Donne le nom de 3 monuments de Paris. (N'oublie pas les articles).

5. En métro, ça va vite! Avance à la case 9! (Rücke auf Feld 9 vor!)

6. Voici des questions. Dans la réponse, utilise les formes de l'adjectif démonstratif ce. Tu aimes … **a)** la cuisine française? **b)** les chansons françaises? **c)** le petit-déjeuner français?

7. Donne le nom de 4 moyens de transport (N'oublie pas les articles).

8. Qu'est-ce qu'on peut écrire à la fin d'une carte postale? Donne 2 expressions.

9. Fais 4 phrases avec des formes différentes du verbe *lire*.

10. Avec un ticket de métro, on peut prendre quels moyens de transport?

11. Le bus est en retard! Passe un tour! (Setze einmal aus!)

12. Fais 4 phrases avec des formes différentes du verbe *pouvoir*.

13. Qu'est-ce qu'il y a sur la tour Eiffel? Dis 3 choses.

14. Donne 2 expressions pour commencer une carte postale à ton ami Clément.

15. Quand tu arrives, le métro quitte la station. Retourne à la case 6! (Gehe auf Feld 6 zurück!)

16. Dis à un ami, puis à 2 copains que tu les écoutes. (*que = dass*)

17. La Joconde est dans un musée. Comment est-ce qu'il s'appelle?

18. Qu'est-ce qu'on peut écrire (2 choses) et lire (2 choses)?

19. Le métro est en retard! Passe un tour! (Setze einmal aus!)

20. Fais 4 phrases avec des formes différentes du verbe *vouloir*.

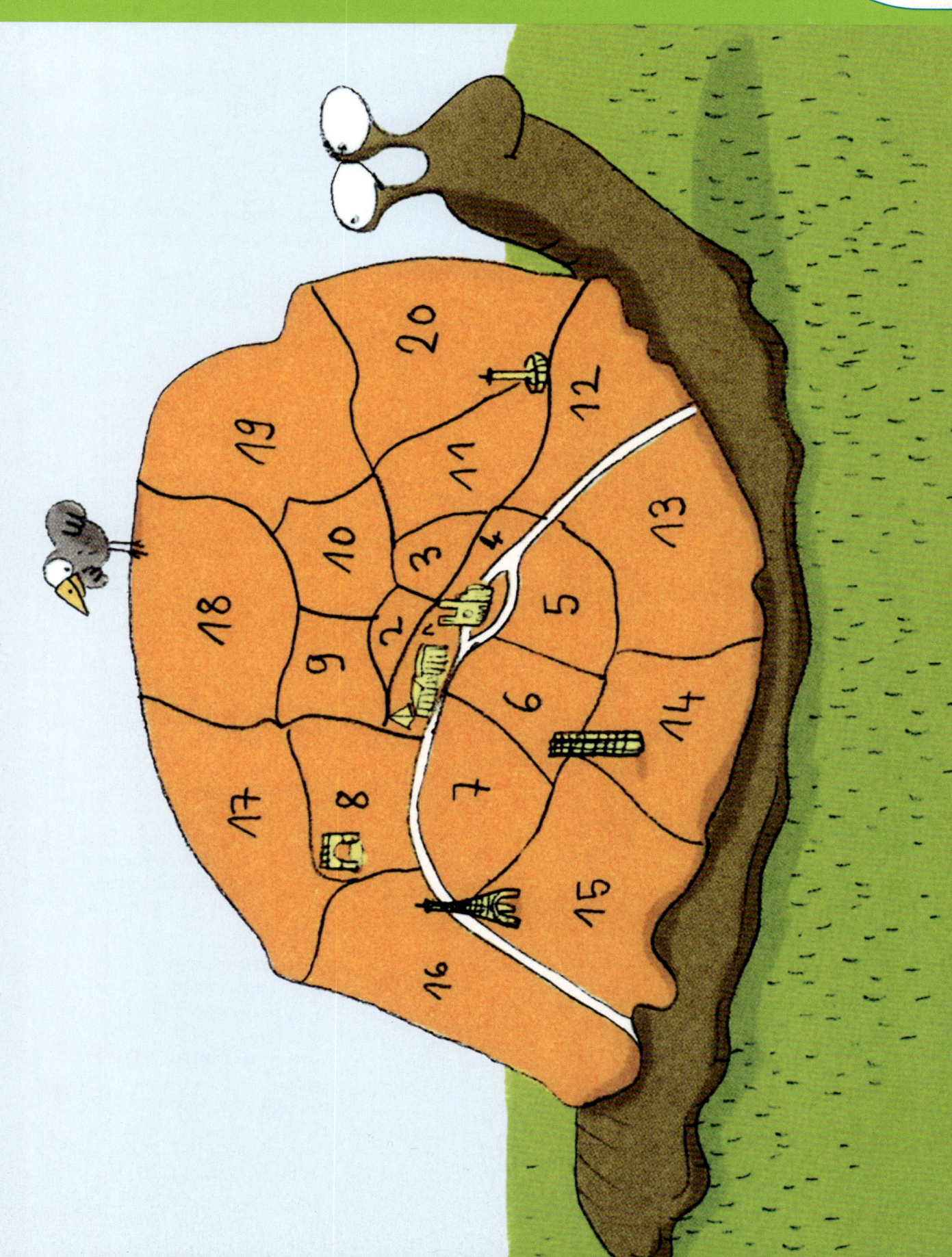

Grammaire

G29 **Quel copain, quelles copines?** L'adjectif interrogatif **quel**

> Clara a toujours beaucoup de copines. Mais moi, j'ai **quelles** copines?

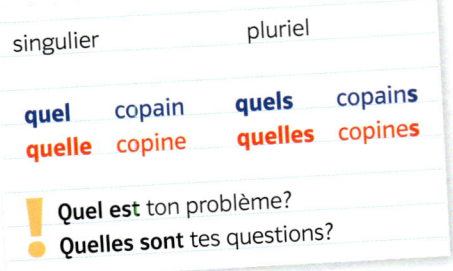

singulier		pluriel	
quel	copain	**quels**	copain**s**
quelle	copine	**quelles**	copine**s**

! **Quel est** ton problème?
Quelles sont tes questions?

G30 **ce jour, cette journée:** l'adjectif démonstratif **ce**

> Pas cool, **cette** journée à la maison! Je ne sais pas quoi faire.

singulier		pluriel	
ce	jour	**ces**	jour**s**
cet	**endroit**	**ces_**	**endroit**s
cette	journée	**ces**	journée**s**

! Vor Vokal und stummem h:
ce → cet

G31 **Tu m'entends?** Les pronoms objet direct **me, te, nous, vous**

> Pourquoi tu **nous** regardes, Moustique? Danse avec nous, tu **m'**entends?

Tu	**me**	regardes?
Elle	**te**	trouve bien.
Tu	**nous**	aimes bien?
Je	**vous**	écoute.

! Vor Vokal: **me / te** → **m' / t'**
Je **t'a**ime.
  Stellung: Je ne **t'entends** pas.
          Je **voudrais te rencontrer**.
          Je **ne vais pas t'oublier**.

G32 **Je la trouve sympa.:** les pronoms objet direct **le, la, les**

> Je **la** trouve sympa, ta sœur! Je vais l'inviter avec toi.

– Tu trouves **Pierre** sympa?
– Oui, je **le** trouve sympa.
– Tu trouves **Louane** sympa?
– Oui, je **la** trouve sympa.
– Tu trouves **tes copains** et **tes copines** sympas?
– Oui, je **les** trouve sympas.

! Vor Vokal: **le / la** → **l'**
Je **l'a**ime.

G**33** **je lis, tu lis . . . :** le verbe **lire**

singulier		pluriel	
je	lis	nous	lisons
tu	lis	vous	lisez
il		ils	
elle	lit	elles	lisent
on			

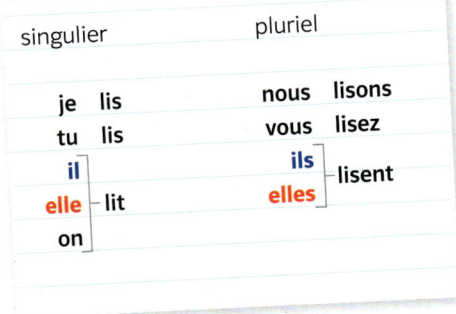

G**34** **j'écris, tu écris . . . :** le verbe **écrire**

singulier		pluriel	
j'	écris	nous	écrivons
tu	écris	vous	écrivez
il		ils	
elle	écrit	elles	écrivent
on			

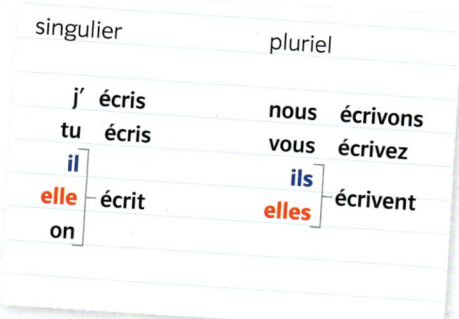

G**35** **je veux, tu veux . . . :** le verbe **vouloir**

singulier		pluriel	
je	veux	nous	voulons
tu	veux	vous	voulez
il		ils	
elle	veut	elles	veulent
on			

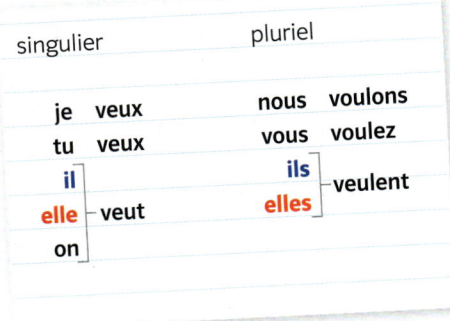

G**36** **je peux, tu peux . . . :** le verbe **pouvoir**

singulier		pluriel	
je	peux	nous	pouvons
tu	peux	vous	pouvez
il		ils	
elle	peut	elles	peuvent
on			

Plaisir de lire

173
CD 3, 20

A *Ecoutez et lisez le poème, puis regardez les mots nouveaux.*
Ecoutez le poème encore une fois.

Dans Paris

Dans Paris il y a une rue;
Dans cette rue il y a une maison;
Dans cette maison il y a un escalier;
Dans cet escalier il y a une chambre;
Dans cette chambre il y a une table;
Sur cette table il y a un tapis;
Sur ce tapis il y a une cage;
Dans cette cage il y a un nid;
Dans ce nid il y a un œuf;
Dans cet œuf il y a un oiseau;

L'oiseau renversa[1] l'œuf;
L'œuf renversa le nid;
Le nid renversa la cage;
La cage renversa le tapis;
Le tapis renversa la table;
La table renversa la chambre;
La chambre renversa l'escalier;
L'escalier renversa la maison;
La maison renversa la rue;
La rue renversa la ville de Paris.

«Chanson enfantine des Deux-Sèvres», citée par Paul Eluard
dans Poésie involontaire et poésie intentionnelle © Seghers, 1963

Paul Eluard (1895 – 1952), poète français

1 **renversa** warf um (Infinitiv: renverser)

B *Bildet Gruppen mit fünf Schülern. Jeder Schüler einer Gruppe schreibt vier Verse dieses Gedichts jeweils auf einen Papierstreifen. Zeichnet zu jedem Vers ein einfaches Bild.*
Mischt eure Papierstreifen und versucht das Gedicht wieder zusammenzusetzen.

C *Schreibt gemeinsam ein neues Gedicht.*

Exemple:

Dans ma ville, il y a mon quartier,
Dans …, il y a …
…
Sur mon lit, il y a mon chien.

Mon chien renverse le lit,
Le lit renverse la chambre
…

Lösungen zu den Révisions-Übungen findest du auf Seite 223.

Révisions

Ecouter
Parler

CD 3, 21
174

1 **Comment trouver le stand de crêpes?**

A *Sieh dir den Plan an.*

Du bist bei Léo, der in der rue Truffaut Nummer 23 wohnt. Du möchtest zum Imbiss-Stand gehen. Léo erklärt dir den Weg.

Höre ihm genau zu und betrachte den Plan. Bei welcher Nummer ist der Imbiss-Stand? Bei 1, bei 2 oder bei 3?

B *Am Imbiss-Stand fragt dich ein Junge, wo Léo wohnt. Du erklärst ihm den Weg. Spielt die Szene.*

Léo

En forme

2 **Sur la tour Eiffel** (G 27)

Ecrivez les phrases.

Exemple: **1.** Léo donne une idée à son père.

1. Léo / donner / son père / une idée.
2. Ils / pouvoir interviewer / les touristes.
3. M. Pirou / parler / gens.
4. Les gens / répondre / ses questions.
5. Léo / écrire / des SMS / Mehdi.
6. Il / vouloir aussi aider / son père.
7. Il / prendre / des photos.
8. Mme Pirou / attendre / les / à la maison.
9. Le soir, Léo / montrer / les photos / sa mère.
10. M. Pirou / dire merci / Léo.

Lire
Ecrire

3 **La carte postale de Marie**

Moustique aime les cartes postales. Mais regardez: c'est la catastrophe! Trouvez les mots et écrivez la carte. Attention à la forme des mots!

Chère Alex,
🐾 vas-tu? Moi, je suis à Helsinki! J'adore 🐾 ville! Je ne 🐾 pas mon temps, ici: je 🐾 la ville avec Elsa, elle est mon 🐾, et on fait vraiment 🐾 choses intéressantes! Elsa habite dans une 🐾 maison. A Helsinki, elle 🐾 faire beaucoup d'activités: elle fait de l'🐾, de la 🐾 et surtout du 🐾. Et elle 🐾 beaucoup de livres. Elle est trop 🐾, cette fille!
Maintenant, j'🐾 un courriel de toi.
A bientôt et gros 🐾

Marie

danse	perdre
théâtre	ce
pouvoir	visiter
grand	accordéon
beaucoup de	
génial	comment
attendre	lire
bisou	guide

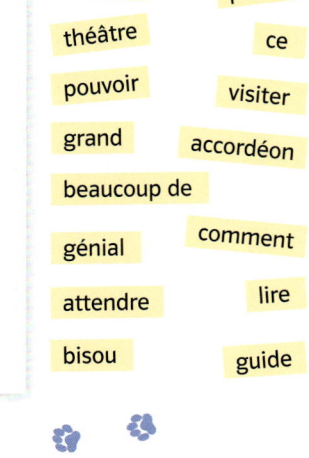

On prépare le DELF

1 Compréhension de l'oral

CD 3, 22
175

Lisez d'abord les questions. Ecoutez, puis trouvez les bonnes réponses.

1. C'est une information   **A** à la radio?   **B** à la gare?   **C** à la télévision?

2. Le feu d'artifice commence à   **A** dix heures et quart?   **B** dix heures et demie?   **C** onze heures moins le quart?

3. On présente un film samedi soir à   **A** neuf heures et quart?   **B** dix heures et quart?   **C** neuf heures moins le quart?

2 Compréhension des écrits

Regardez le livre, lisez le texte, puis les phrases de 1 à 4. Vrai ou faux?

1. Sur le livre, il y a l'Arc de triomphe.
2. C'est un livre pour les professeurs.
3. Le livre parle des endroits intéressants de Paris.
4. Dans le livre, il y a des jeux.

De A comme Arc de triomphe à Z comme Zoo, les enfants partent à la découverte de Paris! Du haut de la tour Eiffel ou dans le métro, au musée ou dans la rue, les petits explorateurs vont résoudre les énigmes qui leur sont proposées. Jeu des 7 erreurs, labyrinthe, cherchez l'intrus, quoi-est-à-qui … à toi de jouer!

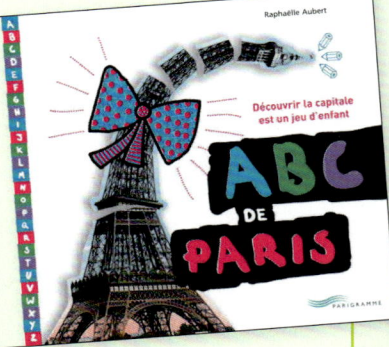

Raphaëlle Aubert

Découvrir la capitale est un jeu d'enfant

ABC
DE
PARIS

PARIGRAMME

3 Production écrite

Tu es en vacances chez des amis. Ecris une carte postale à ton correspondant français. Raconte:
– *où tu es et combien de temps tu restes,*
– *quelles sont vos activités,*
– *quels moyens de transport tu prends.*

4 Production orale

Tu es à Paris et tu as faim et soif. Tu as 6 euros. A la buvette, tu parles à un vendeur ou une vendeuse. Préparez le dialogue et jouez-le.

GAUFRES	
Sucre	2€00
Sucre/Banane	2€50
Beurre/Sucre	2€50
Confiture	2€50
Miel	2€50
Crème de marron	2€50
Compote de pommes	2€50
Grand-Marnier	3€00
Nutella	3€00
Nutella/Banane ou Chantilly ou Coco	3€50

△ einfachere Zusatzübung

△ einfachere Parallelübung

△ schwierigere Zusatzübung

△ schwierigere Parallelübung

ohne
Symbol Zusatzübung

zu Unité 1

Parler

1 **Bonjour, le chien!**   zu 20, 2

Complétez les phrases et présentez le dialogue.
(Ergänzt die Sätze und stellt den Dialog vor.)

| d'ici | comment? | m'appelle |
| est-ce | es de | va | de Paris |

Exemple: **1.** Bonjour! Ça `va` ?

1. Bonjour! Ça **?**?
3. Tu **?** Paris?
5. Tu t'appelles **?**?
7. Qui **?**, la fille?

2. Ça va, merci!
4. Oui, je suis **?**.
6. Je **?** Moustique.
8. C'est Marie.
Elle est **?** aussi.

Jeu de mots

2 **C'est bizarre!**   zu 20, 3

Trouvez les mots. Ajoutez un ou une quand c'est un nom.
(Findet die Wörter. Fügt un oder une hinzu, wenn es ein Nomen ist.)

Exemple: **1.** `cheni` ⟶ un chien

1. cheni   **3.** Piras   **5.** chta   **7.** painco   **9.** zarrebi
2. llefi   **4.** pineco   **6.** garnoç   **8.** issau   **10.** tanfastique

Parler

3 **Bonjour! Ça va?**   zu 21, 6

Faites le dialogue à trois. Utilisez les mots donnés.
(Tragt den Dialog zu dritt vor. Verwendet die angegebenen Wörter.)

1. Marie trifft ihre Lehrerin.
2. Diese begrüßt auch Marie und stellt ihr Léna,
ihre junge Nichte aus Toulouse vor.
3. Die Mädchen begrüßen sich.
4. Marie fragt Léna wie es ihr geht.
5. Léna geht es gut, sie ist von Paris begeistert.
6. Marie verabschiedet sich von der Lehrerin und von Léna.

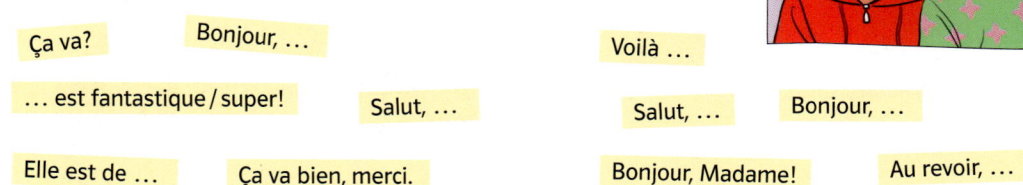

Ça va?   Bonjour, …   Voilà …

… est fantastique / super!   Salut, …   Salut, …   Bonjour, …

Elle est de …   Ça va bien, merci.   Bonjour, Madame!   Au revoir, …

On combine **4** **Bonjour, monsieur!** nach U1, Atelier B

Complétez le dialogue. (Vervollständigt den Dialog.)

1. *M. Pirou:* Bonjour, je **?** monsieur Pirou. **?** va?
2. *Marie:* **?** va bien, **?** !
3. *M. Pirou:* Je **?** le papa de Léo. Et toi, tu es une **?** de Léo? Tu **?** comment?
4. *Marie:* Oui, je **?** une **?** de Léo. Je **?** Marie.
5. *M. Pirou:* Et le chien, qui **?** ? Il **?** fantastique!
6. Marie: C' **?** Moustique.
7. *M. Pirou:* Tu **?** de Paris, Marie?
8. *Marie:* Oui, je **?** de Paris.
9. *M. Pirou:* Bien. Alors, au **?** , Marie!
10. *Marie:* Au **?** , **?** !

zu Unité 2

En forme **1** **Le cahier de Marie** (G 3) zu 30, 5

 Qu'est-ce que c'est? Complétez les phrases. (Vervollständigt die Sätze.)

A Exemple: **1.** – C'est **un** cahier.

B Exemple: **1.** – C'est **le** cahier de Léo? – Non, c'est **le** cahier de Marie.

1. – C'est **?** cahier.
   – C'est **?** cahier de Léo?
   – Non, c'est **?** de **?** .

2. – C'est **?** BD.
   – C'est **?** BD de Malabar?
   – Non, c'est **?** BD de **?** .

3. – C'est **?** magasin.
   – C'est **?** magasin d'Alex?
   – Non, c'est **?** magasin de **?** .

4. – C'est **?** affiche.
   – C'est **?** affiche de Marie?
   – Non, c'est **?** affiche de **?** .

5. – C'est **?** chat.
   – C'est **?** chat de Léo?
   – Non, c'est **?** chat d' **?** .

6. – C'est **?** gomme.
   – C'est **?** gomme de Moustique?
   – Non, c'est **?** gomme de **?** .

Jeu de mots

2 Une maison de la presse

zu 30, 5

A Welche der Dinge unten gibt es in einem Zeitschriften- und Schreibwarengeschäft?
Findet die Wörter und ordnet sie in einem Wortnetz an.

un crayon   un livre   un carton   un saxophone

une guitare   une affiche   un animal   un cahier

une école   une chanson   **une maison de la presse**   une BD   un stylo

un journal   une gomme   une rue   une maison

B Schreibt sieben Sätze mit den Wörtern eures Wortnetzes.

Exemple: Mme Latière porte un carton.

Ecrire

3 Une catastrophe

zu 31, 9

Complétez le texte avec les mots donnés et
racontez l'histoire.
(Vervollständigt den Text mit den angegebenen
Wörtern und erzählt die Geschichte.)

es   le   dit   avec   de

porte   arrive   dit   que fait

c'est   garçon   cherche   est dans

Exemple: 1. Le papa **?** Marie … ⟶ Le papa de Marie …

1. Le papa **?** Marie **?** la rue **?** Moustique.
Il **?** un carton.

2. Le papa de Marie **?**: «Attention! **?** carton!
Non!»

3. Il **?** le chien. **?** le chien? **?** la catastrophe!

4. Léo **?** avec Malabar et Moustique. Le papa de
Marie **?**: «Merci, tu **?** un **?** super, Léo!»

Ecrire

4 Le journal de papa

zu 31, 9

Trouvez les mots et écrivez l'histoire.
(Findet die Wörter und schreibt die Geschichte.)

le journal | un chat | le chat | la rue | Merci | vite, viens | le journal | la maison de la presse | la catastrophe

Exemple: 1. Marie est devant la maison de la presse avec Moustique.

1. Marie est devant **?** avec Moustique.
2. Moustique porte **?** de papa.
3. Zut! Que fait Moustique? Il regarde **?** !
4. **?** regarde aussi Moustique.
5. Marie dit: «Moustique, **?** !»
6. Marie et Moustique arrivent dans **?** de Marie.
7. Marie regarde Moustique: «Mais Moustique, où est le journal? Oh non, c'est **?** !»
8. Léo arrive. «Bonjour, Marie. Tu cherches **?** ?»
9. «Oui! **?** , Léo!»

En forme

5 Qui aime DJ Nervi? (G 4, 5)

zu 34, 6

Trouvez les pronoms. Mettez les verbes à la bonne forme.
(Findet die Pronomen. Setzt die Verben in die richtige Form.)

Exemple:

1. Voilà Marie et Alex. **Elles sont** dans le magasin.

1. Voilà Marie et Alex. **?** (être) dans le magasin de Mme Latière.
2. **?** (regarder) un journal de musique.
3. Voilà Mme Latière. **?** (travailler).
4. Voilà Jérôme. **?** (entrer) dans le magasin.
5. *Marie:* «Bonjour, Jérôme. **?** (aimer) la musique, toi?»
6. *Jérôme:* «Oui, **?** (aimer) DJ Nervi.»
7. *Marie:* «Oh, Alex et moi, **?** (détester) DJ Nervi!»
8. *Jérôme:* «Vous deux, **?** (être) une catastrophe!

Ecouter

6 Oh, pardon!

zu 34, 9

CD 1, 59
52

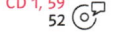

A *Ecoutez, puis, trouvez la bonne réponse. (Hört zu. Findet dann die richtige Antwort.)*

1. On est   **a** dans un magasin.   **b** dans un restaurant.   **c** dans la rue.
2. La fille parle   **a** avec un chat.   **b** avec un garçon.   **c** avec un monsieur.
3. Il est   **a** bizarre.   **b** super.   **c** sympa.

B *Vrai ou faux? Si c'est faux, corrigez.*
(Richtig oder falsch? Verbessert es, wenn es falsch ist.)

1. Théo va bien.
2. Léa déteste le foot.
3. Théo aime le foot.
4. Léa aime le rugby.
5. Léa habite rue Truffaut.
6. Le papa de Léa arrive.

On combine

7 Les Fischer de Bamberg sont à Paris.

nach U2, Atelier B

Dans un magasin, M. Fischer parle à la vendeuse[1].
Mettez les verbes à la forme correcte et complétez le texte.
(Setzt die Verben in die richtige Form und vervollständigt den Text.)

d' de avec en

de pour

1. *Herr Fischer:* Bonjour, madame. Nous (chercher) un t-shirt.

2. *La vendeuse:* Vous (chercher) un t-shirt **?** vous, monsieur?

3. *Frau Fischer:* Non, **?** un ami. On (chercher) un t-shirt avec une phrase[2] **?** français.

4. *La vendeuse:* D'accord. Julia, tu (être) là? Le monsieur et la dame (chercher) un t-shirt avec une phrase **?** français. Tu (chercher) **?** moi?

5. *Julia:* Augenbl… Euh … oui, j'(arriver), madame.

6. *Frau Fischer:* Julia? Vous (être) **?** ici?

7. *Julia:* Non, moi, je (être) **?** Berne! Et vous?

8. *Frau Fischer:* Nous (être) **?** Bamberg! Vous (travailler) ici?

9. *Julia:* Oui. C'(être) bien, ici. Et je (trouver) Paris super!

zu Unité 3

Parler

1 Tu aimes les livres? (G 10)

zu 48, 8

Faites des dialogues.

Exemple:
– Tu aimes les livres ?
– Oui, j'aime bien les livres. Et toi, tu aimes les CD de BB Brunes?
– Oh, oui. / Oui, mais je préfère les CD de … / Ah, non! Je déteste les CD de BB Brunes.

Attention: singulier ou pluriel?

sport   livres   chien**s**
gâteau   chats
BD   histoires   école
musique   CD   de …
ordinateur**s**   rock
chanson**s**   magasin**s**
cadeau**x**   vélo   jeux vidéo

aimer	le
	la
	l'
détester	les

Jeu de mots

2 La famille de Camille

zu 49, 9

Camille présente sa famille dans un poème. Trouvez les mots et écrivez le poème.
(Camille stellt ihre Familie in einem Gedicht vor. Findet die Wörter und schreibt das Gedicht auf.)

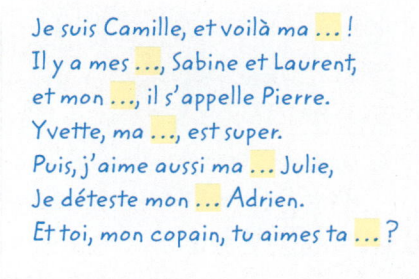

Je suis Camille, et voilà ma … !
Il y a mes …, Sabine et Laurent,
et mon …, il s'appelle Pierre.
Yvette, ma …, est super.
Puis, j'aime aussi ma … Julie,
Je déteste mon … Adrien.
Et toi, mon copain, tu aimes ta … ?

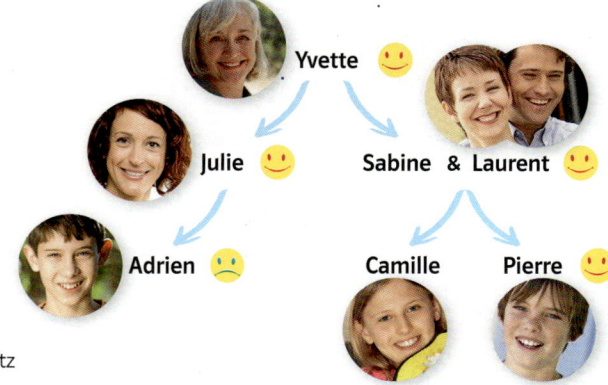

Yvette
Julie   Sabine & Laurent
Adrien   Camille   Pierre

---

1 une vendeuse eine Verkäuferin **2 une phrase** ein Satz

zu 52, 6

3 J'ai une famille sympa. (G 13)

 A *Mehdi parle de ses amis et de sa famille. Ecrivez les phrases. Attention à la forme du verbe **avoir**.
(Mehdi erzählt von seinen Freunden und von seiner Familie. Schreibt die Sätze auf.
Achtet auf die Form des Verbs **avoir**.)*

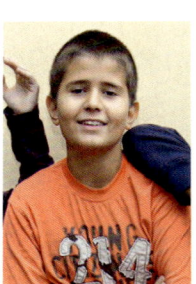

1. J'
2. Léo
3. Et toi, tu
4. Moi, j'
5. Mon frère et moi, nous
6. Mes grands-parents
7. Vous

avoir

un copain, il s'appelle Léo.
un chien, Malabar. Il est sympa!
aussi un chien? Moi non!
un frère et une sœur.
une chambre à deux. une maison.
envie de regarder un DVD de ma famille?

B *Ecris cinq phrases sur tes amis et ta famille. Utilise le verbe **avoir**.*

4 Tiens, qui est-ce? (G 11)

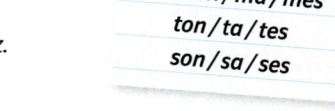

zu 53, 8

mon / ma / mes
ton / ta / tes
son / sa / ses

Alex et sa tante regardent des photos d'Alex. Complétez.

Exemple: 1. *La tante:* Ah, voilà **ton** frère avec …

1. *La tante:* Ah, voilà **?** frère avec **?** vélo!
Alex: Oui, c'est **?** frère avec **?** cadeaux
d'anniversaire.

2. *La tante:* Ah, c'est dans **?** chambre.
Ce sont **?** copains?
Alex: Oui, ce sont **?** copains Léo et Mehdi.

3. *La tante:* Et là, c'est **?** amie?
Alex: Oui, c'est **?** copine Marie avec **?**
frère, **?** sœur et **?** parents.

4. *La tante:* Et ici, c'est encore Jérôme!
Alex: Oui, il est devant **?** école avec
? copains.

Lire
Ecrire

5 Voilà Mehdi.

zu 53, 10

Complétez le texte et présentez Mehdi.
(Ergänzt den Text und stellt Mehdi vor.)

Exemple: 1. Voilà Mehdi. Il a 11 ans.

1. Voilà Mehdi. **?** 11 ans.
2. **?** anniversaire, c'est **?** .
3. Il a un frère, Abdel. **?** 10 ans.
4. Il a **?** , Karima, **?** 14 ans.
5. La famille de Mehdi **?** 25 rue Nollet.
6. Mehdi **?** les mangas, les histoires et le karaté.
7. **?** le foot et la gymnastique.
8. **?** copains **?** Léo et Jérôme.
9. **?** copines **?** Marie et Alex.

> **Mehdi**, 11 ans
> **Anniversaire:** 04 / 05
> **Frère:** Abdel (10)
> **Sœur:** Karima (14)
> **Adresse:** 25 rue Nollet
> ♥ les mangas, les histoires, le karaté
> ✖ le foot, la gymnastique
> **Copains, copines:** Léo, Jérôme, Marie, Alex

On combine

6 Une interview pour le journal du quartier[1]

nach U3, Atelier B

Complétez le texte avec les
adjectifs possessifs ? *et les mots*
donnés à la forme correcte.
(Vervollständigt den Text mit
den Possessivbegleitern und den
vorgegebenen Wörtern in der
passenden Form).

1. – Bonjour. Tu t'(appeler) comment et tu (avoir) quel âge?
2. – Je m'(appeler) Sarah et j'(avoir) 12 ans.
3. – Tu (avoir) (les / des) frères et sœurs?
4. – Oui, **?** frère Antoine (avoir) 13 ans. J'(avoir) aussi une sœur, Elise. Elle (avoir) 11 ans.
5. – Tu (être) souvent à la FNAC? Qu'est-ce que tu (acheter), ici?
6. – Ici, j'(acheter) souvent des (cadeau) pour **?** famille.
7. **?** frère Antoine porte souvent (les / des) casquettes comme **?** copains.

8. – Alors pour **?** anniversaire, j'(acheter) une casquette hip hop.
9. **?** sœur aime bien (les / des) BD, mais elle (aimer) aussi (les / des) livres sur les (animal).
10. **?** parents (détester) (les / des) BD, ils (préférer) (les / des) livres.
11. – Vous (acheter) les livres ici, à la FNAC?
12. – Oui, nous (habiter) dans le quartier, alors nous (acheter) les livres ici. Et puis ils (avoir) (les / des) livres super.

---

1 le journal du quartier die Stadtteilzeitung

zu Unité 4

Regarder et écouter

1 **La journée de Moustique** zu 64, 1

A *Regardez d'abord les images. Quelle heure est-il?*

CD 2, 28
108

B *Ecoutez. Pour chaque phrase de Moustique, trouvez l'image et dites l'heure.*
(Hört zu. Findet zu jedem Satz von Moustique das richtige Bild und sagt, wie spät es ist.)

Exemple: **1.** Il est deux heures cinq.

En forme

2 **Nous allons au collège.** (G 16) zu 67, 8

Faites les phrases. (Bildet Sätze.)

Exemple: **1.** Nous allons **au** collège.

1. Nous va vais collège
2. Tu lit
3. Léo allez toilettes
4. Nous vont à cantine
5. Vous allons maison
6. Elles vas allons CDI
7. Je maison de la presse
8. On va infirmerie

Ecouter **3** **Vont, font, sont ou ont?** zu 70, 6

CD 2, 29
109

Ecoutez. Quel verbe est-ce que vous entendez?
Après chaque phrase, notez la forme et l'infinitif
du verbe dans votre cahier.
(Hört zu. Welches Verb hört ihr? Notiert nach jedem
Satz die Form und den Infinitiv des Verbs in eurem Heft.)

forme	infinitif
1. elles sont	être
...	
2. elles	
...	

Ecrire **4** **Une journée de rêve** zu 71, 10

Schreibt ein Gedicht über einen
Tagesablauf. Ihr könnt die vorgegebenen
Ausdrücke verwenden. Achtet auf den Reim.

Ihr könnt so anfangen.

A sept heures et demie
Je suis encore au lit
Il est huit heures et quart
...

A … heures et demie
Il est … heures et quart
Il est … heures vingt
Oh là là, c'est midi!
Il est bientôt … heures
Il est … heures dix

je suis en retard
c'est vrai? Mais c'est bizarre
salut et au revoir …

on retrouve les copains
maintenant, j'ai faim
mais à manger, il n'y a rien …

je vais à l'infirmerie
je suis encore au lit
on fait une copie …

ils font nos exercices
tiens, voilà Béatrice
ensemble, on va à Nice

on travaille à l'ordinateur
voilà le professeur
avec ma sœur …

Lire
Ecrire **5** **Que fait Malabar?** nach 71, 11

Lisez d'abord tout le texte. Puis trouvez les mots et
complétez le texte.
(Lest zuerst den ganzen Text. Findet dann die Wörter
und vervollständigt den Text.)

1. Aujourd'hui c'est mercredi, **?** c'est jeudi.
2. **?** le collège, Léo et Malabar vont **?** Mehdi.
3. Maintenant, ils sont **?** la chambre de Mehdi.
4. **?** les deux copains jouent avec le chien, **?** ils discutent.
5. Mais que fait Malabar? Il trouve un t-shirt **?** le lit de Mehdi!
6. Mehdi dit: «Mais non, Malabar, viens **?**, on joue!»
7. Léo dit: «Tu es **?** moi, Mehdi. Tu aimes les chiens, mais
   tu **?** aimes **?** ranger.»

chez   d'abord   sous   ici   puis   après   ne … pas   demain   dans   comme

En forme

6 Léo, ses copains et leur collège (G 18)

zu 72, 12

A *Complétez avec* **son**, **sa** *ou* **ses**.

1. Léo aime bien **?** collège.
2. Mais il n'aime pas faire **?** devoirs.
3. Dans **?** classe, il y a **?** copain Mehdi.
4. **?** copines Marie et Alex ne sont pas en 6ᵉA. Elles sont en 6ᵉB.

B *Complétez avec* **leur** *ou* **leurs**.

1. Les copains regardent **?** emploi du temps.
2. Au CDI, ils font **?** devoirs d'allemand.
3. Ils préparent **?** interrogation.
4. A la maison, ils discutent avec **?** parents.

On combine

7 Dialogues

nach U4, Atelier B

Complétez les dialogues avec les **adjectifs possessifs ?**
et les mots donnés à la bonne forme.

Exemple: 1. – Vous allez à votre cours de judo, samedi?
  – Non, samedi, nous allons chez nos cousins.

1. – Vous (aller) (à / chez) **?** cours de judo, samedi?
   – Non, samedi nous (aller) (à / chez) **?** cousins.
2. – Léo et Mehdi (faire) **?** devoirs?
   – Non, ils (aller) (à / chez) magasin de Mme Latière.
3. – Que (faire) les filles aujourd'hui?
   – Elles (aller) (à / chez) Paris avec **?** professeure.
4. – Vous (faire) encore **?** devoirs?
   – Oui, et après, nous (faire) un jeu vidéo (à / chez) Théo, **?** copain.

Überlege, wo du den bestimmten Artikel hinzufügen musst.

5. – Tu (aller) (à / chez) gymnase, Léo?
   – Oui, mais je (aller) d'abord (à / chez) maison, chercher **?** affaires.
6. – Et Alex, qu'est-ce qu'elle (faire)?
   – Elle (aller) (à / chez) toilettes, puis elle (faire) **?** exercices de judo.

zu Unité 5

En forme

1 Qu'est-ce que tu vas faire samedi? (G 19)

zu 84, 2

Parlez avec votre voisin, puis échangez les rôles.
(Sprecht mit eurem Nachbarn. Tauscht dann die Rollen.)

Exemple: **1.** – Tu vas inviter tes **cousins**?
  – **Non,** je **ne** vais **pas** inviter mes cousins. Je vais inviter mes **copains**.

1. inviter tes cousins? – non, mes copains!
2. ranger ta chambre? – non, la cuisine!
3. aller au gymnase? – non, à la buvette!
4. jouer dans la cour? – non, dans le parc!
5. regarder la télé? – non, une BD!
6. passer la journée à la maison? – non, à Interclub!

Médiation **2** **Pardon, euh … entschuldigen Sie bitte …** zu 87, 2

Am U-Bahn-Ausgang Marktplatz triffst du einen französischen Musiker, der nicht besonders gut Deutsch versteht. Er sucht ein Musikgeschäft.

In der Hand hält er eine Wegbeschreibung, die er von einem deutschen Kollegen hat.

Erkläre ihm den Weg auf Französisch.

• U-Bahn Marktplatz
• nach rechts, an der Ranke-straße wieder rechts
• geradeaus, dann über die Kreuzung
• an der Willsdorfer Straße links, dann geradeaus
• an der Rosenstraße rechts
• 30 m, Laden rechts: Harrys Music-Shop!

En forme **3** **Ecoute ta mère, Léo!** (G 21) zu 87, 2

A *Mme Pirou parle à son fils. Mettez les verbes à l'impératif.*

Exemple: **1.** Fais un jeu.

1. (Faire) un jeu.
2. (Aller) à la piscine.
3. Ou bien, (inviter) Mehdi.
4. (Jouer) dans le parc.
5. (Faire) du roller.

B *Mme Pirou parle à Léo et Mehdi.*

Exemple: **1.** Ne jouez pas dans la rue.

1. (Ne pas jouer) dans la rue.
2. (Ne pas traverser) la rue en roller.
3. (Ne pas rentrer) tard.
4. (Ne pas oublier) la clé.

C *Parlez à vos camarades. Utilisez l'impératif.*

Exemple: Regardons dans le livre.

parler français | ne pas chercher… | Regarder | ranger … | aller à … | faire attention | ne pas oublier …

Parler **4** **Quand est-ce que …?** zu 89, 6

Posez des questions et répondez.

Exemple:
– Quand est-ce que tu retrouves tes amis ?
– L'après-midi, après l'école.

Quand est-ce que …? Attention à la liaison!

dimanche am Sonntag
le dimanche (immer) sonntags

retrouver ses amis | faire ses devoirs | dimanche | le dimanche …
faire du sport | regarder la télé | le matin | l'après-midi | le soir
manger | rentrer le soir | écouter des CD | après l'école | après le repas
quitter la maison le matin | aller au lit le soir | à … heures | de … à … heures

Ecouter

5 L'interview d'Alex

zu 89, 7

CD 2, 57
136

A *Que dit Alex? Ecoutez le texte, puis complétez les phrases suivantes.*

Alex:

1. … Ben, d'abord, mon cours de judo est un cadeau de **?**.
2. … Non, (Interclub 17), c'est dans le quartier. Ce n'est **?**.
3. … (Le judo, c'est) le samedi après-midi de 3 heures **?** à **?** heures **?**.
4. … Et en plus, je fais des exercices dans ma chambre avec **?**.

B *Complétez les questions de Marie.*

1. **?**, le judo?
2. **?** tu fais un sport de combat?
3. **?** tu fais ce sport?
4. **?** c'est loin de chez toi?
5. **?** on commence à faire du judo?
6. Et toi, **?** ?
7. **?** tu fais du judo?
8. **?** tu prépares tes combats?
9. **?** on appelle le costume que tu portes?

Ecrire

6 C'est samedi. Aujourd'hui, je vais …

nach 91, 2

Trouvez les verbes et écrivez un petit texte avec ces expressions.

aller   faire
avoir   passer

1. **?**
   la journée
   la nuit
   l'après-midi

2. **?**
   un jeu
   du roller
   un combat

3. **?**
   chez un ami
   au parc
   à la piscine

4. **?**
   raison
   soif
   faim

En forme

7 On prend les vélos? (G 23)

nach 91, 4

Complétez par les formes du verbe **prendre.**

1. Après le collège, Léo et Mehdi **?** leurs rollers et vont au parc.
2. Léo **?** aussi son portable.
3. *Mehdi:* Nous **?** les vélos pour aller au parc?
4. *Léo:* Oui, moi je **?** le vélo.
5. *Mehdi:* Jérôme, tu vas au parc avec nous? Tu **?** aussi le vélo?
6. *Jérôme:* Non, je n'ai pas envie. Vous **?** le vélo, moi je reste ici.

On combine

8 L'interview de Jérôme   nach U5, Atelier C

A *Mehdi interviewe Jérôme sur les activités de sa famille le samedi.*
Regardez les notes et écrivez l'interview.
Posez 6 questions différentes et répondez.

B *Jérôme écrit un courriel[1] à son oncle Justin et raconte ce qu'il va faire samedi. Ecrivez ce courriel.*

matin: ranger chambre, jouer
midi: préparer repas, parents, manger
après-midi: copains → jeux vidéo,
                parc → roller
Alex: judo, Interclub
avec famille: prendre vélos, faire un
                tour (souvent)

Est-ce que…?   Qu'est-ce que…?   Où?   Comment?   Pourquoi?   Quand?

_____
1 un courriel eine E-Mail

zu Unité 6

En forme

1 **Vite! Le train n'attend pas!** (G 25)

zu 103, 5 A

*Tu fais un voyage en train avec ta famille et un ami français. Les gens parlent, mais ton ami ne comprend pas bien l'allemand. Alors, tu dis ces choses en français pour l'aider. Utilise les verbes **attendre, entendre, répondre, perdre, descendre.***

Exemple:

1. Ne descendez pas trop vite.

On n'entend rien!

1. Dein Vater rät euch, nicht zu schnell auszusteigen.
2. Er beklagt sich, dass er die Durchsage nicht hört.
3. Er fragt dich, ob du etwas hörst.
4. Deine Mutter fragt, warum die Angestellte nicht antwortet.
5. Ein Schaffner fragt, ob ihr auf den Zug aus Nice wartet.
6. Ein Mann sagt euch, er würde mit seiner Frau in Poitiers aussteigen.
7. Deine Schwester teilt mit, dass eure Cousins am Imbiss-Stand warten.
8. Deine Mutter sagt deinem Freund, er soll sein Handy nicht verlieren.

Ecouter
Ecrire

2 **Quatre devinettes[1]** (G 24)

zu 104, 7

1

2

3

4

5

6

CD 3, 4
161

A *Regardez les images, puis écoutez la première devinette. Qui est-ce? Ecoutez ensuite la deuxième[2] devinette, puis continuez.*
Commencez comme ça:
Valentin, c'est le numéro …

B *Choisissez deux des six personnages et écrivez 4 ou 5 phrases pour les décrire. (Sucht zwei der sechs Personen aus und schreibt je 4–5 Sätze, um sie zu beschreiben.)*

Louane
Valentin
Julien
Zoé

_____
1 une devinette ein Rätsel **2 le/la deuxième** … der/die zweite …

3 **Le parc des loups de Chabrières** zu 105, 9

Il est là. Tout près. Partout!
Il est gris, blanc ou noir. Les yeux jaunes.
Il vous voit. Vous le regardez.
Bienvenue dans le clan
des loups de Chabrières!

Horaires:
• d'octobre à avril: tous les jours de
  13 h 30 à 18 h
• de mai à septembre: tous les jours de
  10 h à 20 h
Visites guidées:
• les mercredis, samedis, dimanches,
  jours fériés à 14 h 30
• juillet / août / septembre: tous les jours
  à 14 h, 15 h et 16 h 30
➜ Attention: dernières entrées
1 h avant la fermeture du parc!

Tarifs:
• Adultes: 9,50 € / pers.
• Enfants de 4 à 12 ans, étudiants, seniors
  + de 60 ans: 7 € / pers.
➜ En famille: 2 adultes + 3 enfants = 33 €
(soit entrée gratuite pour le 3ème enfant)

Les Loups de Chabrières
PARC ANIMALIER DES MONTS DE GUÉRET

Fascination!
Devenez l'observateur privilégié du plus
fascinant des prédateurs...

" Lobo et Lou
fêtent les 10 ans
du parc ! "

Les Monts de Guéret

Lobo   Lou

Les loups de Chabrières
Parc Animalier des Monts de Guéret

A *Que veulent dire ces mots? Notez ce qui vous a aidé
à les comprendre. (Was bedeuten diese Wörter?
Schreibt auf, was euch geholfen hat,
sie zu verstehen.)*

les yeux   gratuit

les horaires   la fascination

une visite guidée   un adulte

Relisez d'abord la stratégie
de l'exercice 3 à la page 103.

B *Vrai ou faux? Si c'est faux, corrigez.*

1. Le parc a 5 ans.
2. De 10 heures à 20 heures, on peut toujours aller regarder les loups.
3. Quand on va dans le parc, c'est toujours avec quelqu'un du parc.
4. De juillet à septembre, il y a des visites guidées le mardi aussi.
5. L'entrée pour tes parents fait 19,00 €, pour toi 9,50 €.
6. Pour une famille avec trois enfants, l'entrée est gratuite pour l'un des enfants.

C *Présentez le parc des loups de Chabrières à votre
correspondant français.
Les questions vous aident à préparer votre présentation.*

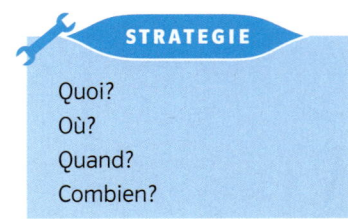

STRATEGIE

Quoi?
Où?
Quand?
Combien?

En forme **4** ## Le puzzle (G 27)   zu 108, 4

Schreibt zu zweit sinnvolle Sätze mit den Puzzleteilen. Achtet auf die passenden Verb-formen im Präsens und fügt die richtigen Artikel und Präpositionen ein. Die Zweier-Gruppe, die nach 7 Minuten die meisten sinnvollen Sätze geschrieben hat, hat gewonnen.

Le professeur — élèves — questions — poser

Nicolas — histoires — raconter — copains

Les parents — montrer — leurs amis — photos

Léa — sa mère — téléphoner

Les élèves — professeur — donner — leurs cahiers

Médiation **5** ## Le «Bardentreffen» de Nuremberg (G 27)   zu 109, 7

Ende Juli kommt dein französicher Freund Yann zu Besuch. Du möchtest mit ihm zum Nürnberger Bardentreffen gehen und hast im Internet folgende Kurzinformation gefunden. Erkläre ihm, was dieses Treffen ist und was es bietet. Ergänze die folgende E-Mail.

> Bald ist es wieder soweit: Vom 29.–31. Juli findet das Nürnberger Bardentreffen statt! Dieses ange-sagte und riesige Musikspektakel lockt jedes Jahr ca. 200000 Menschen aus allen Himmelsrich-tungen an. Auf Schritt und Tritt hört man Musik, denn insgesamt stehen knapp hundert Konzerte auf Nürnbergs großen Plätzen auf dem Programm. Dazu zeigen etliche Straßenkünstler ihr Können. Keine Frage: Das bunte Musikprogramm animiert zum Mitsingen und Mittanzen. Und das Beste: Das Festival kostet keinen Cent Eintritt!

STRATEGIE

Versucht, nicht jedes Wort zu übersetzen oder den Satzbau zu übernehmen. Gebt nur die wichtigsten Informationen des Textes möglichst einfach und mit euren Worten wieder.

Beispiele:

- Bald … soweit ⟶ ist für das Verständnis verzichtbar, man kann es weglassen.
- stattfinden / anlocken / auf dem Programm stehen ⟶ es gibt ⟶ *il …*
- riesig ⟶ sehr groß ⟶ *très …*
- ein Musikspektakel ⟶ Musikfest ⟶ *une …*
- jedes Jahr ⟶ wie immer ⟶ *c…*
- auf Schritt und Tritt ⟶ immer ⟶ *t…*
- Straßenkünstler ⟶ Musiker ⟶ *des …*
- … animiert zum Mitsingen und Mittanzen … ⟶ man hat Lust zu ⟶ *on a …*
- keinen Cent Eintritt ⟶ nichts ⟶ *…*

Salut, Yann,

Comment ça va? Moi, ça va bien. Du 29 au 31 … «Bardentreffen». C'est … Comme …, on attend … gens. Quand il y a le «Bardentreffen», on entend … parce qu'… concerts sur …. Alors, on va avoir …. Et la fête …! Alors, on y va ensemble? Réponds vite! A bientôt …

En forme

6 Vacances en Finlande? (G 28)

zu 110, 3

A *Marie discute avec ses parents. Complétez le dialogue avec les mots qui conviennent.*

Marie: **1.** Papa, maman, on ne fait **?** grand voyage ensemble. Moi, j'aimerais aller à Helsinki en juillet, vous êtes d'accord?

M. Chabane: **2.** Non, Marie, c'est loin! Ça fait **?** kilomètres!

Mme Chabane: **3. ?** kilomètres?

M. Chabane: **4.** Euh … Et puis, en juillet, je n'ai **?** vacances!

Marie: **5.** Alors, on reste **?** jours: une semaine, c'est déjà bien! Papa, c'est une ville cool avec **?** choses intéressantes. Maman, c'est oui?

Mme Chabane: **6.** Pour moi, il n'y a **?** problème. Mais pour papa …

Marie: **7.** Papa, maman … ! Elsa n'a pas **?** très bons amis en Finlande et Louise et toi, maman, vous êtes aussi de très bonnes copines, non?

combien de

beaucoup de (3x)

peu de

pas de (2x)

plus de

B *Imaginez. Vous préparez un voyage. Posez des questions à vos parents. Utilisez les expressions données.*

On combine

7 Une fête

nach U6, Atelier C

Regardez l'image, puis lisez le texte. Dans vos cahiers, écrivez et complétez le texte par à *ou* de *et des* **adjectifs** *après ou avant les* **noms**.

fantastique

joli

bon

petit

allemand

français

préféré

petit

intéressant

long

sympa

…

Maskulin oder feminin? Singular oder Plural? Vor oder nach dem Nomen?

Samedi, nous allons faire une **fête** avec nos **amis**. D'abord, nous allons écouter nos **CD** et manger beaucoup **?** **gâteaux**. Puis, on va montrer un **jeu ?** nos amis: Un ami commence à raconter une histoire **?** autres, et puis on cherche ensemble une **fin**. On va raconter beaucoup **?** histoires, des **histoires** et des **histoires**. Tout le monde va avoir beaucoup **?** **idées**. C'est un **jeu** parce qu'on joue, mais on ne perd pas! Puis je vais demander des **CD ?** mes parents. Nous allons écouter beaucoup **?** **chansons,** danser et chanter. A la fin, nous allons regarder un **film**, «Französisch für Anfänger». On va passer un **après-midi** ensemble!

zu Unité 7

nach 118

1 Une semaine à Paris: mais par où commencer?

Ecouter

CD 3, 17
171

A *Avant l'écoute* Regardez le titre de l'exercice et devinez: de quoi est-ce qu'on parle dans le texte que vous allez écouter? Répondez en allemand.

B *Pendant l'écoute* Ecoutez le texte. Qui parle?
Ecoutez le texte encore une fois et prenez des notes:
– quels endroits est-ce qu'ils vont visiter **lundi**?
– où est-ce qu'ils vont aller **mardi, mercredi** et **jeudi**?

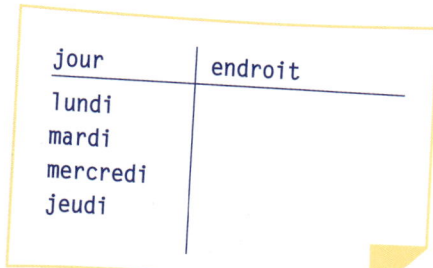

jour	endroit
lundi	
mardi	
mercredi	
jeudi	

C *Après l'écoute* Imaginez: vous allez faire un reportage.
De quoi est-ce que vous avez envie de parler? Pourquoi?

---

2 Quels endroits est-ce que vous préférez? (G 30)

En forme
Parler

nach 119, 2 c

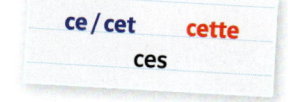

ce / cet	cette
ces	

Pensez à votre ville et faites un dialogue avec votre partenaire.

1. Quels quartiers est-ce que tu aimes?

2. Quelles rues est-ce que tu trouves intéressantes?

3. Quel est ton endroit préféré?

4. Quel endroit est-ce que tu n'aimes pas?

5. Quelle fête est-ce que tu aimes?

6. Quels musées est-ce que tu aimes visiter?

Exemple: **1.** – Quels quartiers est-ce que tu aimes?
– Maxvorstadt et Schwabing-West. J'aime bien **ces** quartiers.

---

3 Faites des devinettes (G 30)

Parler

nach 119, 2

ce / cet	cette
ces	

*Utilisez toutes les formes de **ce** pour faire 4 devinettes. Notez-les dans votre cahier, puis jouez avec votre partenaire.*

fille

monsieur

dame

élève *(f.)*

élève *(m.)*

garçon

…

gens

animal

enfants

Exemple:

Cette fille est une bonne copine. Elle est dans notre classe.
Elle a un frère et elle n'a pas de sœur. Qui est-ce?

---

4 Ça vous intéresse? (G 31) zu 120, 4

En forme
Parler

me	nous
te	vous

Jeder notiert acht Aktivitäten auf Französisch in sein Heft. Geht dann im Klassenzimmer herum und fragt abwechselnd einen und zwei Mitschüler.

Exemples:

1. – Lisa, faire des voyages, ça **t'**intéresse?
– Oui, ça **m'**intéresse. / Non, ça **ne m'**intéresse **pas**.

2. – Marco et Kevin, faire des voyages, ça **vous** intéresse?
– Oui, ça nous intéresse. / Non, ça **ne nous** intéresse **pas**.

faire des voyages

visiter des musées

rencontrer des Français

…

faire des choses avec les parents

En forme
Vis-à-vis

5 **Tu le trouves?** (G 32)

le   la   **les**   zu 120, 5

1 Les Champs-Elysées

2 Le Palais de l'Elysée

3 Le Sacré-Cœur

4 La Géode

Travaillez à deux. Regardez le plan de Paris, cherchez les monuments suivants et parlez avec votre voisin.

le Sacré-Cœur   Les Champs-Elysées

le quartier des Halles

les gares de Paris

le Palais de l'Elysée   la Géode

Exemple: – Je cherche le Sacré-Cœur. Tu **le** trouves, toi?
– Attends, on va **le** trouver. Tiens, il est là!
– Non, je ne **le** trouve pas.

Parler

6 **Allô, tu m'entends?** (G 31 – 32)   nach 120, 5

me	te	le	la
nous	vous	les	

In Paris willst du mit deinen Eltern eure französischen Freunde treffen. Du rufst den Sohn an. Macht den Dialog zu zweit. Einer übernimmt die Rolle des Sohnes. Er antwortet in ganzen Sätzen.

Du möchtest wissen,
1. … ob er dich hört. – (ja)
2. … wo sie auf euch warten. – (am gare Montparnasse)
3. … ob ihr den finden werdet. – (na klar!)
4. … ob er die Fotos nicht vergisst. – (nein)
5. … ob er seinen Freund einladen wird. – (nein)

Exemple: **1.** Tu **m'**entends? – Oui, je **t'**entends.

> Um Wiederholungen zu vermeiden, benutzt die Pronomen **le, la** und **les**. Denkt auch an den Apostroph!

Jeu de mots

7 Paris, une ville très intéressante!

nach 122, 1

Complétez le texte avec les mots donnés. Attention, il y a deux mots en trop[1].

1. A Paris, il y a environ[2] 22, 4 millions[3] de **?** par an.
2. Ils vont visiter les **?** comme l'Arc de triomphe,
la **?** Notre-Dame, la **?** Eiffel et aussi le Louvre, un très
grand **?**. **3.** Mais ils regardent aussi les quartiers **?** comme
La Défense. **4.** Une de leurs activités **?**: être à la table
d'un **?** pour parler et regarder les **?** dans la rue.
5. Mais visiter Paris, c'est aussi manger dans un bon **?**,
faire les magasins et aller dans les **?** pour trouver des
souvenirs …

musée   place   préférées
restaurant   café
gens
ville   tour   cathédrale
boutiques   touristes
monuments   modernes

Écrire

8 Livres, journaux et Cie (G 33, 34)

nach 122, 2

Qu'est-ce que tu aimes lire? Qu'est-ce que tu aimes écrire?
Pourquoi?
Écris quatre phrases. Les mots suivants peuvent t'aider.

Je lis…   parce que …
J'aime écrire …   génial, nul, triste,
Je trouve ça …   joli, trop long,
   intéressant, …

En forme

9 On peut quand on veut.

zu 125, 2

*Complétez avec les formes de **vouloir** et **pouvoir**.*

1. – Alors, qu'est-ce qu'on fait? Tu **?** regarder un film?
   – Non, désolé! Je ne **?** pas: mes copains **?** faire un
   tour en bateau-mouche. Mais tu **?** faire ce tour
   avec nous?
2. – Ah non! Je n'en **?** plus! J'ai faim! Pardon, monsieur,
   vous **?** nous aider? Où est-ce que nous **?** trouver
   une boulangerie?
   – Demandez à ces gens, ils **?** vous aider!
3. – Alors, qu'est-ce qu'on prend comme cadeau?
   – On **?** prendre ce bol avec la tour Eiffel, non?
   – Oui, je **?** bien! Il est très joli!

---

1 en trop zu viel **2 environ** ungefähr **3 un million** eine Million

Médiation

10 Bienvenue à Paris!  zu 127, 4

 A *Deine Nachbarn möchten nach Paris fahren.*
Sie fragen dich,
– ob sie fliegen, mit dem Zug fahren oder das Auto
nehmen sollen,
– wie sie am besten innerhalb von Paris von einem
Punkt zum anderen kommen können.
Lies den Text und beantworte ihre Fragen.

> **STRATEGIE**
>
> Gib **nur die Informationen** wieder, **die** für deine Nachbarn wirklich **wichtig sind**, nämlich:
> Welche Verkehrsmittel gibt es?
> Was sind die Vor- und Nachteile?

Comment aller à Paris

Comment aller à Paris? Prenez le train et vous arriverez dans une des six gares de la capitale. Vous venez d'Allemagne? Alors, c'est la gare de l'Est ou la gare du Nord. Avec le train, on arrive directement dans le centre de Paris, c'est pratique.
Ou bien prenez l'avion! Vous arriverez à l'aéroport international de Roissy Charles de Gaulle. Pour aller dans le centre de la ville, il faut prendre le train, le bus ou le taxi.

Vous pouvez aussi aller à Paris en voiture. Arriver à Paris par l'autoroute n'est pas un problème, mais attention! Circuler dans la capitale, ce n'est vraiment pas facile! Prenez alors le bus ou le métro pour visiter la ville. C'est plus facile et c'est plus écologique! Et pour les sportifs, il y a aussi les stations vélib … et bien sûr les promenades à pied!

> Was machst du, wenn du nicht jedes einzelne Wort kennst? Sieh auf Seite 74 nach.

B *Die rechts stehenden Wörter aus dem Text hast du*
noch nicht gelernt. Welche davon hast du trotzdem
verstanden? Was hat dir dabei geholfen?

une capitale   le nord   directement   un aéroport   une autoroute   international   un sportif   un centre   pratique   une promenade

---

On combine

11 Les Pirou parlent de vendredi. nach U7, Station 2

 Complétez le texte avec – les verbes qui conviennent à la bonne forme
*– **?** : les **pronoms objets** ou les **déterminants démonstratifs**.*

1. – Demain, on (pouvoir / vouloir) faire encore un tour ensemble. **?** fois, c'est pour toi, Léo . Où est-ce que tu (pouvoir / vouloir) aller?
2. – On (pouvoir / vouloir) aller au parc Astérix, papa. Alex aime bien **?** parc et Mehdi **?** trouve génial.
3. – Si tu (pouvoir / vouloir), Léo. Nous (pouvoir / vouloir) même aller à **?** parc avec Mehdi et Alex. Mais Malabar? Souvent, on ne (pouvoir / vouloir) pas les chiens, dans **?** parcs.
4. – Papa, Malabar ne (pouvoir / vouloir) pas rester à la maison. Je n'aime pas **?** idée.

5. – Alors, on va aux Buttes Chaumont[1]! Tes copains (pouvoir / vouloir) passer l'après-midi avec nous. Et après, on **?** invite à la maison.
6. – Demain, ils ne (pouvoir / vouloir) pas, maman. Ils vont chez Marie.
7. – On (pouvoir / vouloir) **?** inviter aussi! On **?** prend avec nous.
8. – Génial! Alors vous (pouvoir / vouloir) bien? Pour Malabar, **?** endroit est cool! Vous êtes trop sympas!

---
1 **Le parc des Buttes-Chaumont** Park in Paris

Gut in Fremdsprachen: So lernst du erfolgreich.

1 Regelmäßig lernen

Lerne in regelmäßigen Abständen und in kleinen Portionen.
So bleibt das Gelernte besser im Gedächtnis!

2 Methoden anwenden

Die *Stratégies* im Buch zeigen dir Methoden, wie du mit
Aufgabenstellungen umgehen kannst. Wende sie an!
Die wichtigsten *Stratégies* sind auf den folgenden Seiten
zusammengefasst.

3 Was kann ich schon?

Mache dir klar, wo du stehst: Die *Bilan*-Seiten im Schülerbuch
und die Seiten zur Selbsteinschätzung im *Cahier d'activités* zeigen dir,
wo deine Stärken liegen und was du noch üben musst.

4 Wie lerne ich am besten?

Manche merken sich etwas am besten, wenn sie es hören
und vor sich hin sprechen. Andere schreiben es lieber auf und
malen vielleicht ein Bild dazu. Manche lernen am liebsten mit
einem Computerprogramm. Probiere **verschiedene Lernwege** aus.
Welcher Weg ist der beste für dich?

5 Aus Fehlern lernen

Fehler macht jeder. Wichtig ist, dass du aus ihnen lernst.
Dabei kann dir ein Fehlerprotokoll in Form einer Tabelle helfen.
Nach Klassenarbeiten und schriftlichen Übungen schreibst du deine Fehler
in die entsprechende Spalte, markierst die Fehlerstelle und schreibst die
richtige Form daneben.
Lege die Tabelle auf einer DIN-A4-Seite im Querformat an.

Datum	Rechtschreibung		Wort / Ausdruck		männlich / weiblich		Verbform	
	☹ falsch	☺ richtig	☹ falsch	☺ richtig	☹ falsch	☺ richtig	☹ falsch	☺ richtig
20. 10.	bizare	bizarre			une chat	un chat	tu est	tu es

Sieh dein Fehlerprotokoll vor Klassenarbeiten genau durch.
Nimm dir vor, diese Fehler nie wieder zu machen!

Mit dem Buch arbeiten

Es ist ein riesiger Vorteil, wenn du dich in deinem Französischbuch gut auskennst. Im **Inhaltsverzeichnis** vorn im Buch steht, **wo** du Wörter, Arbeitsanweisungen und Grammatik **nachschlagen** kannst.

Zu einigen Übungen gibt es **Lösungen** im Anhang des Buches. So gehst du damit um:

1. Löse die Übungen zuerst selbst.
2. Lies deine Lösungen genau durch und verbessere die Fehler, die du entdeckst.
3. Vergleiche jetzt deine Lösungen genau mit den Lösungen im Buch, Buchstabe für Buchstabe.
4. Welche Fehler hast du gemacht? Schreibe sie in dein Fehlerprotokoll.

Einen „Wegweiser" zu deinem Französischbuch findest du auf Seite 8.

Mehr dazu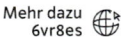
6vr8es

Mit dem Portfolio arbeiten

Das Portfolio ist ein **Ordner,** in dem du deinen eigenen Lernfortschritt verfolgen kannst. Nimm einen Ordner und trenne ihn mit Deckblättern in zwei Bereiche.

■ Im Bereich **„Mein Französisch-Dossier"** kannst du gelungene Arbeiten aus dem Französischunterricht aufbewahren, z. B. deinen „Steckbrief", Geschichten oder Plakate. *Dossier* bedeutet „Sammlung von Dokumenten".

■ Im Bereich **„Meine Sprachen-Biografie"** kannst du die Bögen für die Selbsteinschätzung sammeln, die du im *Cahier d'activités* ausfüllst.

Ecouter

■ **Den Zusammenhang verstehen**
Auch wenn du nicht jedes Wort verstehst, kannst du schon einiges herausfinden und Notizen dazu machen:

• **Wer** spricht?
• **Wie** sprechen die Leute? Achte auf den Tonfall: Handelt es sich um eine Frage, eine Aussage, eine Warnung …?
• Versuche die Situation zu verstehen. Achte auch auf Geräusche. **Was** geschieht?

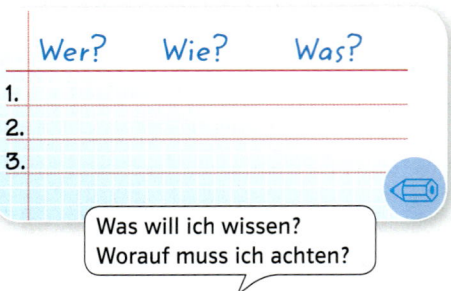

Was will ich wissen? Worauf muss ich achten?

■ Was machst du, wenn es darum geht, ganz **bestimmte Informationen** herauszuhören? Konzentriere dich auf ganz bestimmte **Schlüsselwörter.** Wenn du z. B. herausfinden willst, was jemand mag, achte darauf, was er nach dem Schlüsselwort *J'aime* … sagt. Wenn du eine Uhrzeit verstehen willst, konzentriere dich auf die Zahlen, die du hörst.

Lire

■ Um die **Gesamtaussage** eines Textes zu verstehen, musst du nicht jedes einzelne Wort kennen.

1. Sieh dir zunächst die Überschrift und die Bilder an. Sie verraten oft schon viel. **Worum geht es** in dem Text?

2. Lies den Text dann **einmal ganz** durch. Wenn du ein Wort nicht verstehst, lies trotzdem weiter.

3. Lies den Text noch einmal durch. Welche Wörter erinnern dich an deine **Muttersprache,** an das **Englische** oder an eine **andere Sprache**? Manche Wörter kannst du auch verstehen, wenn du auf den **Zusammenhang** des Textes achtest (siehe Beispiel).

Was? Wann? Wo? ... Mache Notizen. Die W-Fragen können dir helfen.

■ *Wörter verstehen*

Französisch	weitere Sprache	Deutsch	Zusammenhang
spectacle cinéma plus grand	Englisch: cinema	Spektakel plus (und, mehr) Grand Prix (großer Preis)	salle de spectacles

Parler

■ Die richtige **Aussprache** der Wörter und Sätze kannst du auf der *Découvertes*-CD und natürlich von deiner Französischlehrerin oder deinem Französischlehrer hören. In den *Jeu de sons*-Übungen lernst du wichtige Laute (z. B. Übung 5, S. 18) und Lautverbindungen wie die *liaison* (z. B. Übung 4, S. 33). Die wichtigsten Lautzeichen findest du auf S. 160.
Wenn du nicht weißt, wie man ein neues Wort ausspricht, überlege, welches bekannte Wort ähnliche Buchstaben enthält,
z. B. neu: bat**eau** ⟶ bekannt: cad**eau**.

■ Das **Vorlesen** kann dir helfen, **flüssig sprechen** zu lernen. So kannst du mit einem Partner üben: Nimm dein Buch und setze dich deinem Partner gegenüber. Lies nun einen Satz leise, bis du ihn auswendig kannst. Blicke dann deinem Partner in die Augen. Sprich den Satz laut, aber ohne dabei ins Buch zu sehen. Wechselt euch ab, bis der ganze Text gelesen ist.

■ Nützliche **Redewendungen** für den Alltag findest du in den gelben *On dit*-Kästen. Auf S. 87 steht zum Beispiel, wie du nach dem Weg fragst und wie du nachfragen kannst, wenn du etwas nicht verstanden hast. Weitere Redewendungen findest du im Vokabular. Übe diese Wendungen zusammen mit einem Partner.

Ecrire

■ Wenn du etwas aus dem Buch **abschreibst,** versuche dir ein ganzes Wort zu merken und es auf einmal aufzuschreiben. Vergleiche dann Buchstabe für Buchstabe, ob du es genau so geschrieben hast, wie es im Buch steht. Nimm dir die Zeit zu vergleichen, dann machst du weniger Fehler!

■ Wenn du einen **eigenen Text** schreibst, sammle die wichtigen Punkte zuerst auf einem **Stichwortzettel.** Wenn du über eine Person schreibst, kann dein Stichwortzettel z. B. so aussehen:

nom:	_____
adresse:	_____
âge:	_____
anniversaire:	_____
frère:	_____
sœur:	_____
amis:	_____
aime:	_____
déteste:	_____

Stehen alle wichtigen Punkte auf deinem Stichwortzettel? Prima, dann schreibe deinen Text. Verbinde deine Sätze mit „kleinen Wörtern" wie *et, mais, parce que, d'abord, puis* …

Mache nach dem Schreiben eine kurze Pause.
Lies deinen Text dann noch einmal genau durch. Verstehst du, was du geschrieben hast? Fehlt etwas? Entdeckst du Fehler?
Verbessere sie und schreibe sie in dein Fehlerprotokoll.

Achte besonders auf diese **Fehlerquellen:**
– Angleichung von Subjekt und Verb: Elle**s** aim**ent**; **tu** habite**s**.
– Angleichung von Nomen und Adjektiv: **une** voiture vert**e**, maman est content**e**.

Médiation

Bei der *Médiation* geht es darum, jemandem zu helfen, der die Sprache – Französisch oder Deutsch – nicht so gut kennt wie du.

en français   en allemand

c'est quelque chose comme …

c'est pour faire …

avec ça, on peut …

comme ça, on …

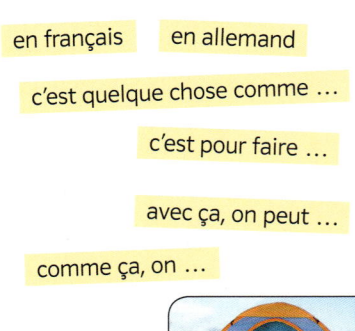

Am besten kannst du helfen, wenn du dich in den anderen hineinversetzt und dir klarmachst, **welche Information** wirklich **wichtig** für ihn ist. Du musst nicht jedes einzelne Wort wiedergeben. Unwichtige Wörter und unwichtige Informationen kannst du weglassen. Versuche auch nicht, den Satzbau von der einen auf die andere Sprache zu übertragen. Gib die erwünschten Informationen mit deinen eignenen Worten wieder.

Wenn du ein wichtiges Wort auf Französisch nicht weißt, kannst du versuchen, es zu umschreiben.

Exemple:
C'est comme une maison. On peut prendre ce truc quand on va en vacances pour habiter dans ce truc. Mais ce n'est pas comme une voiture. D'abord, il faut faire quelque chose et après, on peut aller dans cette chose.

Les caractères[1] français sur le clavier[2] allemand

Caractères	Microsoft Windows	Apple MacIntosh
' apostrophe	Taste rechts von Ä: shift + #	
´ accent aigu	Taste rechts von ß	
` accent grave	Taste rechts von ß: shift + ´	
^ accent circonflexe	Taste links von der Ziffer 1	
à a accent grave	shift + ´ + a	
â a accent circonflexe	^ + a	
é e accent aigu	´ + e	
è e accent grave	shift + ´ + e	
ê e accent circonflexe	^ + e	
î i accent circonflexe	^ + i	
ù u accent grave	shift + ´ + u	
û accent circonflexe	^ + u	
ç c cédille	Alt + 0231	Alt (option) + c
Ç c cédille majuscule	Alt + 0199	Alt (option) + shift + c
ë e tréma	Alt + 0235	Alt (option) + u + e
Ë e tréma majuscule	Alt +0203	Alt (option) + u + shift + e
ï i tréma	Alt + 0239	Alt (option) + u + i
Ï i tréma majuscule	Alt + 0207	Alt (option) + u + shift + i
œ oe collés	Alt + 0156	Alt (option) + ö
Œ oe collés majuscule	Alt + 0140	Alt (option) + shift + ö

Die Ziffern müssen auf dem **Nummernblock** der Tastatur eingegeben werden.

Windows-Benutzer mit Endgeräten ohne Nummernblock (manche Notebooks) müssen sich über die Eingabemöglichkeiten ihres jeweiligen Systems informieren.

Endgeräte mit **Bildschirmtastatur**: Taste für Grundbuchstaben drücken, gedrückt halten und aus dem Optionsfenster das benötigte Zeichen auswählen.

Tastaturbelegung und Tastenkürzel können je nach Betriebssystem und Tastaturlayout von den hier aufgeführten abweichen.

---

1 un clavier eine Tastatur **2 un caractère** ein Schriftzeichen

Lautzeichen

Vokale (Selbstlaute)

[a]	m**a**d**a**me	wie in B**a**n**a**ne		[o]	**au**ssi	wie in R**o**se
[e]	t**é**l**é**phon**er**	wie in t**e**l**e**fonieren		[ɔ]	c**o**mment	wie in L**o**ch
[ə]	j**e** m'appelle	wie in Tass**e**		[ø]	mons**ieu**r	wie in b**ö**se
[ɛ]	je m'app**e**lle	wie in b**e**llen		[œ]	t-sh**i**rt	wie in St**ö**cke
[i]	**i**l, b**i**zarre	wie in Br**i**lle, L**ie**be		[u]	bonj**ou**r	wie in T**u**be
				[y]	Sal**u**t!	wie in T**ü**r

Konsonanten (Mitlaute)

[ʒ]	bon**j**our	wie in **J**ournalist		[v]	**V**iens!	wie in **W**asser
[f]	**f**amille, **ph**oto	wie in **F**amilie, **F**oto		[ɲ]	Allema**gn**e	wie in Lasa**gn**e
[ʀ]	bonjou**r**	wie in **R**ad, hö**r**en		[ŋ]	campi**ng**	wie in Campi**ng**
[s]	Mou**s**tique	wie in Ma**ß**		[ʃ]	**ch**at	wie in **sch**ön
[z]	bi**z**arre	wie in **S**aal, Ro**s**e				

Nasalvokale

[ɔ̃]	b**on**jour	werden durch die Nase
[ã]	croiss**an**t	gesprochen und deshalb
[ɛ̃]	bi**en**	**Nasalvokale** genannt.

Halbkonsonanten

[j]	b**i**en	wie in **j**a
[w]	t**o**i	wie in englisch: **w**ater
[ɥ]	je s**u**is	kurz gesprochenes [y], gehört zum folgenden Vokal.

Symbole und Abkürzungen

fam.	*familier* (= umgangssprachlich)
ugs.	umgangssprachlich
f.	*féminin* (= feminin, weiblich)
m.	*masculin* (= maskulin, männlich)
sg.	*singulier* (= Singular, Einzahl)
pl.	*pluriel* (= Plural, Mehrzahl)
Adv.	Adverb, frz. *adverbe*
inv.	*invariable* (= unveränderlich)

⬯	Aussprache beachten!
‿	Zwei Wörter werden wie ein Wort ausgesprochen, z. B. *les_amis* [lezami]
✎	Schreibung beachten!
→	Wortfamilie, verwandtes Wort
↔	Gegensatz, Antonym
qc	*quelque chose* (= etwas)
qn	*quelqu'un* (= jemand)

Bevor du beginnst, dich mit dem Vokabular zu beschäftigen

A1 Im Vokabular beziehen sich die Buchstaben und Zahlen auf die Texte und Aufgaben in den *Unités*.

 **Vis-à-vis**
...

Diese Kästchen informieren dich über Besonderheiten, z. B. wie sich Franzosen begrüßen und verabschieden, wie rasend schnell der TGV im Vergleich zum ICE ist und vieles mehr.

Wörter in blauen Kästen enthalten **Wortfelder** (schwarze Wörter: kenne ich schon, blaue Wörter: brauche ich nicht zu lernen) oder **Lernwortschatz** (rechter Kasten).

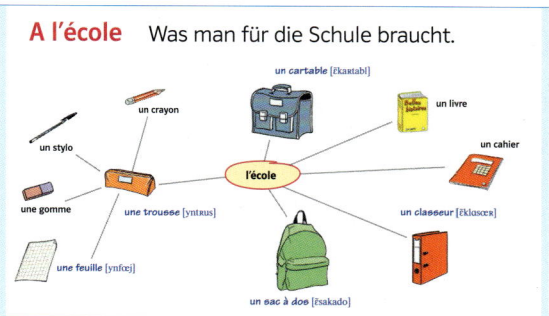

A l'école Was man für die Schule braucht.

un, deux, trois . . . So zählt man!

0	zéro [zeʀo]	**4**	quatre [katʀ]
1	un [ɛ̃]	**5**	cinq [sɛ̃k]
2	deux [dø]	**6**	six [sis]
3	trois [tʀwa]		

AUF EINEN BLICK

Hier erfährst du das Wichtigste zu einem bestimmten Thema, damit du z. B. in einer bestimmten Situation die passenden Wendungen und Ausdrücke parat hast. In dieser Rubrik sind oft auch Wörter zu einem Sachgebiet zusammengefasst, das erleichtert das Behalten enorm!

MON DICO PERSONNEL

Das *dico personnel* ist dein „persönliches Wörterbuch". In dieses kannst du Wörter und Ausdrücke eintragen, die im Vokabular ab S. 166 in *blauer Handschrift* gesetzt und für dich persönlich wichtig sind. Diese blauen Wörter oder Ausdrücke brauchst du, wenn sie für dich nicht wichtig sind, nicht zu lernen. Falls du weitere Wörter brauchst, kannst du deinen Lehrer / deine Lehrerin fragen oder in einem Wörterbuch nachschlagen.

Mehr dazu  rp9cd9   **Die Lernwörter kannst du im Internet anhören.**

Tipps zum Vokabellernen

Wie lernst du am besten? Ab der Unité 2 gibt es zu Beginn jeder Unité einen **TIPP**.
Er hilft dir, Abwechslung in das Vokabellernen zu bringen.
Jeder Mensch lernt anders, daher solltest du das für dich passende Verfahren selbst bestimmen, z. B.

- Lies die linke Spalte erst von oben nach unten, dann von unten nach oben (die Lautschrift erleichtert dir die Aussprache).
- Decke die mittlere (deutsche) Spalte mit einem Blatt ab und schreibe die von dir „vermutete" deutsche Bedeutung auf das Blatt. Am Ende deckst du die Spalte auf und vergleichst sie mit deinen Notizen. Unsicherheiten kannst du unterstreichen oder farblich markieren.
- Schreibe Wörter auf Karteikarten: das französische Wort (am besten mit Beispielsatz) auf die Vorderseite, das deutsche Wort (mit Beispielsatz) auf die Rückseite.

Mehr dazu
rp9cd9

Aussprache:
Hier im Vokabular findest du zu jedem französischen Wort die Lautschrift in eckigen Klammern.

Übersetzung:
In der mittleren Spalte steht die Übersetzung des französischen Wortes.

Zusatzinformationen:
In der rechten Spalte findest du Beispielsätze, Hilfen zur Aussprache, Tipps und vieles mehr.

Die Lernwörter kannst du im Internet anhören.

Au début   Bienvenue!

1

Bienvenue! [bjɛ̃vny]	Willkommen!	**Bien** …: **i** = [j] wie in *ja*, **en** = [ɛ̃] wird durch die Nase gesprochen und deshalb „Nasalvokal" genannt. …**venue**: [v] wie in **W**asser, [y] wie in T**ü**r
Bonjour! [bɔ̃ʒuʀ]	Guten Tag! Grüß Gott!	**Bonjour, Thomas!** Guten Tag, Thomas! **bon**…: [ɔ̃] „Nasalvokal" …**jour**: [ʒ] wie in **J**ournalist, [ʀ] wie in **R**ad

🇫🇷 **Vis-à-vis**

Mit „Salut!" begrüßen sich Freunde untereinander. Kennt man sich nicht so gut oder grüßt man Erwachsene, dann sagt man **„Bonjour (madame/monsieur)!"**.

Salut! *(fam.)* [saly]	Hallo! / Grüß dich! Servus!	**Salut, Sarah!** Hallo Sarah! / Grüß dich Sarah! **S**alut: [s] wie in Englisch **s**afe oder **s**ong *fam.* ist die Abkürzung von *familier* und bedeutet, dass das Wort vor allem in der Umgangssprache verwendet wird.
Ça va? [sava]	Wie geht's?	Das Häkchen unter dem **Ç/ç** bedeutet, dass man das **c** wie [s] statt [k] ausspricht. Die Franzosen nennen dieses Häkchen „une **cédille**".
oui [wi]	ja	
merci [mɛʀsi]	danke	**Ça va, merci.** – Danke, mir geht's gut. me**r**ci: [ʀ] wie in **R**ad
Salut! *(fam.)* [saly]	Tschüs! Servus!	

🇫🇷 **Vis-à-vis**

Von Freunden oder guten Bekannten verabschiedet man sich meist mit **„Salut!"**, von Erwachsenen eher mit **„Au revoir!"**.

A plus! *(fam.)* [aplys]	Bis später!	
bien *(adv.)* [bjɛ̃]	gut *(Adv.)*	**– Ça va bien? – Oui, ça va.** – Geht's dir gut? – Ja (es geht mir gut). *Adv.* ist die Abkürzung von „Adverb", auf Französisch *adverbe*.
Au revoir! [ɔʀvwaʀ]	Auf Wiedersehen!	**au** revoir: [ɔ] wie in L**o**ch
Moustique [mustik]	*Name eines Hundes*	Mou**s**tique: [s] wie in lu**s**tig

un **ami** / une **amie** [ɛ̃nami / ynami]	ein Freund / eine Freundin	**Sarah est une amie de Lucie.** Sarah ist eine Freundin von Lucie.
Bonjour, les amis! [bɔ̃ʒuʀlezami]	Guten Tag, Freunde!	les‿amis: [z] wie in *Saal, Rose* ‿ bedeutet, dass zwei Wörter wie ein einziges ausgesprochen werden.
2 je m'appelle [ʒəmapɛl]	ich heiße	**Salut! Je m'appelle Sarah!** Hallo! Ich heiße Sarah! **Je**: [ʒ] wie in *Journalist*, [ə] wie in *Fabel*; je m'app**e**lle: [ɛ] wie in *bellen*
et [e]	und	**et**: [e] wie in *Elefant*. Das *t* von *et* wird nicht ausgesprochen.
toi [twa]	du *(betont)*	**Et toi?** Und du? **toi**: [w] wie in englisch *water*
moi [mwa]	ich *(betont)*	

> Moi, je m'appelle
> Moustique. Et toi?

Unité 1   Bonjour, Paris!

Atelier A1

Paris [paʀi]	Paris *(Hauptstadt Frank- reichs)*	Im Französischen wird das „s" von *Paris* nicht ausgespro- chen.
Malabar [malabaʀ]	*Name eines Hundes*	
Viens! [vjɛ̃]	Komm! *(Aufforderung)*	**vien**s: [v] wie in *Wasser*, [ɛ̃] „Nasalvokal"
papa [papa]	Papa	
vite [vit] *(adv.)*	schnell *(Adv.)*	**Viens, papa! Vite!** Komm Papa! Schnell! *Adv.* ist die Abkürzung von „Adverb", auf Französisch *adverbe*.
Miaou! [mjau]	Miau!	*Miaou!* So miaut eine Katze auf Französisch.
Ouah, ouah! [wawa]	Wau, wau!	[w] wie in englisch *water*

> Ouah,
> ouah!

So bellt ein Hund
auf Französisch.

S.P.A. [εspea]
(la Société Protectrice
des Animaux)

die S.P.A.
*(französische Tierschutz-
gesellschaft)*

> ❗ Die **S.P.A. Refuge Grammont** ist ein Tierheim in
> Gennevilliers, einem Pariser Vorort. Das Tierheim ist unge-
> fähr 7,5 km entfernt von Léos und Maries Wohnviertel.

Qui est-ce? [kiεs]	Wer ist das?	
Attention! [atɑ̃sjɔ̃]	Achtung!, Vorsicht!	👄 Atten**ti**on: [ɔ̃] „Nasalvokal"

englisch: **attention**

Attention, Moustique! Non!
Pass auf, Moustique! Nein!

non [nɔ̃]	nein

Pardon. [paʀdɔ̃]	Entschuldigung.	
comment? [kɔmɑ̃]	wie? *(Fragewort)*	👄 c**o**mment: [ɔ] wie in *Loch*

tu t'appelles wird wie *je m'appelle* ausgesprochen,
das *s* am Ende bleibt stumm.

Tu t'appelles comment? [tytapεlkɔmɑ̃]	Wie heißt du?

> C'est moi!

C'est Moustique!　Das ist Moustique!

c'est [sε]	das ist
je suis [ʒəsɥi]	ich bin

s**ui**s [ɥ]: kurz gesprochenes [y], gehört zum folgenden
Vokal [ɥi]. Das *s* am Ende wird nicht ausgesprochen!

Voilà Malabar!　Da ist Malabar!

Atelier **voilà** [vwala]	da ist, da sind
B1 **ici** [isi]	hier, hierher

> Toi ici? Tu es
> de Paris?

> Oui, je suis
> de Paris.

un chat [ε̃ʃa]	eine Katze	**ch**at: [ʃ] wie in **sch**ön
un chien [ε̃ʃjε̃]	ein Hund	
mais [mε]	aber	
tu es [tyε]	du bist	
de / d' [də]	aus; von	
aussi [osi]	auch	

– **Je m'appelle Manon. Et toi?**
– **Moi, je m'appelle Manon aussi.**
– Ich heiße Manon. Und du?
– Ich, ich heiße auch Manon.

👄 **au**ssi: [o] wie in *Rose*

super *(inv.)* [sypεʀ]	super, toll

Achte auf die Betonung:
französisch: sup**er**, deutsch: **su**per
inv. = *invariable* (unveränderlich)

un garçon [ε̃gaʀsɔ̃]	ein Junge, ein Bub	
une fille [ynfij]	ein Mädchen, eine Tochter	**fille**: [ij] wie *i* + ein starkes *j* aussprechen!
il est [ilε]	er ist	**Léo est de Paris.**　Léo ist aus Paris.
elle est [εlε]	sie ist	**Marie est de Paris aussi.**

Marie ist auch aus Paris.

> ❗ Merke dir gut die Formen von **être**: **je suis** (ich bin),
> **tu es** (du bist), **il est** (er ist), **elle est** (sie ist).

un animal [ε̃nanimal]	ein Tier	englisch: **an animal**

Ça ne va pas. [sanəvapa] — Das geht nicht.

B2 | **une chanson** [ynʃɑ̃sɔ̃] — ein Lied

 **chan** …: [ʃ] wie in *sch*ön, [ɑ̃] „Nasalvokal"

fantastique [fɑ̃tastik] — fantastisch, toll

bizarre [bizaʀ] — komisch, merkwürdig

 bizarre: [z] wie in *Saal, Rose*
Die Aussprache der Lautzeichen [s] und [z] kannst du dir gut merken, wenn du an das Zischen einer Schlange [s] z. B. in „Salut" und an das Summen einer Biene [z] denkst.

un copain / **une copine**
(*fam.*) [ɛ̃kɔpɛ̃ / ynkɔpin] — ein Freund / eine Freundin

B4 | **une dame** [yndam] — eine Dame, eine Frau

un monsieur [ɛ̃məsjø] — ein Herr, ein Mann

[ø] wie in *b*ö*se*

B5 | **Toulouse** [tuluz] — Toulouse

Strasbourg [stʀasbuʀ] — Straßburg

Brest [bʀɛst] — Brest

Nice [nis] — Nizza

Toulouse

Strasbourg

Nice

B6 | **madame** … [madam] — Frau …

 **Vis-à-vis**

Wenn man im Französischen eine erwachsene Person begrüßt oder sich von ihr verabschiedet, sagt man nach **Bonjour** / **Au revoir** in der Regel **madame** oder **monsieur**.

Bonjour, madame! Guten Tag!
Schreibe *madame, mademoiselle* und *monsieur* immer klein, außer in den Abkürzungen **Mme, M**[lle] und **M.** und in der schriftlichen Anrede (z. B. in einem Brief).

mademoiselle …
[madmwazɛl] — Fräulein …

Bof! [bɔf] — Na ja. (*ugs.*); Ach. (*ugs.*)

un, deux, trois … So zählt man auf Französisch bis zwölf!

0	zéro [zeʀo]	**4**	quatre [katʀ]	**7**	sept [sɛt]	**10**	dix [dis]
1	un [ɛ̃]	**5**	cinq [sɛ̃k]	**8**	huit [ɥit]	**11**	onze [ɔ̃z]
2	deux [dø]	**6**	six [sis]	**9**	neuf [nœf]	**12**	douze [duz]
3	trois [tʀwa]						

AUF EINEN BLICK

Prendre contact avec les autres Mit anderen Kontakt aufnehmen

– Salut, Marie! Ça va?	– Oui, ça va bien, merci. – Et toi?	– Hallo Marie, wie geht's?	– Danke, es geht mir gut. – Und wie geht es dir?
– Tu es de Paris?	– Oui, je suis de Paris.	– Bist du aus Paris?	– Ja, ich bin aus Paris.
– Bonjour, madame! / monsieur! / Marie!		– Guten Tag! / – Guten Tag, Marie!	
– Ça va bien?	– Oui, ça va bien, merci. – Bof!	– Geht's (dir, …) gut?	– Ja, es geht (mir) gut. – Na ja.
– Au revoir, monsieur! / madame! / Marie!		– Auf Wiedersehen! / – Auf Wiedersehen, Marie!	
– A plus! [aplys] / A tout à l'heure! [atutalœr]		– Bis später! / Bis gleich!	

Wörter in blauer Handschrift kannst du in dein dico personnel eintragen.

MON DICO PERSONNEL

Mon chien, mon chat . . . Mein Hund, meine Katze und andere Tiere

un hamster [ɛ̃amstɛʀ]

une tortue [yntɔʀty]

une perruche [ynpɛʀyʃ]

un serpent [ɛ̃sɛʀpɑ̃]

un rat [ɛ̃ʀa]

un perroquet [ɛ̃peʀɔkɛ]

un canari [ɛ̃kanaʀi]

un cochon [ɛ̃kɔʃɔ̃]

Unité 2   Copain, copine

un oder **une**? Lerne die Nomen immer mit ihren Begleitern! Du kannst die **männlichen** Nomen **blau**, die **weiblichen** Nomen **rot** aufschreiben oder markieren. Um dir Wörter gut zu merken, solltest du sie auch **laut** vorsagen. Gehe beim Lernen auf und ab und mache **Bewegungen** zu den Vokabeln; dadurch behältst du sie viel besser.

TU TE RAPPELLES?

Erinnerst du dich?

Es gibt Wörter, die man leicht vergisst oder die schwer zu schreiben sind.
Daher wirst du in diesen *Tu te rappelles?*-Kästen an solche Wörter erinnert, die du schon gelernt hast und die in dieser Unité wieder vorkommen.

je suis	ich bin	mais	aber
tu es	du bist	aussi	auch
il est, elle est	er ist, sie ist	moi aussi, toi aussi	ich auch, du auch
c'est	das ist	ici	hier, hierher
et	und	voilà	da ist, da sind

un **magasin** [ɛ̃magazɛ̃]	ein Geschäft, ein Laden	maga**s**in: [z] wie das Summen einer Biene.
un **journal** [ɛ̃ʒuʀnal]	eine Zeitung	
une **BD** [ynbede]	ein Comic	
une **affiche** [ynafiʃ]	ein Plakat, ein Poster	

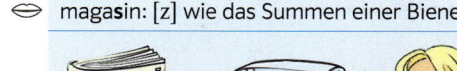   

Qu'est-ce que c'est? [kɛskəsɛ]	Was ist das?	
à (Paris) [a]	in, nach (Paris)	**C'est un magasin à Paris.** Das ist ein Geschäft in Paris.
une **maison** [ynmɛzɔ̃]	ein Haus	
une **maison de la presse** [ynmɛzɔ̃dəlapʀɛs]	ein Zeitschriften- und Schreibwarengeschäft	
Que fait Léo? [kəfɛleo]	Was macht Léo?	
regarder qc [ʀəgaʀde]	etwas ansehen, etwas betrachten	**Léo regarde une BD.** Léo sieht sich einen Comic an. **qc** ist die Abkürzung von **quelque chose** [kɛlk(ə)ʃoz] und bedeutet „etwas".
parler [paʀle]	sprechen	
avec [avɛk]	mit	**Un monsieur parle** [paʀl] **avec Malabar.** Ein Mann spricht mit Malabar.
arriver [aʀive]	kommen; ankommen	**Une fille arrive** [aʀiv] Ein Mädchen kommt. englisch: **to arrive**
chercher qn / qc [ʃɛʀʃe]	jemanden / etwas suchen	**Marie arrive. Elle cherche** [ʃɛʀʃ] **Léo.** Marie kommt (an). Sie sucht Léo. **qn** ist die Abkürzung von **quelqu'un** [kɛlkɛ̃] und bedeutet „jemand".

Atelier
A1 **français** [fʀɑ̃sɛ] | französisch

en français [ɑ̃fʀɑ̃sɛ]	auf Französisch	**Qu'est-ce que c'est en français?** Wie heißt das auf Französisch?

un **sac à dos** [ɛ̃sakado]	ein Rucksack	
un **livre** [ɛ̃livʀ]	ein Buch	
un **crayon** [ɛ̃kʀɛjɔ̃]	ein Bleistift	
un **cahier** [ɛ̃kaje]	ein Heft	
un **stylo** [ɛ̃stilo]	ein Füller, ein Kuli	
une **gomme** [yngɔm]	ein Radiergummi	
un **truc** *(fam.)* [ɛ̃tʀyk]	ein Ding, eine Sache	**C'est un truc bizarre.** Das ist ein komisches Ding.

A2

écouter qn / qc [ekute]	jemandem zuhören, etwas anhören	Vor Vokal wird *je* zu *j'*: **J'écoute** [ʒekut].
trouver qn / qc [tʀuve]	jemanden / etwas finden	Das *e* von *je trouve* (ich finde) wird nicht gesprochen: [ʒətʀuv]. Diese Regel gilt für alle Verben, die auf **-er** enden.
porter qc [pɔʀte]	etwas tragen	**Je porte** [ʒəpɔʀt] **un livre.** Ich trage ein Buch.
travailler [tʀavaje]	arbeiten	**Je travaille** [ʒətʀavaj]. Ich arbeite.

A3

dans [dɑ̃]	in	
une **rue** [ynʀy]	eine Straße	**la** rue = **die** Straße

dans la rue [dɑ̃laʀy]	auf der Straße	französisch: **dans** la rue, deutsch: **auf** der Straße
entrer [ɑ̃tʀe]	eintreten, hereinkommen	**Un chat entre dans le magasin.** Eine Katze kommt ins Geschäft herein. englisch: **to enter**

> ⚠ **Entrer** ist ein regelmäßiges Verb und hat daher dieselben Endungen wie alle regelmäßigen Verben auf **-er**: j'entr**e** [ʒɑ̃tʀ] (ich trete ein), tu entr**es** [tyɑ̃tʀ] (du trittst ein), il entr**e** [ilɑ̃tʀ] (er tritt ein), elle entr**e** [ɛlɑ̃tʀ] (sie tritt ein), on entr**e** [ɔ̃nɑ̃tʀ] (man tritt ein/wir treten ein)

euh … [ø]	äh …	**euh** …: sagt man, wenn man zögert.
là [la]	da, dort	**Ah, tu es là!** Ah, da bist du (ja)!
Chut! [ʃyt]	Pst!	
pour [puʀ]	für	
une **école** [ynekɔl]	eine Schule	**Tu travailles pour l'école?** Arbeitest du für die Schule? **le** und **la** werden vor Vokal zu **l'**.

🔵⚪🔴 **Vis-à-vis**

Das Wort **école** bezeichnet die Schule im Allgemeinen. Mit zwei Jahren gehen die Kinder in den Kindergarten (**école maternelle**), mit sechs in die Grundschule (**école élémentaire**), mit elf wechseln sie für vier Jahre aufs **collège** (dt. Sek I), anschließend können sie für drei weitere Jahre aufs **lycée** gehen, um das Abitur zu machen.

en vacances [ɑ̃vakɑ̃s]	in den Ferien	**On est en vacances.** Wir haben Ferien. **On** bedeutet „man", in der Umgangssprache auch „wir".

Voc + MB + Mediation

Tiens! [tjɛ̃]	Sieh mal! / Schau mal!
une grand-mère [yngʀɑ̃mɛʀ]	eine Großmutter
Latière [latjɛʀ]	*Familienname*
il dit / elle dit [ildi / ɛldi]	er sagt / sie sagt
un carton [ɛ̃kaʀtɔ̃]	ein Karton
un ami / une amie [ɛ̃nami / ynami]	ein Freund / eine Freundin

Malou [malu]	*Name einer Katze*
Zut! *(fam.)* [zyt]	Mist!, Verdammt!
une catastrophe [ynkatastʀɔf]	eine Katastrophe

Voilà grand-mère. Da ist Großmutter.

Elle dit bonjour. Sie sagt „Guten Tag".

Lucie est l'amie d'Anne.
Lucie ist die Freundin von Anne.

Hier im Vokabular werden die Nomen meistens mit dem unbestimmten Artikel (**un** oder **une**) angegeben, auch wenn sie vorn im Buch mit dem bestimmten Artikel (**le** oder **la**) vorkommen.

Achte auf die Schreibweise: französisch: une **c**atastrophe, deutsch: eine **K**atastrophe.

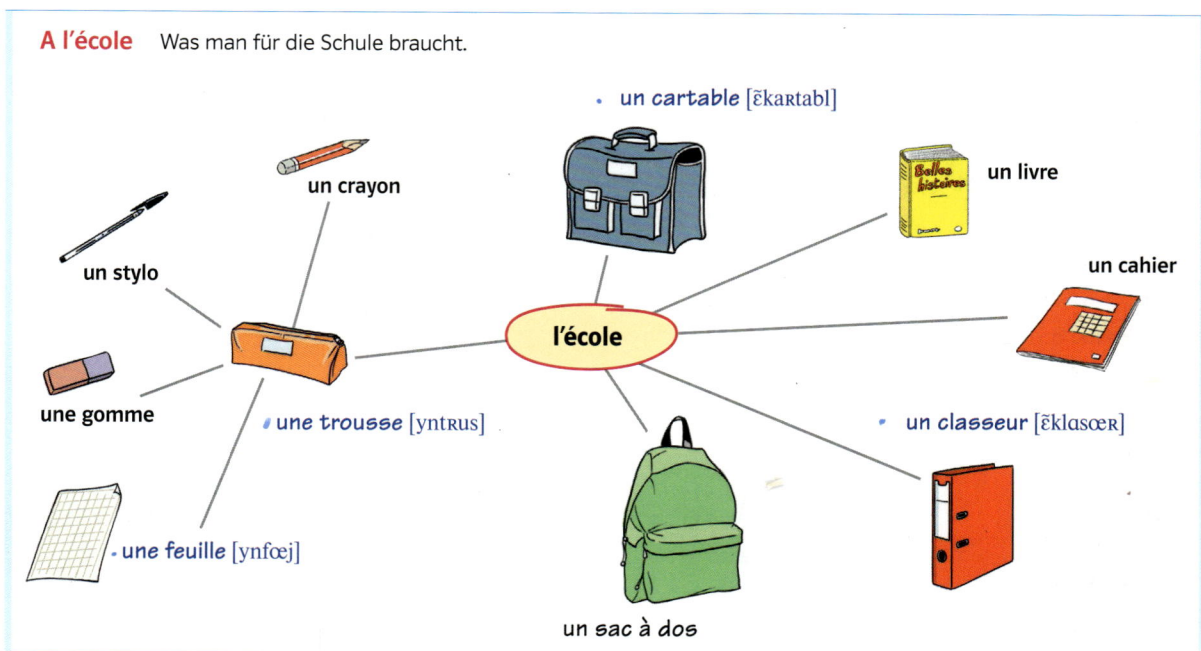

A l'école Was man für die Schule braucht.

- un crayon
- un stylo
- une gomme
- une trousse [yntʀus]
- une feuille [ynfœj]
- un cartable [ɛ̃kaʀtabl]
- un livre
- un cahier
- l'école
- un sac à dos
- un classeur [ɛ̃klasœʀ]

Atelier
B2 **être** [ɛtʀ] sein

! Du kennst schon die Formen **je suis**, **tu es**, **il est** und **elle est**. Die übrigen Formen lauten: **on_est** [ɔ̃nɛ] (man ist, wir sind), **nous sommes** [nusɔm] (wir sind), **vous_êtes** [vuzɛt] (ihr seid/Sie sind), **ils sont** und **elles sont** [ilsɔ̃/ɛlsɔ̃] (sie sind).
Vous steht auch für die höfliche Anrede (= „Sie").

devant [dəvɑ̃] vor (örtlich)

C'est Malabar!
Das ist Malabar.

Ce sont Malabar et Moustique!
Das sind Malabar und Moustique.

Léo et Marie sont devant le magasin.
Léo und Marie sind vor dem Geschäft.

habiter [abite]	wohnen	**J'habite à Paris.** Ich wohne in Paris.
! j'habit**e**, tu habit**es**, il habit**e**, elle habit**e**, on‿habit**e** [ɔ̃nabit], nous‿habit**ons** [nuzabitɔ̃], vous‿habit**ez** [vuzabite], ils‿habit**ent** [ilzabit], elles‿habit**ent** [ɛlzabit]		
rue Nollet [ʀynɔlɛ]	*Name einer Straße in Paris*	**J'habite rue Nollet.** Ich wohne in der Rue Nollet.
où [u]	wo; wohin	**Tu habites où?** Wo wohnst du?
rue Truffaut [ʀytʀyfo]	*Name einer Straße in Paris*	
un **t-shirt** [ɛ̃tiʃœʀt]	ein T-Shirt	t-shirt: [œ] wie in *Stöcke*
aimer qn / qc [eme]	jemanden / etwas lieben, jemanden / etwas mögen	 
! j'aim**e**, tu aim**es**, il aim**e**, elle aim**e**, on‿aim**e** [ɔ̃nɛm], nous‿aim**ons** [nuzɛmɔ̃], vous‿aim**ez** [vuzɛme], ils‿aim**ent** [ilzɛm], elles‿aim**ent** [ɛlzɛm]		
le **rugby** [ləʀygbi]	das Rugby (Ballspiel)	
le **judo** [ləʒydo]	das Judo	**– Tu aimes le rugby? – Oui, et j'aime aussi le judo.** – Magst du Rugby? – Ja, und ich mag auch Judo.
Qu'est-ce que … ? [kɛskə]	Was … ?	**Qu'est-ce que tu aimes?** Was magst du?
le **sport** [ləspɔʀ]	der Sport	deutsch: Ich mag Sport. französisch: J'aime **le** sport.
la **musique** [lamyzik]	die Musik	
un **frère** [ɛ̃fʀɛʀ]	ein Bruder	**Nous sommes frère et sœur. / On est frère et sœur.** Wir sind Geschwister.
une **sœur** [ynsœʀ]	eine Schwester	
sympa [sɛ̃pa]	nett	**Alex et Jérôme sont sympas.** Alex und Jérôme sind sympathisch. **sympa** ist die Kurzform von **sympathique**.
détester qn / qc [detɛste]	jemanden / etwas verabscheuen	
! je détest**e**, tu détest**es**, il/elle/on détest**e**, nous détest**ons**, vous détest**ez**, ils/elles détest**ent**		
ça [sa]	das	**– Je déteste ça!** – Ich mag das überhaupt nicht!
d'accord [dakɔʀ]	einverstanden, o.k.	**– Tu es d'accord? – Oui!** – Bist du einverstanden? – Ja!
alors [alɔʀ]	nun, jetzt, dann	**Alors, au revoir, Jérôme!** Dann auf Wiedersehen, Jérôme.
ouf [uf]	Uff!	 
B7 le **rock** [ləʀɔk]	Rock, die Rockmusik	
le **foot(ball)** [ləfut(bɔl)]	der Fußball *(Sportart)*	
un **vélo** [ɛ̃velo]	ein Fahrrad	
la **techno** [latɛkno]	Techno *(Musikstil)*	
le **rap** [ləʀap]	Rap *(Musikstil)*	
la **gymnastique** [laʒimnastik]	das Turnen, die Gymnastik	Kurzform: la gym [laʒim]
classique [klasik]	klassisch	la **musique classique** die klassische Musik

AUF EINEN BLICK

Questions et réponses Fragen und Antworten

– Qu'est-ce que c'est en français?	– C'est un crayon.	– Wie heißt das auf Französisch?	– Das ist ein Bleistift.
– Que fait Léo / Marie?	– Il porte un carton. – Elle parle avec un monsieur.	– Was macht Léo / Marie?	– Er trägt einen Karton. – Sie spricht mit einem Mann.
– Tu habites où?	– J'habite à Paris.	– Wo wohnst du?	– Ich wohne in Paris.
– Tu habites rue Nollet?	– Non, j'habite rue Truffaut.	– Wohnst du in der rue Nollet?	– Nein, ich wohne in der rue Truffaut.
– Tu aimes le rugby?	– Oui, et j'aime aussi le judo.	– Magst du Rugby?	– Ja, und ich mag auch Judo.

MON DICO PERSONNEL

J'aime / Je déteste ... Ich mag ... / Ich mag überhaupt nicht ...

le rock / le rap / la techno	Rockmusik / Rap / Techno	la **natation** [lanatasjɔ̃]	Schwimmen
le **foot(ball)**	Fußball	le **cinéma** [ləsinema]	Kino
le **vélo**	Fahrrad fahren	la **télé(vision)** [latelevizjɔ̃]	Fernsehen
le **rugby** / le **judo**	Rugby / Judo	le **roller** [ləʀɔlœʀ]	Rollerskaten, Inlinerfahren
la **gym(nastique)**	Turnen	l'**athlétisme** (m.) [latletism]	Leichtathletik
l'**ordi(nateur)**	Computer	le **basket(ball)** [ləbaskɛtbɔl]	Basketball

Unité 3   Bon anniversaire, Léo!

TU TE RAPPELLES?

alors	nun, jetzt, dann	là	da, dort
ça	das	d'accord	einverstanden
dans	in	avec (toi et moi)	mit (dir und mir)
Ça va?	Wie geht's?	pour (toi)	für (dich)
Comment?	Wie?	Qu'est-ce que c'est?	Was ist das?

---

un **anniversaire** [ɛ̃nanivɛʀsɛʀ] — ein Geburtstag

🇫🇷 **Vis-à-vis**

Zum Geburtstag wird in Frankreich das Lied *Joyeux anniversaire* gesungen; die Melodie ist dieselbe wie bei *Happy birthday to you* oder *Zum Geburtstag viel Glück*.

Bon anniversaire! / Joyeux anniversaire!
Alles Gute zum Geburtstag! / Herzlichen Glückwunsch zum Geburtstag!

[bɔnanivɛʀsɛʀ] / [ʒwajøzanivɛʀsɛʀ]

Atelier

A1

une **idée** [ynide] — eine Idee; ein Gedanke

des [de] — *des* ist der Plural (die Mehrzahl) von **un** und **une**.

 un **livre**　des **livres**　 une **gomme**　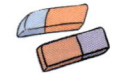 des **gommes**

un **cadeau** / des **cadeaux** [ɛ̃kado / dekado] — ein Geschenk; Geschenke

aujourd'hui [oʒuʀdɥi] — heute

la **FNAC** [lafnak] — die FNAC

🇫🇷 **Vis-à-vis**

Die **FNAC** ist eine franz. Ladenkette, die hauptsächlich Bücher, CDs, DVDs und Elektronikartikel vertreibt, oft zu günstigeren Preisen als anderswo.

C'est une idée super.　Das ist eine Superidee.

Fabien et Victor sont des frères.
Fabien und Victor sind Brüder.

des idées pour un cadeau　Ideen für ein Geschenk

---

il y a [ilja] — es gibt, es ist, es sind

Moustique est dans le carton. / Dans le carton, il y a un chien.
Moustique ist im Karton. / In dem Karton ist ein Hund.

un **CD** / des **CD** [ɛ̃sede / desede] — eine CD / CDs

Alex écoute des CD.　Alex hört CDs (an).

des CD und **des BD** erhalten im Plural **kein -s**.

bientôt [bjɛ̃to] — bald

C'est bientôt l'anniversaire de Léo!
Bald ist Léos Geburtstag.

Ah, bon? [abɔ̃] — Ach ja? / Wirklich?

ensemble [ɑ̃sɑ̃bl]	gemeinsam, zusammen	**On cherche un cadeau ensemble?** Sollen wir gemeinsam ein Geschenk suchen?
une **histoire** [ynistwaʀ]	eine Geschichte	Plural: **des_histoires** [dezistwaʀ] Geschichten
ou [u]	oder	Gleiche Aussprache: *ou* = „oder", *où* = „wo".
un **ordinateur** [ɛ̃nɔʀdinatœʀ]	ein Computer	**des ordinateurs** Computer *(Mehrzahl)* Kurzform: **l'ordi** [lɔʀdi]

A2

acheter qc [aʃte]	etwas kaufen	**J'achète un cadeau pour Léo.** Ich kaufe ein Geschenk für Léo.

! j'achète, tu achètes, il/elle/on achète, nous achetons, vous achetez, ils/elles achètent

d'abord [dabɔʀ]	zuerst	
bien sûr [bjɛ̃syʀ]	Sicherlich!, Na klar!, Selbstverständlich!	
Qu'est-ce qu'il y a? [kɛskilja]	Was gibt es?	**– Qu'est-ce qu'il y a dans le magasin de Mme Latière?** **– Dans le magasin, il y a des livres, des BD …** – Was gibt es im Geschäft von Frau Latière? – In dem Geschäft gibt es Bücher, Comics …

A3

préparer qc [pʀepaʀe]	etwas vorbereiten	**On prépare l'anniversaire.** Wir bereiten den Geburtstag vor. englisch: **to prepare**

! je prépare, tu prépares, il/elle/on prépare, nous préparons, vous préparez, ils/elles préparent

la **France** [lafʀɑ̃s]	Frankreich	
l'**Allemagne** *(f.)* [lalmaɲ]	Deutschland	Allemagne: [ɲ] wie in *Lasagne*
en **Allemagne** [ɑ̃nalmaɲ]	in Deutschland	en France et en_Allemagne [ɑ̃nalmaɲ]
Allô? [alo]	Hallo? *(am Telefon)*	französisch: **allô**, deutsch: **h**allo, englisch: **h**ello

Vis-à-vis

In Frankreich meldet man sich am Telefon nicht mit seinem Namen, sondern mit **„Allô?"**.

Pirou [piʀu]	*Familienname*	Familiennamen werden im Französischen ohne Plural-**s** am Ende geschrieben: deutsch: die Pirou**s**, französisch: les Pirou.
un **train** [ɛ̃tʀɛ̃]	ein Zug	**Tu es dans le train?** Bist du im Zug? englisch: **train**
Munich [mynik]	München	**Tu es à Munich?** Bist du in München? englisch: **Munich**

---

en – à – dans 3-mal „in"

Le papa de Léo est **en** Allemagne.
Léos Papa ist **in** Deutschland.

Tu es **à** Munich?
Bist du **in** München?

Tu es **dans** le train?
Bist du **im** Zug?

demain [dəmɛ̃]	morgen	**Tu es là demain?** Bist du morgen da? **A demain! Bis** morgen!
ton / **ta** / **tes** [tõ/ta/te]	dein / deine	**tes copains** deine Freunde
mon / **ma** / **mes** [mõ/ma/me]	mein / meine	**mon** / **ton** copain, **ma** / **ta** copine, **mes** / **tes** copains, **mes** / **tes** copines
C'est dommage. [sɛdɔmaʒ]	Das ist schade.	
inviter qn [ɛ̃vite]	jemanden einladen	**Tu invites tes copains?** Lädst du deine Freunde ein? englisch: **to invite**

> ! j'invite, tu invites, il invite, elle invite, on_invite,
nous_invitons, vous_invitez, ils_invitent, elles_invitent

A bientôt, maman!

allemand [almɑ̃/almɑ̃d]	deutsch	
en allemand [ɑ̃nalmɑ̃]	auf Deutsch	
A bientôt! [abjɛ̃to]	Bis bald.	
maman (f.) [mamɑ̃]	Mama, Mutti	
une chambre [ynʃɑ̃bʀ]	ein (Schlaf)Zimmer	
une bougie [ynbuʒi]	eine Kerze	**la** bougie (die Kerze) → **les** bougies (die Kerzen), **le** train (der Zug) → **les** trains (die Züge)
un gâteau / **des gâteaux** [ɛ̃gato/degato]	ein Kuchen / Kuchen	**Mme Pirou prépare un gâteau pour six.** Mme Pirou bereitet einen Kuchen für sechs (Personen) vor. Ebenso: un cadeau / des cadeau**x**
ranger qc [ʀɑ̃ʒe]	etwas aufräumen	

> ! je range, tu ranges, il/elle/on range,
nous rangeons, vous rangez, ils/elles rangent

s'il te plaît [siltəplɛ]	bitte (*wenn man jemanden duzt*)	s'il **vous** plaît = wenn man jemanden siezt
maintenant [mɛ̃tnɑ̃]	jetzt	
un jeu / **des jeux** [ɛ̃ʒø]	ein Spiel / Spiele	✎ Achte auf den Plural mit -**x**. Nomen mit Plural auf -**x**: des cadeau**x** (Geschenke), des gâteau**x** (Kuchen), des jeu**x** (Spiele), des journ**aux** (Zeitungen)
un jeu vidéo / **des jeux vidéo** [ɛ̃ʒøvideo/deʒøvideo]	ein Computerspiel/ Computerspiele	✎ Achte auf die Schreibung: des jeu**x** vidé**o**
une affaire [ynafɛʀ]	eine Sache, eine Angelegen-heit	⬯ Achte auf die Bindung: mes_affaires [mezafɛʀ].
comme [kɔm]	wie	
préférer [pʀefeʀe]	vorziehen, lieber mögen	**Comme tu préfères.** Wie du willst. (*wörtlich:* Wie du es lieber magst.) englisch: **to prefer**

> ! je préfère, tu préfères, il/elle/on préfère,
nous préférons, vous préférez, ils/elles préfèrent

toujours [tuʒuʀ]	immer	**Toujours des histoires.** Immer dasselbe Theater.

Zeitangaben   „heute, morgen, immer …"

d'abord	zuerst	demain	morgen	souvent [suvã]	*oft*
maintenant	jetzt	bientôt	bald	puis [pɥi]	*dann*
aujourd'hui	heute	toujours	immer	tout de suite [tutsɥit]	*sofort*

A 9

une **famille** [ynfamij]	eine Familie	englisch: **family**
un **enfant** [ɛ̃nãfã]	ein Kind	☞ Achte auf die Bindung: les‿enfants [lezãfã].

Ma famille   Eltern, Geschwister und Verwandte

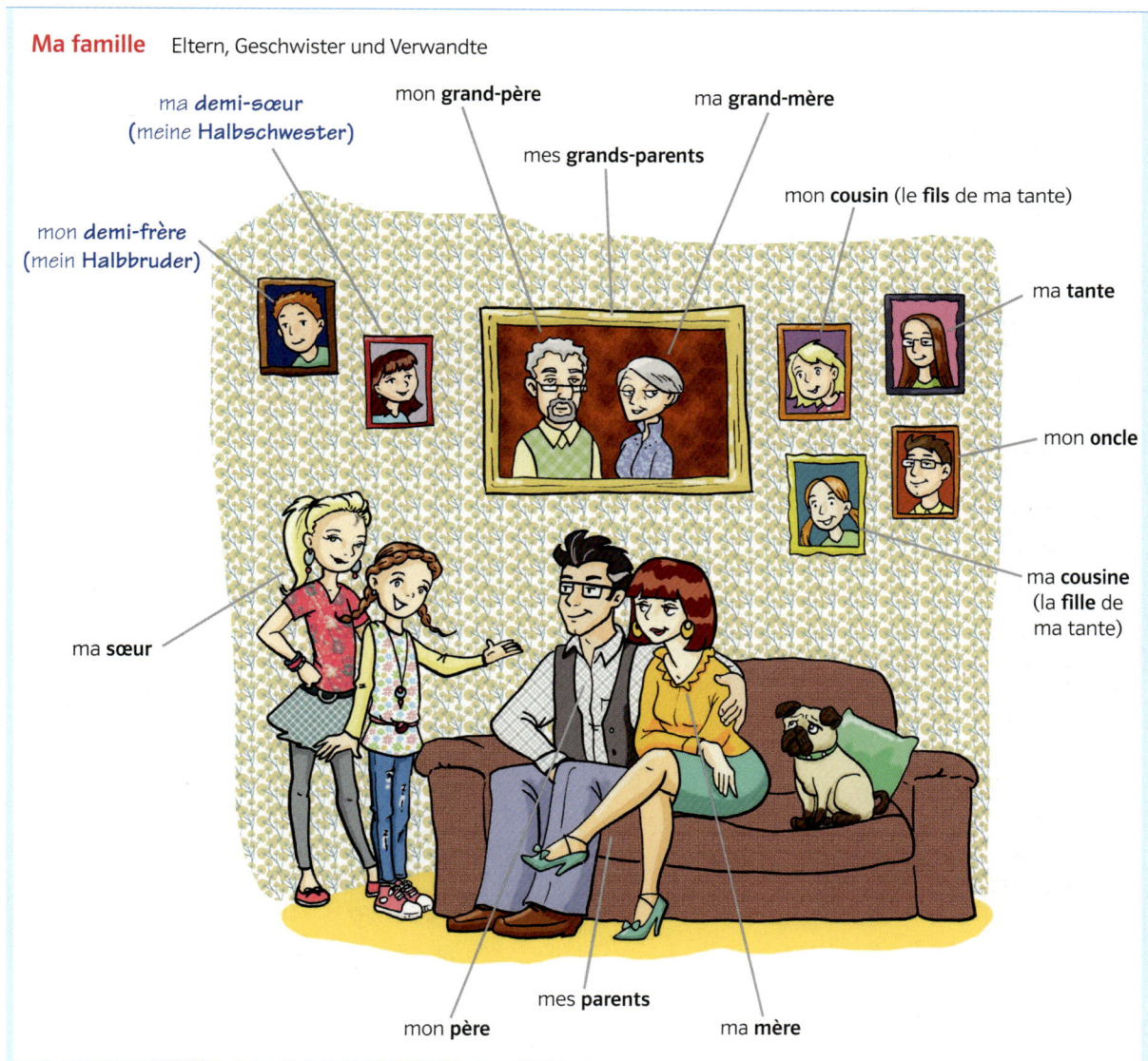

ma *demi-sœur*
(meine **Halbschwester**)

mon **grand-père**

ma **grand-mère**

mes **grands-parents**

mon **cousin** (le **fils** de ma tante)

mon *demi-frère*
(mein **Halbbruder**)

ma **tante**

mon **oncle**

ma **cousine**
(la **fille** de
ma tante)

ma **sœur**

mon **père**

mes **parents**

ma **mère**

Atelier **B1**	**son / sa / ses** (+ Nomen) [sɔ̃ / sa / se]	sein / seine; ihr / ihre		**Ses copains et ses copines arrivent.** Seine / Ihre Freunde und seine / ihre Freundinnen kommen an. **son** copain (sein/ihr Freund), **sa** copine (seine/ihre Freundin), **ses** copain**s** (seine/ihre Freunde), **ses** copine**s** (seine/ihre Freundinnen)
	C'est ça? [sɛsa]	Stimmt's?		
	avoir [avwaʀ]	haben	⇔	Achte auf die Aussprache: ils_ont [ilzɔ̃] (sie haben), aber: ils sont [ilsɔ̃] (sie sind)
!	j'**ai** [ʒe], tu **as** [tya], il **a** [ila], elle **a** [ɛla], on_**a** [ɔ̃na], nous_**avons** [nuzavɔ̃], vous_**avez** [vuzave], ils_**ont** [ilzɔ̃], elles_**ont** [ɛlzɔ̃]			
	encore [ɑ̃kɔʀ]	noch		
	un DVD [ɛ̃devede]	eine DVD		**des DVD** wie **des CD** und **des BD:** ohne **-s** im Plural.
	avoir faim [avwaʀfɛ̃]	Hunger haben		**Vous avez faim?** Habt ihr / Haben Sie Hunger?
	manger qc [mɑ̃ʒe]	etwas essen	✎	Achte auf das **e** bei „nous mang**e**ons".
!	je mang**e**, tu mang**es**, il/elle/on mang**e**, nous mang**eons**, vous mang**ez**, ils/elles mang**ent**			
	souffler qc [sufle]	etwas ausblasen		
	puis [pɥi]	dann		
	chanter [ʃɑ̃te]	singen		
!	je chant**e**, tu chant**es**, il/elle/on chant**e**, nous chant**ons**, vous chant**ez**, ils/elles chant**ent**			
	avoir onze ans [avwaʀɔ̃zɑ̃]	elf Jahre alt sein		**Mehdi a onze ans.** Mehdi ist elf Jahre alt. Achte auf den Unterschied: J'**ai** onze ans, maintenant! Ich **bin** jetzt 11 Jahre alt.
	avoir envie de faire qc [avwaʀɑ̃vi]	Lust haben, etwas zu tun		**Tu as envie de regarder un DVD?** Hast du Lust, eine DVD anzusehen?
	sur [syʀ]	auf, über		un jeu vidéo **sur** mon ordinateur (ein Computerspiel **auf** meinem Computer), un livre **sur** Paris (ein Buch **über** Paris)
	une surprise [ynsyʀpʀiz]	eine Überraschung		englisch: **surprise**
B7	**un mois** [ɛ̃mwa]	ein Monat		
	une année [ynane]	ein Jahr		**L'année a 12 mois.** Ein Jahr hat zwölf Monate.
	quand [kɑ̃]	wann		– **L'anniversaire de Léo, c'est quand?** – **Son anniversaire, c'est le 19 décembre.** – Wann hat Léo Geburtstag? – Er hat am 19. Dezember Geburtstag.
	le premier [ləpʀəmje]	der erste		**L'anniversaire de Marie, c'est le premier mars.** Marie hat am ersten März Geburtstag. Statt **le premier** kannst du auch **le 1ᵉʳ** schreiben. Ab der Zahl zwei schreibt man beim Datum so: le **deux** décembre (der 2. Dezember), le **trois** février (der 3. Februar).
B9	l'**âge** (m.) [laʒ]	das Alter		**Tu as quel âge?** Wie alt bist du? englisch: **age**
	il s'appelle [ilsapɛl]	er heißt		– **Il s'appelle comment? – Il s'appelle Léo.** – Wie heißt er? – Er heißt Léo.

... treize, quatorze ...   So zählt man ab 13. Die Zahlen bis zwölf findest du auf der Seite 165.

		20	vingt [vɛ̃]		**30**	trente [tʀɑ̃t]
		21	vingt-et-un [vɛ̃teɛ̃]		**31**	trente-et-un [tʀɑ̃teɛ̃]
		22	vingt-deux [vɛ̃tdø]		**32**	trente-deux [tʀɑ̃tdø]
13	treize [tʀɛz]	**23**	vingt-trois [vɛ̃ttʀwa]		**33**	trente-trois [tʀɑ̃ttʀwa]
14	quatorze [katɔʀz]	**24**	vingt-quatre [vɛ̃tkatʀ]		**34**	trente-quatre [tʀɑ̃tkatʀ]
15	quinze [kɛ̃z]	**25**	vingt-cinq [vɛ̃tsɛ̃k]		**35**	trente-cinq [tʀɑ̃tsɛ̃k]
16	seize [sɛz]	**26**	vingt-six [vɛ̃tsis]		**36**	trente-six [tʀɑ̃tsis]
17	dix-sept [disɛt]	**27**	vingt-sept [vɛ̃tsɛt]		**37**	trente-sept [tʀɑ̃tsɛt]
18	dix-huit [dizɥit]	**28**	vingt-huit [vɛ̃tɥit]		**38**	trente-huit [tʀɑ̃tɥit]
19	dix-neuf [diznœf]	**29**	vingt-neuf [vɛ̃tnœf]		**39**	trente-neuf [tʀɑ̃tnœf]

Les mois de l'année   Von Januar bis Dezember

janvier [ʒɑ̃vje]	Januar		**juillet** [ʒɥije]	Juli
février [fevʀije]	Februar		**août** [ut]	August
mars [maʀs]	März		**septembre** [sɛptɑ̃bʀ]	September
avril [avʀil]	April		**octobre** [ɔktɔbʀ]	Oktober
mai [mɛ]	Mai		**novembre** [nɔvɑ̃bʀ]	November
juin [ʒɥɛ̃]	Juni		**décembre** [desɑ̃bʀ]	Dezember

Die Monate sind im Französischen alle **männlich**:

le premier janvier, le premier février ...	der erste Januar, der erste Februar ...
le deux mars, le trois avril [lətʀwazavʀil]**, le quatre mai** ...	der 2. März, der 3. April, der 4. Mai ...

AUF EINEN BLICK

L'anniversaire, etc.   Geburtstag, Alter und Familie

– **Bon anniversaire, ... (Léo)!**		– Alles Gute zum Geburtstag ... (Léo)!	
– **Joyeux anniversaire!**		– Herzlichen Glückwunsch zum Geburtstag!	
– **Ton anniversaire, c'est quand?**	– **Mon anniversaire, c'est le deux août.**	– Wann hast du Geburtstag?	– Ich habe am 2. August Geburtstag.
– **Tu as quel âge?**	– **J'ai ... (douze) ans.**	– Wie alt bist du?	– Ich bin ... (12) Jahre.
– **Tu as des frères et sœurs?**	– **Oui, j'ai un frère et deux sœurs.**	– Hast du Geschwister?	– Ja, ich habe einen Bruder und zwei Schwestern.
– **Il s'appelle comment, ton frère?**	– **Il s'appelle ... (Marc).**	– Wie heißt dein Bruder?	– Er heißt ... (Marc).

MON DICO PERSONNEL

Les fêtes   Feste, die in Frankreich gefeiert werden.

l'anniversaire *(m.)* [lanivɛʀsɛʀ]	Geburtstag	**Pâques** *(f.)* [pak]	Ostern
le baptême [ləbatɛm]	die Taufe	**la Pentecôte** [lapãtkot]	Pfingsten
le mariage [ləmaʀjaʒ]	die Hochzeit	**Noël** *(m.)* [nɔɛl]	Weihnachten
le 14 Juillet [ləkatɔʀzʒɥijɛ]	der 14. Juli (franz. Nationalfeiertag)	**le nouvel an** [lənuvɛlã]	Neujahr

TIPP

Schaffe dir ein **angenehmes Lernumfeld**, in dem du ungestört ohne fremde Geräuschquellen üben kannst.
Bahn, Bus, Bett, Badewanne: Hilfreich ist auch, wenn du **immer an denselben Orten** lernst. So wird Lernen zur Gewohnheit und der Erfolg nicht ausbleiben, garantiert!

Unité 4   Au collège Balzac

TU TE RAPPELLES?

encore	noch	**bientôt**	bald
puis	dann	**d'abord**	zuerst
où / ou	wo / oder	**ensemble**	zusammen
sur	auf, über	**Tiens!**	Na so was!, Sieh mal!
aujourd'hui	heute	**Qu'est-ce qu'il y a?**	Was gibt es?
toujours	immer	**quand**	wann

un collège [ɛ̃kɔlɛʒ]   ein Collège

 **Vis-à-vis**

Le collège: Nach der Grundschule (fünf Jahre) gehen alle französischen Kinder für vier Jahre aufs „collège". Sie sind dann ungefähr elf Jahre alt. Die Klassen werden so genannt: **la 6ᵉ** [lasizjɛm], **la 5ᵉ** [lasɛ̃kjɛm], **la 4ᵉ** [lakatʀijɛm], **la 3ᵉ** [latʀwazjɛm].

Balzac, Honoré de [ɔnɔʀedəbalzak]	*frz. Schriftsteller; 1799–1850*
une cour [ynkuʀ]	ein (Schul-)Hof
une classe [ynklas]	eine Klasse
un élève / une élève [ɛ̃nelɛv / ynelɛv]	ein Schüler / eine Schülerin
jouer [ʒwe]	spielen

au [o] **collège Balzac** – **auf** dem Collège Balzac

Tu joues avec moi?   Spielst du mit mir?

un **cours** [ɛ̃kuʀ]	eine Unterrichtsstunde	**Aujourd'hui, ils ont un cours d'allemand.** **A huit heures, ils ont français.** Heute haben sie eine Stunde Deutsch. Um acht Uhr haben sie Französisch. Gleich ausgesprochen, unterschiedlich geschrieben: [kuʀ] **une cour, un cours**
être en retard [ɛtʀɑ̃ʀətaʀ]	zu spät kommen	**Elle est en retard.** Sie kommt zu spät.
un **CDI** [ɛ̃sedei]	ein CDI	**Ils travaillent au CDI.** Sie arbeiten im CDI.

Vis-à-vis

CDI ist die Bezeichnung für die Bibliothek an französischen Schulen.

une **cantine** [ynkɑ̃tin]	eine Kantine, eine Mensa	**Qu'est-ce qu'il y a à la cantine?** Was gibt es in der Kantine?
une **infirmerie** [ynɛ̃fiʀməʀi]	eine Krankenstation	**Il est à l'infirmerie.** *hier:* Er ist im Krankenzimmer.
Aïe! [ai]	Aua!	
Atelier A1 un **pied** [ɛ̃pje]	ein Fuß	
une **journée** [ynʒuʀne]	ein Tag	
une **heure** [ynœʀ]	eine Stunde	Achte auf die Bindung, wenn Zahlen voranstehen, z. B. deux‿heures [døzœʀ], trois‿heures [tʀwazœʀ].
sept heures [sɛtœʀ]	sieben Uhr	**Il est sept heures.** Es ist sieben Uhr.

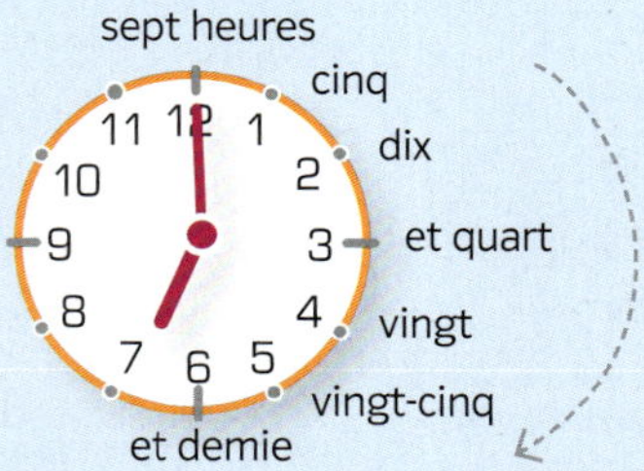
sept heures
cinq
dix
et quart
vingt
vingt-cinq
et demie
11 12 1
10 2
9 3
8 4
7 6 5

un **lit** [ɛ̃li]	ein Bett	
sept heures et demie [sɛtœʀedəmi]	halb acht	
les **toilettes** *(f. pl.)* [letwalɛt]	die Toilette	
huit heures et quart [ɥitœʀekaʀ]	Viertel nach acht	
Racine [ʀasin]	*Familienname*	**A huit heures et quart, Marie a un cours de français avec M. Racine.** Um Viertel nach acht hat Marie Französisch bei M. Racine.
midi [midi]	zwölf Uhr (mittags)	**Midi, c'est l'heure de la cantine.** 12 Uhr mittags ist Essenszeit.
commencer [kɔmɑ̃se]	anfangen, beginnen	Achte auf das **ç** bei „nous commen**ç**ons".

! je commence, tu commences, il/elle/on commence, nous commen**ç**ons, vous commencez, ils/elles commencent

Deux heures cinq: Le cours de musique commence.
Fünf nach zwei: die Musikstunde fängt an.

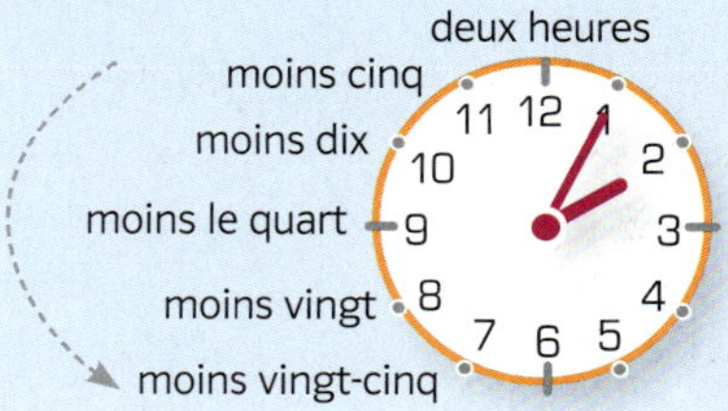
deux heures
moins cinq
moins dix
moins le quart
moins vingt
moins vingt-cinq
11 12 1
10 2
9 3
8 4
7 6 5

après [apʀɛ]	nach; danach	
rentrer [ʀɑ̃tʀe]	zurückkommen, nach Hause gehen	
six heures moins le quart [sizœʀmwɛ̃lkaʀ]	Viertel vor sechs	

	chez qn [ʃe]	bei jemandem
	la télévision [latelevizjɔ̃]	das Fernsehen
A2	**Quelle heure est-il?** [kɛlœʀɛtil]	Wie viel Uhr ist es? / Wie spät ist es?
	à quelle heure? [akɛlœʀ]	um wie viel Uhr?
	de … à	von … bis
A3	une **clé** [ynkle]	ein Schlüssel
	lundi (*m.*) [lɛ̃di]	Montag; am Montag
	aller [ale]	gehen, fahren

> ! je **vais**, tu **vas**, il/elle/on **va**, nous **allons**, vous **allez**, ils/elles **vont**

ne … pas [nə … pa]	nicht	
la 6ᵉA [lasizjɛma]	die Klasse 6A	
une **minute** [ynminyt]	eine Minute	

Barette [baʀɛt]	*Familienname*
un **professeur** / une **professeure** [ɛ̃pʀɔfɛsœʀ/ ynpʀɔfɛsœʀ]	ein Lehrer / eine Lehrerin
sous [su]	unter
quand [kɑ̃]	wenn; als *(zeitlich)*
une **salle de cours** [ynsaldəkuʀ]	ein Klassenraum

🇫🇷 **Vis-à-vis**

In Frankreich haben die Kinder in der Regel **kein** eigenes Klassenzimmer.

Excusez-moi. [ɛkskyzemwa]	Entschuldigen Sie. / Entschuldigung!
une **place** [ynplas]	ein Platz
la main [lamɛ̃]	die Hand

Il est chez Alex.   Er ist bei Alex.

Nous regardons la télé.   Wir sehen fern.
la télé ist die Kurzform von **la télévision**.

Du kannst auch fragen: **Il est quelle heure?**

Tu rentres à quelle heure?
Um wie viel Uhr kommst du nach Hause?

Les enfants sont à l'école de huit heures à cinq heures.
Die Kinder sind von acht bis fünf in der Schule.

une clé USB [ynkleyɛsbe]
ein USB-Stick

Léo va au CDI.   Léo geht ins CDI.

Aber: Il va **chez** Alex. (Person)

Léo ne trouve **pas** son copain.   Marie **n'**écoute **pas** Alex.

la 6ᵉA = la **sixième A**

Le cours d'allemand commence dans deux minutes.
Die Deutschstunde fängt in zwei Minuten an.

Mme Barette est prof d'allemand.
Mme Barette ist Deutschlehrerin.

un prof / une prof ist die Kurzform von „un(e) professeur(e)".

Quand Léo entre dans la salle de cours, il est huit heures quatre.
Als Léo in den Klassenraum kommt, ist es vier nach acht.

Wenn du jemanden duzt, sagst du **Excuse-moi.**
englisch: **Excuse-me.**

Léo va à sa place.   Léo geht zu seinem Platz.
englisch: **place**

Dans sa main, il a la clé USB.
Er hat / hält den USB-Stick in seiner Hand.

la **récréation** [laʀekʀeasjɔ̃]	die Pause	**Après trois heures de cours, c'est la récréation.** Nach drei Stunden Unterricht gibt es eine Pause.
		In der Umgangssprache benutzt man häufig die Kurz- form **la récré** [laʀekʀe].
retrouver qn / qc [ʀətʀuve]	jemanden treffen; etwas wiederfinden	**Les garçons retrouvent Marie et Alex dans la cour.** Die Jungs treffen Marie und Alex im Hof.
en 6ᵉB [ɑ̃sisjɛmbe]	in der 6B	
raconter qc [ʀakɔ̃te]	etwas erzählen	**Léo raconte l'histoire de la clé USB.** Léo erzählt die Geschichte vom USB-Stick.
Il / Elle est à qui? [ilɛtaki / ɛlɛtaki]	Wem gehört er / sie / es?	
Je ne sais pas. [ʒənəsɛpa]	Ich weiß nicht.	
Ce ne sont pas mes affaires. [sənəsɔ̃pamezafɛʀ]	Das sind nicht meine Sachen.	*hier:* Ich will damit nichts zu tun haben.
discuter (de qc) [diskyte]	(über etwas) diskutieren, sich (über etwas) unterhalten	

Atelier

B1 **Les jours de la semaine**   Montag, Dienstag, Mittwoch …

lundi   mardi   mercredi   jeudi   vendredi   samedi   dimanche

Aujourd'hui, c'est mercredi. Demain, c'est jeudi.
Heute ist Mittwoch. Morgen ist Donnerstag.

Die Wochentage sind im Französischen alle **männlich:**
le lundi, **le** mardi … montags, dienstags …

le temps [lətɑ̃]	die Zeit	
l'**emploi** *(m.)* **du temps** [lɑ̃plwadytɑ̃]	der Stundenplan	
B3 **un mot** [ɛ̃mo]	ein Wort	
un gymnase [ɛ̃ʒimnaz]	eine Turnhalle	**Un gymnase** darf nicht mit „ein Gymnasium" übersetzt werden; „das Gymnasium" heißt auf Französisch **le lycée** [ləlise].
B4 **un rêve** [ɛ̃ʀɛv]	ein Traum	
cool *(fam.)* [kul]	cool	
cliquer [klike]	klicken	
notre / nos [nɔtʀ / no]	unser / unsere	**notre** père – **nos** pères
votre / vos [vɔtʀ / vo]	euer / eure; Ihr / Ihre	**notre / votre** professeur, **nos / vos** professeurs, **notre / votre** professeure, **nos / vos** professeures
leur / leurs [lœʀ]	ihr / ihre	**Voilà les parents, leurs enfants et leur chien.** Das sind die Eltern, ihre Kinder und ihr Hund.
une interrogation écrite [ynɛ̃teʀɔgasjɔ̃ekʀit]	eine Schulaufgabe	Kurzform: **une interro**

quelque chose [kɛlkəʃoz]	etwas	Abkürzung: **qc** 
un sac [ɛ̃sak]	eine Tasche	
faire qc [fɛʀ]	etwas machen; etwas tun	
! je **fais**, tu **fais**, il/elle/on **fait**, nous **faisons**, vous **faites**, ils/elles **font**		
une **copie** [ynkɔpi]	eine Kopie	Achte auf die unterschiedliche Schreibung: französisch: **c**op**ie**, englisch: copy, deutsch: **K**op**ie**
un **exercice** [ɛ̃nɛgzɛʀsis]	eine Übung	Achte auf die unterschiedliche Schreibung: französisch: exerci**c**e, englisch: exerci**s**e
si [si]	doch	– On ne fait pas ça. – Mais si! – Das tut man nicht. – Aber doch!
comme ça [kɔmsa]	so, auf diese Weise	
avoir raison [avwaʀʀɛzɔ̃]	recht haben	Léo n'a pas raison. Léo hat nicht recht.
ne ... jamais [nə ... ʒamɛ]	nie, niemals	Mme Barette ne va jamais au CDI. Mme Barette geht nie ins CDI.
ne ... plus [nə ... ply]	nicht mehr	Marie ne parle plus. Marie spricht nicht mehr.
ne ... rien [nə ... ʀjɛ̃]	nichts	Léo ne dit rien. Léo sagt nichts.
les **devoirs** (m., pl.) [ledəvwaʀ]	die (Haus)Aufgaben	Vous faites vos devoirs? Macht ihr eure Hausaufgaben?
B 5 une **partie** [ynpaʀti]	ein Teil	Quel titre va avec quelle partie? Welcher Titel passt zu welchem (Text-)Teil?
un **titre** [ɛ̃titʀə]	Titel	
la **fin** [lafɛ̃]	das Ende, der Schluss	à la fin = zum Schluss
B 11 **derrière** [dɛʀjɛʀ]	hinter	La clé USB est derrière l'ordinateur. Der USB-Stick ist / liegt hinter dem Computer.

+ Uhrzeit / Monate / Zahlen

AUF EINEN BLICK

Où est Moustique? Il est ...

sur le sac   **dans** le train   **sous** le lit   **derrière** l'ordinateur   **devant** la télé

A l'école   Personen, Orte und was es sonst noch in der Schule gibt.

le collège	das Collège	**les devoirs** *(m. pl.)*	die Hausaufgaben
un élève	ein Schüler	**un exercice**	eine Übung
une élève	eine Schülerin	**une interrogation écrite**	eine Schulaufgabe
un prof(esseur)	ein Lehrer	**un CDI**	das CDI
une prof(esseure)	eine Lehrerin	**le gymnase**	Turnhalle
la classe	die Klasse	**la cantine**	die Kantine
la salle de cours	der Klassenraum	**la cour**	der (Schul-)Hof
avoir cours	Unterricht haben	**la récré(ation)**	die Pause
un cours (de français)	eine Unterrichtsstunde (eine Französischstunde)		

Parler de l'école   Über die Schule sprechen

– **Les cours commencent à quelle heure?** – **A huit heures.**	– Um wie viel Uhr beginnt der Unterricht? – Um acht Uhr.
– **A huit heures et quart, nous avons un cours de français avec M. . . . / Mme . . .**	– Um Viertel nach acht haben wir eine Französischstunde / haben wir Französisch bei Herrn … / Frau …
– **Vous êtes en 6ᵉA?** – **Non, nous sommes en 6ᵉB.**	– Seid ihr in der 6A? – Nein, wir sind in der 6B.
– **Qu'est-ce qu'il y a à la cantine?**	– Was gibt es in der Kantine?
– **Qu'est-ce que vous faites après la cantine?** – **Nous allons au CDI.**	– Was macht ihr nach der Kantine? – Wir gehen ins CDI.
– **On fait les devoirs ensemble?**	– Sollen wir die Hausaufgaben gemeinsam machen?
– **Tu rentres à quelle heure?**	– Um wie viel Uhr gehst du nach Hause?

A l'école   Unterrichtsfächer

allemand	Deutsch	**éducation musicale** [edykasjɔ̃myzikal]	Musik
français	Französisch		
anglais [ɑ̃glɛ]	Englisch	**arts plastiques** [aʀplastik]	Kunst
mathématiques [matematik]	Mathematik	**E.P.S. (Education physique et sportive)** [əpeɛs]	Sport
histoire-géo [istwaʀʒeɔ]	Geschichte und Erdkunde	**S.V.T. (Sciences de la vie et de la terre)** [ɛsvete]	Biologie
		technologie [tɛknɔlɔʒi]	Technik

Unité 5   Un samedi dans le quartier

Vokabeln lassen sich besonders gut einprägen, wenn man sie „**vernetzt**" lernt. Zwei Beispiele für solche Netze hast du schon auf den Seiten 169 und 175 kennen gelernt. Von dem Ausgangswort in der Mitte gehen immer mehrere „Zweige" aus, an die du die passenden Begriffe schreibst. Probiers mal aus!

TU TE RAPPELLES?

euh …	äh …	Alors (j'écoute)!	Nun (ich höre).
Chut!	Pst!	Bon, d'accord.	Gut, einverstanden!
Zut!	Mist!, Verdammt!	D'accord?	Einverstanden?
Aïe!	Aua!	Comment?	Wie (bitte)?
Bon, …	Na gut, …	Ah bon?	Ach ja?, Wirklich?

un **quartier** [ɛ̃kaʀtje]	ein Stadtviertel	Achte auf die Aussprache: [kaʀtje]
Batignolles [batiɲɔl]	Batignolles (Name eines Viertels in Paris)	
le / la **dix-septième** [lə / ladisɛtjɛm]	der, die, das siebzehnte	
un **arrondissement** [ɛ̃naʀɔ̃dismɑ̃]	ein Arrondissement (ein Verwaltungsbezirk)	
une **photo** [ynfɔto]	ein Foto	

un **parc** [ɛ̃paʀk]	ein Park	Achte auf die Schreibung: französisch: par**c** deutsch: **Park**, englisch: par**k**
le **roller** [ləʀɔlœʀ]	das Inlinerfahren	Le roller, c'est super! Inlinerfahren ist super!
une **avenue** [ynavny]	eine Straße; eine Avenue	C'est l'avenue de Clichy. Das ist die avenue de Clichy. Clichy [kliʃi] Kleinstadt bei Paris
Interclub 17 [ɛ̃tɛʀklœbdisɛt]	Interclub 17 (Name eines Jugendzentrums)	
une **activité** [ynaktivite]	eine Freizeitbeschäftigung	englisch: **activity**
tout le monde [tulmɔ̃d]	alle, jeder	A Interclub 17, il y a des activités pour tout le monde. Im Interclub 17 gibt es Freizeitbeschäftigungen für jeden / alle.
une **buvette** [ynbyvɛt]	ein Getränkestand, ein Imbissstand	Au parc, il y a une buvette. Im Park gibt es einen Imbissstand.
un **taxi** [ɛ̃taksi]	ein Taxi	
aller faire qc [alefɛʀ]	etwas tun werden	Elle va rentrer à six heures. Sie wird um sechs Uhr nach Hause gehen. Mit **aller** und einem **Verb** im Infinitiv kannst du ausdrücken, was du in der Zukunft (z. B. morgen) machen wirst.
passer qc [pase]	etwas verbringen	

Atelier A1 (neben "une buvette" / "un taxi")

la **nuit** [lanɥi]	die Nacht

une **entrée** [ynãtʀe]	ein Eingang
le **soir** [ləswaʀ]	der Abend
ce **soir** [səswaʀ]	heute Abend
un **jour** [ɛ̃ʒuʀ]	ein Tag
A **plus, ma puce!** [aplysmapys]	Bis später, mein Kleines.
une **voiture** [ynvwatyʀ]	ein Auto
en **voiture** [ãvwatyʀ]	mit dem Auto

loin [lwɛ̃]	weit *(Adv.)*
à **pied** [apje]	zu Fuß

A 3

un **appartement** [ɛ̃napaʀtmã]	eine Wohnung
une **pièce** [ynpjɛs]	ein Zimmer

🇫🇷 Vis-à-vis

Un appartement ist „eine Wohnung", deutsch „Appartement" heißt im Französischen **un studio** [ɛ̃stydjo].
Une pièce ist das allgemeine Wort für „Zimmer"; **une chambre** wird meistens für „Schlafzimmer" verwendet.

une **salle de bains** [ynsaldəbɛ̃]	ein Bad; ein Badezimmer

un **salon** [ɛ̃salɔ̃]	ein Wohnzimmer
une **table** [yntabl]	ein Tisch
Chabane [ʃaban]	*französischer Familienname*

un **repas** [ɛ̃ʀəpa]	ein Essen; eine Mahlzeit
minuit *(m.)* [minɥi]	Mitternacht, 12 Uhr nachts

le **matin** [ləmatɛ̃]	der Morgen

un **tour** [ɛ̃tuʀ]	eine Tour, ein Rundgang
le **samedi** [ləsamdi]	samstags
l'**après-midi** *(m./f.)* [lapʀɛmidi]	der Nachmittag; nachmittags
faire du judo [fɛʀdyʒydo]	Judo machen, betreiben

---

la nuit de vendredi à samedi
die Nacht von Freitag auf Samstag

↔ **le matin** (der Morgen)
↔ **une nuit** (eine Nacht)

Marie n'habite pas loin. Marie wohnt nicht weit weg.

– **On va chez Marie en voiture?** – **Non, on va à pied.**
– Fahren wir mit dem Auto zu Marie?
– Nein, wir gehen zu Fuß.

Ils habitent dans un appartement de quatre pièces.
Sie wohnen in einer Vierzimmerwohnung.

Je passe la nuit dans la salle de bains?
Soll ich die Nacht im Bad verbringen?

englisch: **table**

Alex est à table avec les Chabane.
Alex sitzt mit den Chabanes am Tisch.

Familiennamen im Französischen immer ohne **-s**:
les Chaban**e**

Tu vas avoir faim à minuit!
Du wirst Mitternacht Hunger haben.

Il est **minuit** (24 Uhr). Il est **midi** (12 Uhr).

demain matin morgen früh
Ebenso: **demain soir** morgen Abend

samedi = Samstag

Le samedi après-midi, je fais du judo.
Samstagnachmittags mache ich Judo.

l'**athlétisme** (m.) [latletism]   die Leichtathletik

faire du foot
Fußball spielen,
faire de la musique
musizieren,
faire de l'athlétisme
Leichtathletik machen

je voudrais ... [ʒəvudʀɛ]   ich möchte gerne …

Je voudrais bien regarder la télé.
Ich möchte / würde gern fernsehen.

le bruit [ləbʀɥi]   das Geräusch, der Lärm

déjà [deʒa]   schon

tard [taʀ]   spät

Il est déjà tard!   Es ist schon spät.

une **cuisine** [ynkɥizin]   eine Küche

quitter qc [kite]   etwas verlassen

↔ **entrer dans qc** (etw. betreten)

des **spaghettis** (m., pl.) [despageti]   Spaghetti

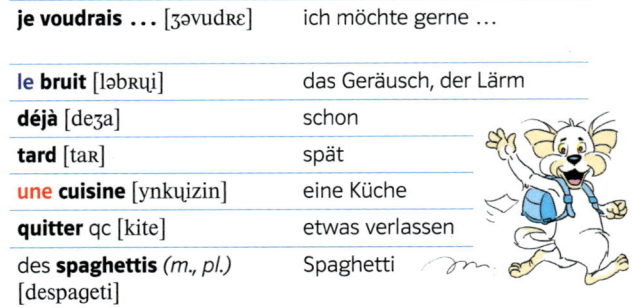

Les pièces d'un appartement   Was zu einer Wohnung gehört.

la salle à manger
[lasalamɑ̃ʒe]

le salon /
la salle de
séjour
[lasaldəseʒuʀ]

la cuisine

la chambre
d'enfant
[laʃɑ̃bʀdɑ̃fɑ̃]

le couloir [ləkulwaʀ]

l'entrée (f.)

la salle
de bains

la chambre

les toilettes
les W.-C. [levese]

A5

la **natation** [lanatasjɔ̃]	das Schwimmen
la **danse** [ladɑ̃s]	der Tanz, das Tanzen
le **théâtre** [ləteatʀ]	das Theater
une **guitare** [yngitaʀ]	eine Gitarre

englisch: **dance**

faire du théâtre Theater spielen

Vergleiche die Schreibung: französisch: **guitare**, englisch: **guitar**, deutsch: **Gitarre**

A6

comme [kɔm]	als

Qu'est-ce que tu fais comme sport?
Was für einen Sport machst du?

Les sports So bleibt man fit.

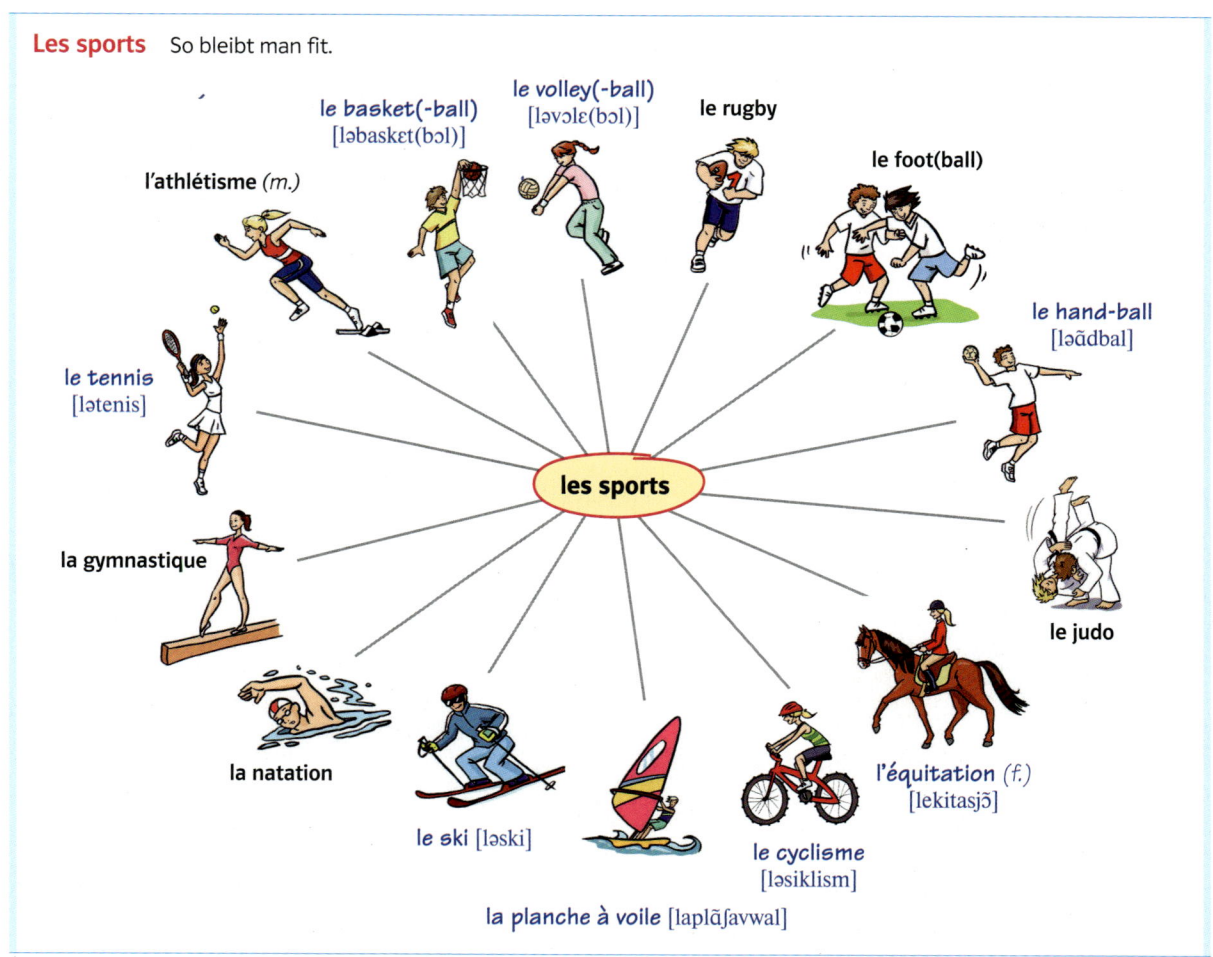

l'athlétisme (m.) · le basket(-ball) [ləbaskɛt(bɔl)] · le volley(-ball) [ləvɔlɛ(bɔl)] · le rugby · le foot(ball) · le hand-ball [ləɑ̃dbal] · le tennis [lətenis] · **les sports** · le judo · la gymnastique · l'équitation (f.) [lekitasjɔ̃] · la natation · le ski [ləski] · la planche à voile [laplɑ̃ʃavwal] · le cyclisme [ləsiklism]

Atelier

B1

pour **faire** qc [puʀfɛʀ]	um etwas zu tun
à **droite** [adʀwat]	(nach) rechts
tourner [tuʀne]	drehen, abbiegen
à **gauche** [agoʃ]	(nach) links
une **boulangerie** [ynbulɑ̃ʒʀi]	eine Bäckerei
tout **droit** [tudʀwa]	geradeaus

Pour faire du roller, on va au parc.
Um Inliner zu fahren, gehen wir in den Park.

Va à droite. Geh nach rechts.

englisch: **to turn**

Puis, tourne à gauche.
Biege dann links ab.

Va tout droit. Geh geradeaus.

un **café** [ɛ̃kafe]	ein Café	

 **Vis-à-vis**

In einem **Café** kann man etwas trinken und eine Kleinigkeit essen. Dem deutschen „Café" mit Torten und Kuchen entspricht in Frankreich eher der **Salon de thé**.

traverser qc [tʀavɛʀse]	etwas überqueren	**Traversez la rue.** Überquert die Straße.
un **carrefour** [ɛ̃kaʀfuʀ]	eine Kreuzung	
B2 **Vous pouvez répéter, s'il vous plaît?** [vupuveʀepete]	Können Sie bitte wiederholen?	
Merci beaucoup! [mɛʀsiboku]	Vielen Dank!	

la **poste** [lapɔst]	die Post	
une **piscine** [ynpisin]	ein Schwimmbad	
B3 un **champion** / une **championne** [ɛ̃ʃɑ̃pjɔ̃ / ynʃɑ̃pjɔn]	ein Champion, ein Meister / eine Meisterin	
un **numéro** [ɛ̃nymeʀo]	eine Nummer	**le champion numéro 1** der Champion Nummer 1
un **combat** [ɛ̃kɔ̃ba]	ein Kampf	
vraiment [vʀɛmɑ̃]	wirklich	**Elle est vraiment cool.** Sie ist richtig (= wirklich) cool.
même [mɛm]	sogar	
une **interview** [ynɛ̃tɛʀvju]	ein Interview	französisch / deutsch: gleiche Schreibung, nur der Artikel ist unterschiedlich: **une** interview , **ein** Interview.
est-ce que [ɛskə]	*Frageformel*	**Est-ce que tu as envie de faire une interview avec moi?** Hast du Lust, ein Interview mit mir zu machen?
gagner qc [gaɲe]	etwas gewinnen	
poser qc [poze]	etwas setzen / stellen / legen	**Après les combats, Marie pose des questions.** Nach den Kämpfen stellt Marie Fragen. englisch: **question**
une **question** [ynkɛstjɔ̃]	eine Frage	
Comment est-ce que ... ? [kɔmɑ̃ɛskə]	Wie ... ?	
tomber [tɔ̃be]	fallen	**Comment est-ce que tu tombes?** Wie fällst du?
faire mal [fɛʀmal]	weh tun	**Est-ce que ça fait mal?** Tut das weh?

pourquoi? [puʀkwa]	warum?	
parce que [paʀskə]	weil	– **Pourquoi est-ce que ça ne fait pas mal?** – **Parce qu'on fait des exercices pour ça.** – Warum tut das nicht weh? – Weil wir das trainieren. Auf **pourquoi?** antwortet man fast immer mit **parce que**.
trop [tʀo]	zu viel, zu sehr	So kannst du sonst noch ausdrücken, wie du etwas findest: **C'est bizarre! C'est super! C'est cool!**
C'est trop nul! *(fam.)* [sɛtʀonyl]	Das ist zu blöd! *(ugs.)*	

Atelier **C1**	**avoir mal** [avwaʀmal]	Schmerzen haben
	le parc des Batignolles [ləpaʀkdebatiɲɔl]	der Park von Batignolles

Tu as mal?   Tut dir etwas weh?

	un portable [ɛ̃pɔʀtabl]	ein Handy
	un SMS [ɛ̃ɛsɛmɛs]	eine SMS

un portable ist die Kurzform von **téléphone portable**

Sur le portable de Léo, il y a un SMS de Marie!
Auf dem Handy von Léo ist eine SMS von Marie.

Neben **un SMS** sagt man auch **un texto** [tɛksto].

	un film [ɛ̃film]	ein Film
	avoir soif [avwaʀswaf]	Durst haben

– **Tu as soif? – Oui, mais j'ai faim aussi.**
– Hast du Durst? – Ja, aber ich habe auch Hunger.

On prend quelque chose à la buvette?
Sollen wir eine Kleinigkeit am Getränkestand zu uns nehmen?

	prendre qc [pʀɑ̃dʀ]	etwas nehmen; *hier:* essen

! je prends, tu prends, il/elle/on prend, nous pre**n**ons, vous pre**n**ez, ils/elles pre**nn**ent

	une gaufre [yngofʀ]	eine Waffel
	Ça coûte combien? [sakutkɔ̃bjɛ̃]	Wie viel kostet das?

Nach dem Preis fragst du mit **Ça coûte combien?** oder **Ça fait combien?** Nach dem Preis einer *BD* oder einer *Crêpe* fragst du so: **Ça coûte combien, la BD / la crêpe?**

	un euro / des **euros** [ɛ̃nøʀo / dezøʀo]	ein Euro / Euro
	un centime [ɛ̃sɑ̃tim]	ein Cent
	un vendeur / **une vendeuse** [ɛ̃vɑ̃dœʀ / ynvɑ̃døz]	ein Verkäufer / eine Verkäuferin
	un coca [ɛ̃koka]	eine Cola

Je voudrais un coca. Ich möchte gern eine Cola.
Die Cola ist im Französischen männlich: **un** coca.

	une eau minérale [ynomineʀal]	ein Mineralwasser
	une crêpe [ynkʀɛp]	eine Crêpe
	un jus de pomme [ɛ̃ʒydpɔm]	ein Apfelsaft
	une orange [ynɔʀɑ̃ʒ]	eine Orange
	un diabolo menthe [ɛ̃djabɔlomɑ̃t]	ein Diabolo Menthe
	Ça fait … [safɛ]	Das macht …, Das kostet …

englisch: **juice**

un jus d'orange   ein Orangensaft

Ein **diabolo menthe** ist ein Mixgetränk aus Minzsirup und Limonade.

– **Ça fait combien? – Ça fait 4 euros 90.**
– Wie viel kostet das? – Das kostet 4 Euro 90.

	une mouette [ynmwɛt]	eine Möwe
	Ah, ah, ah [a, a, a]	Hahaha! (*So lacht man auf Französisch*)
C5	**un client** / **une cliente** [ɛ̃klijɑ̃ / ynklijɑ̃t]	ein Kunde / eine Kundin
	un stand [ɛ̃stɑ̃d]	ein Stand, eine Bude
	Bonne journée! [bɔnʒuʀne]	Einen schönen Tag!

Bonne journée! sagt man bei einer Verabschiedung.

40 . . . 100 Noch mehr Zahlen!

Die Zahlen von 0 bis 12 findest du auf Seite 165, die von 13 bis 39 auf Seite 177.

40	quarante	70	soixante-dix	80	quatre-vingts	90	quatre-vingt-dix
41	quarante-et-un	71	soixante-et-onze	81	quatre-vingt-un	91	quatre-vingt-onze
42	quarante-deux	72	soixante-douze	82	quatre-vingt-deux	92	quatre-vingt-douze
50	cinquante	73	soixante-treize	83	quatre-vingt-trois	93	quatre-vingt-treize
51	cinquante-et-un	74	soixante-quatorze	84	quatre-vingt-quatre	94	quatre-vingt-quatorze
52	cinquante-deux	75	soixante-quinze	85	quatre-vingt-cinq	95	quatre-vingt-quinze
60	soixante	76	soixante-seize	86	quatre-vingt-six	96	quatre-vingt-seize
61	soixante-et-un	77	soixante-dix-sept	87	quatre-vingt-sept	97	quatre-vingt-dix-sept
62	soixante-deux	78	soixante-dix-huit	88	quatre-vingt-huit	98	quatre-vingt-dix-huit
69	soixante-neuf	79	soixante-dix-neuf	89	quatre-vingt-neuf	99	quatre-vingt-dix-neuf
						100	cent [sã]

AUF EINEN BLICK

Activités   Freizeitaktivitäten erfragen und darüber sprechen.

Qu'est-ce que tu fais comme activité/sport?		**Qu'est-ce que tu vas faire ce soir/demain . . . ?**	
Je fais . . .	Ich . . .	**Je vais . . .**	Ich werde . . .
– **de la musique**	– mache Musik	– **écouter des CD**	– CDs anhören
– **de la guitare**	– spiele Gitarre	– **regarder la télé**	– fernsehen
– **de la danse**	– tanze	– **regarder un film avec . . .**	– einen Film mit … ansehen
– **du sport**	– mache/treibe Sport	– **regarder un DVD**	– eine DVD ansehen
– **de l'athlétisme**	– mache Leichtathletik	– **inviter des copains**	– Freunde einladen
– **du foot**	– spiele Fußball	– **aller au judo**	– zum Judo gehen
– **de la natation**	– schwimme	– **jouer sur l'ordi**	– am Computer spielen
– **du vélo**	– fahre Rad	– **aller au cinéma** [sinema]	– ins Kino gehen

MON DICO PERSONNEL

Mon quartier . . . ton quartier   Diese Wörter kannst du vielleicht gebrauchen.

Du hast schon einige Wörter gelernt, mit denen du dein Wohnviertel beschreiben kannst, z. B. une **boulangerie**, un **bureau de poste**, un **café**, un **cinéma**, une **école**, une **piscine**, un **restaurant**.
Hier findest du noch mehr Wörter, die für dich wichtig sein könnten. Die für dich interessanten Wörter kannst du in dein **dico personnel** übertragen.

une **maison des jeunes**	ein Jugendzentrum	un **coiffeur**	ein Frisör
un **terrain de foot**	ein Fußballplatz	une **papeterie**	ein Schreibwarengeschäft
un **club de foot**	ein Fußballverein	un **supermarché**	ein Supermarkt
un **club sportif**	ein Sportverein	un **grand magasin**	ein Kaufhaus
une **école de musique**	eine Musikschule	un **kiosque**	ein Kiosk
un **glacier**	eine Eisdiele	une **bibliothèque**	eine Bücherei

Unité 6 Limoges en fête!

TU TE RAPPELLES?

aller	gehen, fahren	**faire**	machen
on va aller	wir werden gehen / fahren	**avoir**	haben
ranger	aufräumen	**nous avons** [nuzavõ]	wir haben
ils vont ranger	sie werden aufräumen	**vous avez** [vuzave]	ihr habt
être	sein	**ils ont** [ilzõ], **elles ont** [ɛlzõ]	sie haben

Atelier DE

Limoges [limɔʒ]	*Stadt in Südwestfrankreich*

 **Vis-à-vis**

Limoges liegt am Fluss *Vienne*, am westlichen Ausläufer des Zentralmassivs, eines Gebirges in der Mitte Frankreichs (*le massif central*). Die Gegend um Limoges heißt **Limousin** (*le Limousin*). Die Stadt ist berühmt für ihre Porzellanfabriken. Limoges ist die Partnerstadt (*la ville jumelée*) von Fürth. Zwischen dem Limousin und dem Land Bayern besteht eine enge wirtschaftliche und kulturelle Zusammenarbeit.

une fête [ynfɛt]	ein Fest; eine Party
la Fête de la musique [lafɛtdəlamyzik]	die „Fête de la musique"

Le 21 (vingt-et-un) juin, c'est la Fête de la musique.
Am 21. Juni ist die „Fête de la musique".

 **Vis-à-vis**

Die **Fête de la musique** findet jedes Jahr am 21. Juni statt. Es ist ein Straßenfest, bei dem in ganz Frankreich Hobby-Musiker unter freiem Himmel ihr Können unter Beweis stellen.

un chanteur/une chanteuse [ʃɑ̃tœʀ/ynʃɑ̃tøz]	ein Sänger/eine Sängerin

→ **chanter** (singen), **une chanson** (ein Lied)

un groupe [ɛ̃gʀup]	eine Gruppe

französisch: un groupe, deutsch: eine Gruppe

un concert [ɛ̃kɔ̃sɛʀ]	ein Konzert

Dans les rues, il y a des concerts.
In den Straßen gibt es Konzerte.

intéressant/intéressante [ɛ̃teʀɛsɑ̃/ɛ̃teʀɛsɑ̃t]	interessant

Achte auf die Aussprache mit zwei Nasalen: **int**éress**ant** [ɛ̃teʀɛsɑ̃].

content/contente [kõtɑ̃/kõtɑ̃t]	zufrieden; froh; erfreut

Tout le monde est content.
Alle freuen sich. (*wörtlich*: Alle sind erfreut).

les **gens** (*m.*) pl. [leʒɑ̃]	die Leute

Les gens sont dans la rue.
Die Leute sind auf der Straße.

un musicien/ une musicienne [ɛ̃myzisjɛ̃/ynmyzisjɛn]	ein Musiker/eine Musikerin

Les musiciens font de la musique.
Musiker machen Musik.

Atelier A1

un journal/des journaux [ɛ̃ʒuʀnal/deʒuʀno]	eine Zeitung; *hier:* ein Tagebuch

Achte auf den Plural: **un journal/des journaux** wie **un animal/des animaux**.

mauvais/mauvaise [movɛ/movɛz]	schlecht

La musique n'est pas mauvaise.
Die Musik ist nicht schlecht.

un problème [ɛ̃prɔblɛm]	ein Problem	**Où est le problème?** Wo ist das Problem?
très [tʀɛ]	sehr	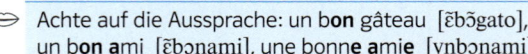 Das **-s** wird nicht ausgesprochen.
bon/bonne [bɔ̃/bɔn]	gut	Achte auf die Aussprache: un **b**on gâteau [ɛ̃bɔ̃gato], un **b**on **a**mi [ɛ̃bɔnami], une bonne **a**mie [ynbɔnami].
la Finlande [lafɛlɑ̃d]		**Louise habite en Finlande, Marie habite en France.** Louise wohnt in Finnland, Marie wohnt in Frankreich.
Noël (m.) [nɔɛl]	Weihnachten	
petit/petite [pəti/pətit]	klein	**Gabriel est le petit frère de Marie.** Gabriel ist Maries kleiner Bruder.
les vacances (f.) (pl.) [levakɑ̃s]	der Urlaub; die Ferien	**Louise passe ses vacances à Limoges.** Louise verbringt ihre Ferien in Limoges.
le TGV [ləteʒeve]	der TGV (französischer Hochgeschwindigkeitszug)	**TGV** ist die Abkürzung für **T**rain à **G**rande **V**itesse.

🇫🇷 **Vis-à-vis**

Der **TGV** erreicht auf der Strecke Mannheim-Paris eine Spitzengeschwindigkeit von 320 km in der Stunde. Für die 530 km lange Strecke benötigt er nur drei Stunden und 10 Minuten.

triste/triste [tʀist]	traurig	**Marie est triste. Gabriel n'est pas triste.** Marie ist traurig. Gabriel ist nicht traurig. ↔ **content/contente** (zufrieden, froh)
nul/nulle [nyl]	blöd	**C'est une idée nulle!** Das ist eine blöde Idee!
grand/grande [gʀɑ̃/gʀɑ̃d]	groß	un **grand** [gʀɑ̃] **frère,** une **grande** [gʀɑ̃d] **sœur** ↔ **petit/petite** (klein)

A2

une gare [yngaʀ]	ein Bahnhof	**Le train arrive à la gare.** Der Zug kommt im Bahnhof an.
la gare d'Austerlitz [lagaʀdɔstɛʀlits]	Pariser Bahnhof, der die Hauptstadt mit den Städten im Südwesten verbindet (Limoges, Bordeaux, Toulouse)	

🇫🇷 **Vis-à-vis**

In Paris gibt es sechs große Kopfbahnhöfe: **La gare de l'Est** [lagaʀdəlɛst], **la gare du Nord** [lagaʀdynɔʀ], **la gare de Lyon** [lagaʀdəljɔ̃], **la gare Montparnasse** [lagaʀmɔ̃paʀnas], **la gare d'Austerlitz** [lagaʀdɔstɛʀlits] und **la gare Saint-Lazare** [lagaʀsɛlazaʀ].

une grève [yngʀɛv]	ein Streik	**C'est la grève, les gens ne travaillent pas.** Es ist Streik, die Leute arbeiten nicht.
attendre qn/qc [atɑ̃dʀ]	auf jemanden/etwas warten; jemanden/etwas erwarten	**Les Chabane attendent le train.** Die Chabanes warten auf den Zug.

> ❗ **Regelmäßige Verben auf -dre:** j'attends, tu attends, il/elle/on attend, nous attendons, vous attendez, ils/elles attendent

téléphoner à qn [telefɔne]	mit jemandem telefonieren; jemanden anrufen	**Je téléphone à mon ami.** Ich rufe meinen Freund an.

Poitiers [pwatje]	*Stadt in Westfrankreich, nördlich von Limoges*	
entendre qn/qc [ɑ̃tɑ̃dʀ]	jemanden/etwas hören	**Vous entendez?** Hört ihr das?
perdre qc [pɛʀdʀ]	etw. verlieren	**Ne perdons pas notre temps.** Verlieren wir nicht unsere Zeit. ↔ **trouver qc** (etw. finden)
un voyage [ɛ̃vwajaʒ]	eine Reise	**On fait un voyage à Limoges.** Wir machen eine Reise nach Limoges.
long/longue [lɔ̃/lɔ̃g]	lang	**La journée est longue.** Der Tag ist lang.
une tête [yntɛt]	ein Kopf	
faire la tête *(fam.)* [fɛʀlatɛt]	schmollen, sauer sein *(ugs.)*;	**Gabriel fait la tête.** Gabriel schmollt.
répondre à qn/qc [ʀepɔ̃dʀ]	jemandem/auf etwas antworten	**Marie ne répond pas à la question.** Marie antwortet nicht auf die Frage.
rouge/rouge [ʀuʒ]	rot	Im Singular immer **rouge**, im Plural **rouges.**
vert/verte [vɛʀ/vɛʀt]	grün	**un cahier vert, une voiture verte** ein grünes Heft, ein grünes Auto
bleu/bleue [blø]	blau	**bleu/bleue:** Die Aussprache ist dieselbe, die Schreibung nicht.
avoir envie de faire pipi *(fam.)* [avwaʀɑ̃vidəfɛʀpipi]	Pipi machen müssen *(ugs.)*	**Gabriel a envie de faire pipi.** Gabriel muss Pipi machen.
une pause [ynpoz]	eine Pause	**On fait une petite pause.** Wir machen eine kleine Pause.
descendre [desɑ̃dʀ]	hinuntergehen; aussteigen	**Tout le monde descend!** Alle aussteigen!
tout à coup [tutaku]	plötzlich	
un loup [ɛ̃lu]	ein Wolf	Das **-p** am Ende spricht man nicht, wie auch bei **tout à coup**.

Les loups de Chabrières [leludəʃabʀjɛʀ]	*Tierpark in der Nähe von Limoges, in dem Wölfe gehalten werden*	
joli/jolie [ʒɔli]	hübsch	**La maison de Louise est jolie.** Louises Haus ist hübsch.
une faim de loup *(fam.)* [ynfɛ̃dəlu]	ein Bärenhunger *(ugs.)*	**J'ai une faim de loup.** Ich hab' einen Bärenhunger.
un plat [ɛ̃pla]	ein Gericht; ein Gang *(beim Essen)*	**le plat du jour** das Tagesgericht
A6 **une couleur** [ynkulœʀ]	eine Farbe	englisch: **coulour**
blanc/blanche [blɑ̃/blɑ̃ʃ]	weiß	**La voiture des Chabane n'est pas blanche, elle est bleue.** Das Auto der Chabanes ist nicht weiß, es ist blau.

■▮ Vis-à-vis

Bleu, blanc, rouge sind die Farben der französischen Flagge. Diese Farben werden bei vielen öffentlichen Feierlichkeiten verwendet.

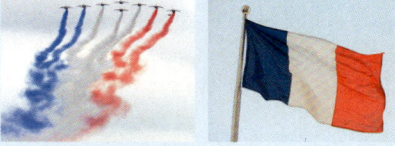

noir/noire [nwaʀ]	schwarz	**noir, noire:** Die Aussprache ist dieselbe, die Schreibung nicht.

	gris/grise [gʀi/gʀiz]	grau	une voiture grise: Achte auf die stimmhafte Aussprache der femininen Form.
	jaune/jaune [ʒon]	gelb	Im Singular immer **jaune**, im Plural immer **jaunes**, egal ob maskulin oder feminin.
A10	**un poème** [ɛ̃pɔɛm]	ein Gedicht	englisch: **poem**
Atelier B1	**un boulevard** [ɛ̃bulvaʀ]	ein Boulevard	
	Boulevard Louis Blanc [bulvaʀlwiblɑ̃]	*große Straße in Limoges*	
	dire qc à qn [diʀ]	jemandem etwas sagen	**Qu'est-ce que tu dis?** Was sagst du?

> ⚠️ **dire:** je dis, tu dis, il/elle/on dit, nous **disons**, vous **dites**, ils/elles **disent**

	la porcelaine [lapɔʀsələn]	das Porzellan	
	surtout [syʀtu]	vor allem	
	Saint-Aurélien [sɛ̃tɔʀeljɛ̃]	der heilige Aurelius (*Name eines Heiligen und einer ihm geweihten Kapelle in Limoges*)	
	la place Saint-Pierre [laplassɛ̃pjeʀ]	*Name eines Platzes in Limoges*	
	un bal [ɛ̃bal]	ein Ball; ein Fest	
	rester [ʀɛste]	bleiben	**On reste ici.** Wir bleiben hier.
	danser [dɑ̃se]	tanzen	**Il y a un bal. On va danser?** Da ist ein Fest. Gehen wir tanzen? → **une danse** (ein Tanz)
	donner qc à qn [dɔne]	jemandem etwas geben	**Donne la main à ton petit frère, s'il te plaît!** Gib deinem kleinen Bruder bitte die Hand.

> ⚠️ **qc** und **qn** sind «Platzhalter», die zeigen, wie man das Verb verwendet. Im Beispielsatz steht **la main** für **qc** und **à ton petit frère** steht für **à qn.** Lerne diese Platzhalter immer mit!

	parler à qn [paʀle]	mit jemandem sprechen	**Noah parle à Marie.** Noah spricht mit Marie.
	une casquette [ynkaskɛt]	eine Kappe; eine Schirmmütze	
	demander (qc) à qn [dəmɑ̃de]	jemanden (nach etwas) fragen; jemanden (um etwas) bitten; etw. von jdm. verlangen	**Il demande une danse à Marie.** Er bittet Marie um einen Tanz.
	entre [ɑ̃tʀ]	zwischen	**C'est un jeu entre les deux frères.** Es ist ein Spiel zwischen den beiden Brüdern.
	montrer qc à qn [mɔ̃tʀe]	jemandem etwas zeigen	
	autre/autre [otʀ]	anderer/andere/anderes	**L'autre garçon est le frère de Noah.** Der andere Junge ist Noahs Bruder.
	aider qn [ede]	jemandem helfen	**Clara veut aider Elsa.** Clara will Elsa helfen.
	Quoi? [kwa]	Was?	**Quoi? Qu'est-ce que tu dis?** Was? Was sagst du?
	un éléphant [ɛ̃nelefɑ̃]	ein Elefant	

B 6

la **pop** [lapɔp]	der Pop	
le **hip-hop** [lə'ipɔp]	der Hip-Hop	
préféré/préférée [pʀefeʀe]	bevorzugt; Lieblings-	**Tu as un groupe préféré?** Hast du eine Lieblingsgruppe?
un **texte** [ɛ̃tɛkst]	ein Text	
un **piano** [ɛ̃pjano]	ein Klavier; ein Piano	**Tu fais du piano?** Spielst du Klavier?
un **accordéon** [ɛ̃nakɔʀdeɔ̃]	ein Akkordeon	**Moi, je fais de l'accordéon.** Ich spiele Akkordeon.

Atelier C 1

un **courriel** [ɛ̃kuʀjɛl]	eine E-Mail	**Chère Marie,** **Merci pour ton courriel …** Liebe Marie, danke für deine Mail …
cher/chère [ʃɛʀ]	Lieber …/Liebe … *(Anrede)*; teuer	

> **!** Mit **Cher …,/Chère …,** beginnt man Briefe und E-Mails an Leute, die man gut kennt. Nach der Anrede beginnt im Französischen das nächste Wort mit einem Großbuchstaben.

enfin [ɑ̃fɛ̃]	endlich; schließlich	**Je trouve enfin le temps de répondre à ton courriel.** Endlich finde ich die Zeit, deine E-Mail zu beantworten.
peu de + *Nomen* [pødə]	wenig(e)	**peu de BD** ↔ **beaucoup de** (viel/viele) wenig Comics
ne … plus de + *Nomen* [nə … plydə]	kein/keine … mehr	**Je n'ai plus de gâteau.** Ich habe keinen Kuchen mehr.
beaucoup de + *Nomen* [bokudə]	viel(e)	**beaucoup de gens** ↔ **peu de** (wenig/wenige) viele Leute/Menschen
ne … pas de + *Nomen* [nə … padə]	kein/keine	**Je n'ai pas de chien.** Ich habe keinen Hund.
combien de + *Nomen* [kɔ̃bjɛ̃]	wie viel	**Combien de jours de vacances est-ce que tu as, en juillet?** Wie viele Ferientage hast du im Juli?
j'aimerais faire qc [ʒɛmʀɛ]	ich würde gern (etw. tun)	**J'aimerais aller à Paris.** Ich würde gerne nach Paris fahren.
rencontrer qn [ʀɑ̃kɔ̃tʀe]	jemanden treffen; jemandem begegnen	Nicht verwechseln mit **raconter qc** (etwas erzählen).
une **chose** [ynʃoz]	eine Sache; ein Ding	**Ici, il y a beaucoup de choses à faire.**
oublier qc [ublije]	etwas vergessen	**N'oublie pas tes amis.** Vergiss deine Freunde nicht.

AUF EINEN BLICK

Les adjectifs   männlich und weiblich

Singular *(m.)/(f.)*	Plural *(m.)/(f.)*	Singular *(m.)/(f.)*	Plural *(m.)/(f.)*
content / contente	contents / contentes	français / française	français / françaises
petit / petite	petits / petites	gris / grise	gris / grises
allemand / allemande	allemands / allemandes	bizarre	bizarres
bon / bonne	bons / bonnes	classique	classiques
blanc / blanche	blancs / blanches	fantastique	fantastiques

préféré / préférée	préférés / préférées	jaune	jaunes
long / longue	longs / longues	rouge	rouges
joli / jolie	jolis / jolies	sympa	sympas
bleu / bleue	bleus / bleues	triste	tristes
noir / noire	noirs / noires	*Unveränderlich:* super, cool

MON DICO PERSONNEL

Faire la fête   singen, tanzen, essen, trinken …

la musique	die Musik	**un sketch** [ɛ̃skɛtʃ]	ein Sketch
les amis / les copains	die Freunde	**des sandwichs** *(m.)* [desãdwi(t)ʃ]	Sandwichs
chanter	singen	**des boissons** *(f.)* [debwasɔ̃]	Getränke
danser	tanzen	**des tartes flambées** *(f.)* [detaʁtflãbe]	Flammkuchen
fêter	feiern	**des pizzas** *(f.)* [depidza]	Pizzas
des gâteaux	Kuchen	**des chips** *(f.)* [deʃips]	Chips

Unité 7   P comme … papa à Paris!

TIPP

Schreibe besonders wichtige Wörter auf **Klebezettel**. Klebe den Zettel an einen gut sichtbaren Platz, an dem du regelmäßig vorbeikommst. So lernst du Wörter quasi **im Vorübergehen**.

TU TE RAPPELLES?

vraiment	wirklich	**tout le monde**	alle, jeder
déjà	schon	**enfin**	schließlich, endlich
surtout	vor allem	**prendre une photo**	ein Foto machen

Atelier DE

une semaine [ynsəmɛn]	eine Woche	Die Wochentage findest du auf S. 181.
un reportage [ɛ̃ʁəpɔʁtaʒ]	eine Reportage	französisch: **un** reportage, deutsch: **eine** Reportage
une ville [ynvil]	eine Stadt	
un assistant / une assistante [ɛ̃nasistã/ynasistãt]	ein Assistent / eine Assistentin	französisch: l'assist**a**nt, deutsch: der Assist**e**nt
visiter qc [vizite]	etwas besichtigen	englisch: **to visit**

| **un endroit** [ɛ̃nãdʁwa] | ein Ort | **Nous allons visiter les endroits intéressants.** Wir werden die interessanten Orte besichtigen. **Achte auf die** *liaison:* **les endroits** [lezãdʁwa]. |

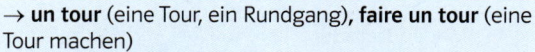

un **touriste**/une **touriste** [ɛ̃tuʀist/yntuʀist]	ein Tourist/eine Touristin	→ un **tour** (eine Tour, ein Rundgang), **faire un tour** (eine Tour machen)	
un **journaliste**/une **journaliste** [ɛ̃ʒuʀnalist/ynʒuʀnalist]	ein Journalist/eine Journalistin	→ un **journal**/des **journaux** (eine Zeitung/Zeitungen)	
le **Louvre** [ləluvʀ]	der Louvre	**Le Louvre est un grand musée à Paris.** Der Louvre ist ein großes Museum in Paris.	
un **musée** [ɛ̃myze]	ein Museum		
une **cathédrale** [ynkatedʀal]	eine Kathedrale		
Notre-Dame [nɔtʀədam]	Notre-Dame (Kathedrale im Zentrum von Paris)		
une **église** [ynegliz]	eine Kirche		
une **tour** [yntuʀ]	ein Turm	une **tour** (ein Turm), un **tour** (eine Tour) englisch: **tower**	
la **Défense** [ladefɑ̃s]	Stadtteil von Paris		
la **Grande Arche** [lagʀɑ̃daʀʃ]	modernes Bürogebäude im Stadtteil La Défense		
moderne [mɔdɛʀn]	modern	**La Défense est un quartier moderne à Paris.** La Défense ist ein modernes Stadtviertel in Paris.	
l'**Arc de triomphe** (m.) [laʀkdətʀijɔ̃f]	der Arc de triomphe (Triumpfbogen)		
un **monument** [ɛ̃mɔnymɑ̃]	ein Denkmal; ein Monument	englisch: **monument**	
célèbre/**célèbre** [selɛbʀ]	berühmt	**L'Arc de triomphe est un monument célèbre.** Der Arc de triomphe ist ein berühmtes Monument.	

l'Arc de triomphe   le Louvre

Notre-Dame   La Défense

Atelier A1

quel/**quelle**/**quels**/**quelles** [kɛl]	welcher/welche/welches (Fragebegleiter)	**Quelle heure est-il?** Wie spät ist es? (wörtlich: Welche Stunde ist es?)	
un **nom** [ɛ̃nɔ̃]	ein Name	**Quel est le nom de ces endroits?** Wie heißen diese Orte?	
ce/**cet**/**cette**/**ces** [sə/sɛt/sɛt/se]	dieser/diese/dieses (Demonstrativbegleiter)		

> ❗ **ce musée** (m.) dieses Museum, **cet_endroit** (m.) dieser Ort, **cette_église** (f.) diese Kirche, **ces_endroits** (m.) (pl.), diese Orte, **ces_églises** (f.) (pl.) diese Kirchen

une **réponse** [ynʀepɔ̃s]	eine Antwort	**poser une question à qn, donner une réponse à qn** jdm. eine Frage stellen, jdm. eine Antwort geben → **répondre à qn/qc** (jdm./auf etw. antworten)	
un **arbre** [ɛ̃naʀbʀ]	ein Baum	**Dans le parc, il y a des arbres.** Im Park gibt es Bäume.	
un **fan**/une **fan** [ɛ̃fan/ynfan]	ein Fan	**Tu es fan de Bayern München?** Bist du Fan von Bayern München?	

la place du Trocadéro [laplasdytʀɔkadeʀo]	*Platz und Metro-station in Paris*	
une personne [ynpɛʀsɔn]	eine Person	
A 3 **la tour Eiffel** [latuʀɛfɛl]	der Eiffelturm	
intéresser qn [ɛ̃teʀese]	jdn. interessieren	**Un tour à la tour Eiffel, ça t'intéresse?** Ein Ausflug auf den Eiffelturm, interessiert dich das?
Versailles [vɛʀsaj]	*Stadt westlich von Paris, in der ein großes und welt-berühmtes Schloss steht.*	**On prend le train pour aller à Versailles?** Nehmen wir den Zug, um nach Versailles zu fahren?

Station 1 Bonjour de Paris!

Atelier **B 1** **lire** qc [liʀ]	etwas lesen	**Ma mère lit le journal.** Meine Mutter liest die Zeitung.
❗ **lire: je lis, tu lis, il/elle/on lit, nous lisons, vous lisez, ils/elles lisent**		
un guide/une guide [ɛ̃gid/yngid]	ein Führer/eine Führerin	englisch: **guide**
la vue [lavy]	die Aussicht	
écrire qc à qn [ekʀiʀ]	jemandem etwas schreiben	**J'écris une carte postale à ma grand-mère.** Ich schreibe meiner Großmutter eine Postkarte.
❗ **écrire: j'écris, tu écris, il/elle/on écrit, nous écrivons, vous écrivez, ils/elles écrivent**		
une carte [ynkaʀt]	eine Karte	
une carte postale [ynkaʀtpɔstal]	eine Postkarte; eine Ansichtskarte	
un restaurant [ɛ̃ʀɛstɔʀɑ̃]	ein Restaurant	
une boutique [ynbutik]	eine Boutique; ein Ladengeschäft	
un souvenir [ɛ̃suvniʀ]	eine Erinnerung; ein Andenken	**Dans cette boutique, on peut acheter des souvenirs.** In diesem Laden kann man Andenken kaufen.
peut-être [pøtɛtʀ]	vielleicht	
un bureau [ɛ̃byʀo]	ein Büro; ein Schreibtisch; *hier:* ein Arbeitszimmer	**Nous allons peut-être visiter le bureau de Gustave Eiffel.** Wir werden vielleicht das Büro von Gustave Eiffel besichtigen.
Eiffel, Gustave [gystavɛfɛl]	*französischer Ingenieur, 1832–1923, Konstrukteur des Eiffelturms*	
avant [avɑ̃]	vor *(zeitlich)*; vorher	**D'accord, mais avant, nous allons manger quelque chose.** Einverstanden, aber vorher gehen wir etwas essen.
un texto [ɛ̃tɛksto]	eine SMS	**Nous écrivons des textos à nos copains.** Wir schreiben SMS an unsere Freunde.
B 3 **papi** *(fam.)* [papi]	Opi *(ugs.)*	
mamie *(fam.)* [mami]	Omi *(ugs.)*	

Comment allez-vous? [kɔmɑ̃talevu]	Wie geht es euch/Ihnen?	

> ⚠ **Brief/Mail/Postkarte:** Nach der Anrede beginnt im Französischen das nächste Wort mit einem Großbuchstaben.

génial/géniale [ʒenjal]	super; genial
un bisou *(fam.)* [ɛ̃bizu]	ein Küsschen; ein Busserl *(ugs.)*
la Joconde [laʒɔkɔ̃d]	Mona Lisa *(Gemälde von Leonardo da Vinci, das im Louvre hängt)*
une bise *(fam.)* [ynbiz]	ein Kuss; ein Küsschen

🇫🇷 **Vis-à-vis**

La bise ist ein angedeuteter Kuss auf beide Wangen. Mit einer **bise** begrüßen sich in Frankreich Verwandte und gute Bekannte. Am Ende eines Briefes oder einer Karte verwendet man als Grußformel **Bises, Bisous** (noch vertrauter) oder **Grosses bises** (Viele Grüße und Küsse).

Coucou! [kuku]	Kuckuck!; Hallo!
Grosses bises [gʀɔsbiz]	Viele Grüße und Küsse

Cher papi et chère mamie,
Comment allez-vous?
Lieber Opi und liebe Omi,
wie geht es euch?

Le Louvre, c'est génial.
Der Louvre ist super.

faire la bise à qn
jemandem einen (Begrüßungs-)Kuss geben

Station 2 Paris, ça bouge!

Atelier C1

bouger [buʒe]	sich bewegen

> ⚠ **bouger:** je bouge, tu bouges, il/elle/on bouge, nous bougeons, vous bougez, ils/elles bougent; j'ai bougé

pouvoir faire qc [puvwaʀ]	etw. tun können

> ⚠ **pouvoir:** je peux, tu peux, il/elle/on peut, nous pouvons, vous pouvez, ils/elles peuvent

faire attention [fɛʀatɑ̃sjɔ̃]	aufpassen; Acht geben
un bol [ɛ̃bɔl]	ein Bol *(eine Trinkschale)*
le petit-déjeuner [ləpətideʒœne]	das Frühstück
adorer qn/qc [adɔʀe]	jemanden/etwas sehr gern mögen
une baguette [ynbagɛt]	ein Baguette
une tartine [yntaʀtin]	eine Scheibe Brot mit Aufstrich
vouloir faire qc [vulwaʀ]	etw. tun wollen

> ⚠ **vouloir:** je veux, tu veux, il/elle/on veut, nous voulons, vous voulez, ils/elles veulent

---

Konjugation wie manger und ranger.

Qu'est-ce qu'on peut faire à Paris?
Was kann man in Paris machen?

Faites attention, s'il vous plaît.
Passt bitte auf./Passen Sie bitte auf.

englisch: **bowl**

prendre le petit-déjeuner
frühstücken

Léo adore le petit-déjeuner avec son père.
Léo mag das Frühstück mit seinem Vater sehr gern.

Mmh, la baguette est bonne.
Mmh, das Baguette ist gut.

Qu'est-ce que tu veux faire aujourd'hui?
Was willst du heute machen?

un bateau/des **bateaux** [ɛ̃bato/debato]	ein Boot; ein Schiff	
un bateau-mouche [ɛ̃batomuʃ]	ein *Vergnügungsschiff auf der Seine*	**Le père de Léo veut faire un tour en bateau-mouche.** Léos Vater will eine Fahrt auf einem Vergnügungsschiff machen.
la Seine [lasɛn]	die Seine *(Fluss, der durch Paris fließt)*	
un site (Internet) [ɛ̃sit(ɛ̃tɛʀnɛt)]	eine Internetseite	
Internet *(m.)* [ɛ̃tɛʀnɛt]	das Internet	**On va sur Internet.** Wir gehen ins Internet. Im Französischen steht **Internet** ohne Artikel.
faire un tour en segway [fɛʀɛ̃tuʀɑ̃sɛgwɛ]	eine Segway-Tour machen	
on pourrait [ɔ̃puʀɛ]	man könnte	**On pourrait faire ça, non?** Das könnten wir machen, oder?
si [si]	wenn; falls	**Si tu veux.** Wenn du willst.
le Centre Pompidou [ləsɑ̃tʀəpɔ̃pidu]	*Kunst- und Kulturzentrum in Paris*	
Patatras! [patatʀa]	Bumms!	**Patatras! M. Pirou tombe!** Bumms! Herr Pirou fällt hin.
il n'en peut plus [ilnɑ̃pøply]	er kann nicht mehr; er kann es nicht fassen	**Léo n'en peut plus!** Léo kann es nicht fassen.
un guide/**une guide** [ɛ̃gid/yngid]	ein Führer/eine Führerin	Im Französischen und Englischen gleich geschrieben.
une fois [ynfwa]	einmal	**Je vous montre encore une fois comment faire.** Ich zeige euch/Ihnen noch einmal, wie es geht.
(je suis) désolé/désolée [dezole]	es tut mir leid	
depuis [dəpɥi]	seit	**Je fais ça depuis trois mois.** Ich mache das seit drei Monaten.

Station 3 Des millions de kilomètres

Atelier D1	**un million** [ɛ̃miljɔ̃]	eine Million	**des millions de …** Millionen von …
	un kilomètre [ɛ̃kilɔmɛtʀ]	ein Kilometer	
	tôt *(adv.)* [to]	früh *(Adv.)*	**très tôt** (sehr früh), **trop tôt** (zu früh) ↔ **tard** (spät)
	un bus [ɛ̃bys]	ein Bus	
	une station [ynstasjɔ̃]	eine Station; eine Haltestelle	
	le métro [ləmetʀo]	die Metro; die U-Bahn	**une station de métro** eine Metrostation
	fatigué/fatiguée [fatige]	müde	**Il est sept heures, Léo est encore fatigué.** Es ist sieben Uhr, Léo ist noch müde.

par jour [paʀʒuʀ]	pro Tag; täglich *(Adv.)*	**une fois par jour** ein Mal am Tag/ein Mal täglich
un moyen de transport [ɛ̃mwajɛ̃dətʀɑ̃spɔʀ]	ein Verkehrsmittel	
un peu [ɛ̃pø]	ein wenig	**Les gens sont un peu bizarres, tu ne trouves pas?** Die Leute sind ein bisschen komisch, findest du nicht?

D2 **en train** [ɑ̃tʀɛ̃] — mit dem Zug

> ❗ **en train** mit dem Zug, **en bus** mit dem Bus, **en métro** mit der U-Bahn, **en voiture** mit dem Auto, **à vélo** auch **en vélo** mit dem Fahrrad, **à pied** zu Fuß.

la gare de l'Est [lagaʀdəlɛst]	der Gare de l'Est *(der Ostbahnhof)*	
un ticket [ɛ̃tikɛ]	ein Fahrschein; eine Fahrkarte	[ɛ̃tikɛ] Das **-t** am Ende spricht man nicht.
l'arrivée *(f.)* [laʀive]	die Ankunft	Wenn du ein Wort aus einer «Wortfamilie» kennst, kannst du die Bedeutung anderer Wörter aus der gleichen Familie erschließen. → **arriver** (ankommen) → **l'arrivée** (die Ankunft)
le Batobus [ləbatobys]	*Verkehrsmittel auf der Seine*	**On attend l'arrivée du batobus.** Wir warten auf die Ankunft des Batobus. → **un bateau** (ein Schiff, ein Boot)

écologique/écologique [ekɔlɔʒik] — ökologisch; umweltfreundlich

> 🇫🇷🇫🇷 **Vis-à-vis**
>
> In Paris und anderen Städten Frankreichs gibt es an Bahnhöfen und anderen Plätzen die Möglichkeit, Fahrräder zu mieten. Dieses umweltfreundliche Angebot heißt **Vélib'**.

D3 **un billet** [ɛ̃bijɛ]	eine Fahrkarte	**un billet de train, un billet d'entrée** eine Zugfahrkarte, eine Eintrittskarte
changer de train [ʃɑ̃ʒedətʀɛ̃]	umsteigen	**Je change de train à Stuttgart.** Ich steige in Stuttgart um.
demain matin [dəmɛ̃matɛ̃]	morgen früh	
D4 **un avion** [ɛ̃navjɔ̃]	ein Flugzeug	**en avion** mit dem Flugzeug

Liste des mots

Die *Liste des mots* enthält den Lernwort-schatz aus den *Unités*. Wörter, die innerhalb von *Lire*-Aufgaben erschlossen werden sollen, grammatische Basiswörter wie z. B. die Subjektpronomen *je, tu* … sowie Zahlen werden in der folgenden Liste nicht aufgeführt.
Die Fundstellen verweisen auf das erst-malige Vorkommen der Wörter wie z. B.:

une **affaire** I3A, 3

Band **1**, Unité **3**, Atelier **A**, Nummer **3**.

Weitere Abkürzungen:
DE = Einstiegsseite *Découvertes*
A = Atelier A   **B** = Atelier B
C = Atelier C
Grau gesetzte Wörter sind fakultativ und werden nicht als bekannt vorausgesetzt.

A

à (Paris) [a] in (Paris); nach (Paris) I2DE
A plus! *(fam.)* [aplys] Bis später! I0, 1 Bis später! I5A, 1
Il/Elle est à qui? [ilɛtaki/ɛlɛtaki] Wem gehört er/sie/es? I4A, 3
un **accordéon** [ɛ̃nakɔʀdeɔ̃] ein Akkordeon I6B, 6
acheter qc [aʃte] etw. kaufen I3A, 2
une **activité** [ynaktivite] eine Freizeitbeschäf-tigung I5DE
adorer qn/qc [adɔʀe] jemanden/etwas sehr gern mögen I7C, 1
une **affaire** [ynafɛʀ] eine Angelegenheit; eine Sache I3A, 3
une **affiche** [ynafiʃ] ein Plakat; ein Poster I2DE
l'**âge** *(m.)* [laʒ] das Alter I3B, 9
Tu as quel âge? [tyakɛlaʒ] Wie alt bist du? I3B, 9
aider qn [ede] jdm. helfen I6B, 1
Aïe! [aj] Aua! I4DE
aimer qn/qc [eme] jdn./etw. lieben; jdn./etw. mögen I2B, 2
j'aimerais faire qc [ʒɛmʀɛ] ich würde gern (etw. tun) I6C, 1
l'**allemand** *(m.)* [lalmɑ̃] Deutsch *(Schulfach)* I4DE
allemand/allemande [almɑ̃/almɑ̃d] deutsch I3A, 3
en allemand [ɑ̃nalmɑ̃] auf Deutsch I3A, 3
aller [ale] fahren; gehen I4A, 3
aller faire qc [alefɛʀ] etw. tun werden I5A, 1

Allô? [alo] Hallo? *(am Telefon)* I3A, 3
alors [alɔʀ] dann; jetzt; nun I2B, 2
un **ami**/une **amie** [ɛ̃nami/ynami] ein Freund/ eine Freundin I0, 1 I2A, 3
un **an** [ɛ̃nɑ̃] ein Jahr I3B, 1
le nouvel an [lənuvɛlɑ̃] Neujahr ⟨I3P⟩
avoir onze ans [avwaʀɔ̃zɑ̃] elf Jahre alt sein I3B, 1
l'**anglais** *(m.)* [lɑ̃glɛ] Englisch ⟨I4P⟩
un **animal**/des **animaux** [ɛ̃nanimal/dezanimo] ein Tier/Tiere I1B, 1
une **année** [ynane] ein Jahr *(im Verlauf)* I3B, 7
un **anniversaire** [ɛ̃nani.vɛʀsɛʀ] ein Geburtstag I3DE
août *(m.)* [ut] August I3B, 7
un **appartement** [ɛ̃napaʀtmɑ̃] eine Wohnung I5A, 3
il s'appelle [ilsapɛl] er heißt I3B, 9
je m'appelle [ʒəmapɛl] ich heiße I0, 2
Tu t'appelles comment? [tytapɛlkɔmɑ̃] Wie heißt du? I1A, 1
après [apʀɛ] danach; nach I4A, 1
l'**après-midi** *(m.) (f.)* [lapʀɛmidi] der Nachmit-tag; nachmittags I5A, 3
un **arbre** [ɛ̃naʀbʀ] ein Baum I7A, 1
l'**arrivée** *(f.)* [laʀive] die Ankunft I7D, 2
arriver [aʀive] ankommen; kommen I2DE
un **arrondissement** [ɛ̃naʀɔ̃dismɑ̃] ein Arron-dissement *(ein Verwaltungsbezirk)* I5DE
les **arts** plastiques *(m.) (pl.)* [lezaʀplastik] Kunst *(als Schulfach)* ⟨I4P⟩
un **assistant**/une **assistante** [ɛ̃nasistɑ̃/ ynasistɑ̃t] ein Assistent/eine Assistentin I7DE
l'**athlétisme** *(m.)* [latletism] die Leichtathletik I5A, 3
attendre qn/qc [atɑ̃dʀ] auf jdn./etw. warten; jdn./etw. erwarten I6A, 2
Attention! [atɑ̃sjɔ̃] Achtung!; Vorsicht! I1A, 1
aujourd'hui [oʒuʀdɥi] heute I3A, 1
aussi [osi] auch I1B, 1
autre/autre [otʀ] anderer/andere/anderes I6B, 1
avant [avɑ̃] vor *(zeitlich)*; vorher I7B, 1
avec [avɛk] mit I2DE
une **avenue** [ynavny] eine Straße I5DE
un **avion** [ɛ̃navjɔ̃] ein Flugzeug I7D, 3
avoir [avwaʀ] haben I3B, 1
avoir envie de faire qc [avwaʀɑ̃vi] Lust haben, etwas zu tun I3B, 1
avoir faim [avwaʀfɛ̃] Hunger haben I3B, 1
avoir mal [avwaʀmal] Schmerzen haben I5B, 3
avoir onze ans [avwaʀɔ̃zɑ̃] elf Jahre alt sein I3B, 1

avoir raison [avwaʀʀɛzɔ̃] Recht haben I4B, 4
avoir soif [avwaʀswaf] Durst haben I5C, 1
avril *(m.)* [avʀil] April I3B, 7

B

une **baguette** [ynbagɛt] ein Baguette I7C, 1
un **bal** [ɛ̃bal] ein Ball; ein Fest I6B, 1
un **ballon** [ɛ̃balɔ̃] ein Ball ⟨I1A, 5⟩
un **baptême** [ɛ̃batɛm] eine Taufe ⟨I3P⟩
le **basket(ball)** [ləbaskɛtbol] Basketball ⟨I2P⟩ ⟨I5A, 5⟩
un **bateau**/des **bateaux** [ɛ̃bato/debato] ein Boot; ein Schiff I7C, 1
un **bateau-mouche** [ɛ̃batomuʃ] *Vergnügungs-schiff auf der Seine* I7C, 1
une **BD** [ynbede] ein Comic I2DE
beaucoup [boku] viel I5B, 2
beaucoup de (+ *Nomen*) [bokudə] viel(e) I6C, 1
une **bibliothèque** [ynbiblijɔtɛk] eine Bücherei ⟨I5P⟩
bien *(adv.)* [bjɛ̃] gut *(Adv.)* I0, 1
Bien sûr! [bjɛ̃syʀ] Na klar!; Selbstverständ-lich!; Sicherlich! I3A, 2
bientôt [bjɛ̃to] bald I3A, 1
Bienvenue! [bjɛ̃vny] Willkommen! I0, 1
un **billet** [ɛ̃bijɛ] eine Fahrkarte I7D, 3
une **bise** *(fam.)* [ynbiz] ein Kuss; ein Küss-chen I7B, 3
Grosses bises [gʀosbiz] Viele Grüße und Küsse I7B, 3
un **bisou** *(fam.)* [ɛ̃bizu] ein Busserl *(ugs.)*; ein Küsschen I7B, 3
bizarre [bizaʀ] komisch; merkwürdig I1B, 2
blanc/blanche [blɑ̃/blɑ̃ʃ] weiß I6A, 6
bleu/bleue [blø] blau I6A, 2
Bof! *(fam.)* [bɔf] Ach. *(ugs.)*; Na ja. *(ugs.)* I1B, 6
une **boisson** [ynbwasɔ̃] ein Getränk ⟨I6P⟩
un **bol** [ɛ̃bɔl] ein Bol *(eine Trinkschale)* I7C, 1
bon/bonne [bɔ̃/bɔn] gut I6A, 1
Ah, bon? [abɔ̃] Ach ja?; Wirklich? I3A, 1
Bonne journée! [bɔnʒuʀne] Einen schönen Tag! I5C, 5
un **bonbon** [ɛ̃bɔ̃bɔ̃] ein Bonbon ⟨I1A, 5⟩
Bonjour! [bɔ̃ʒuʀ] Guten Tag!; Grüß Gott! I0, 1
bouger [buʒe] sich bewegen I7C, 1
une **bougie** [ynbuʒi] eine Kerze I3A, 3
une **boulangerie** [ynbulɑ̃ʒʀi] eine Bäckerei I5B, 1
un **boulevard** [ɛ̃bulvaʀ] ein Boulevard I6B, 1
une **boutique** [ynbutik] eine Boutique; ein Ladengeschäft I7B, 1
le **bruit** [ləbʀɥi] das Geräusch; der Lärm I5A, 3

un **bureau** [ɛ̃byʀo] ein Arbeitszimmer; ein Büro; ein Schreibtisch **I7B**, 1

un **bus** [ɛ̃bys] ein Bus **I7D**, 1

une **buvette** [ynbyvɛt] ein Getränkestand, ein Imbissstand **I5DE**

C

ça (Kurzform von cela) [sa] das **I2B**, 2
Ça va? [sava] Wie geht's? **I0**, 1

un **cadeau**/des **cadeaux** [ɛ̃kado/dekado] ein Geschenk **I3A**, 1

un **café** [ɛ̃kafe] ein Café **I5B**, 1

un **cahier** [ɛ̃kaje] ein Heft **I2A**, 1

un **canari** [ɛ̃kanaʀi] ein Kanarienvogel ⟨I1P⟩

une **cantine** [ynkɑ̃tin] eine Kantine; **I4DE**

un **carrefour** [ɛ̃kaʀfuʀ] eine Kreuzung **I5B**, 1

un **cartable** [ɛ̃kaʀtabl] eine Schultasche ⟨I2A, 1⟩

une **carte** [ynkaʀt] eine Karte **I7B**, 1
une carte postale [ynkaʀtpɔstal] eine Ansichtskarte; eine Postkarte **I7B**, 1

un **carton** [ɛ̃kaʀtɔ̃] ein Karton **I2A**, 3

une **casquette** [ynkaskɛt] eine Kappe; eine Schirmmütze **I6B**, 1

une **catastrophe** [ynkatastʀɔf] eine Katastrophe **I2A**, 3

une **cathédrale** [ynkatedʀal] eine Kathedrale **I7DE**

un **CD**/des **CD** [ɛ̃sede/desede] eine CD/CDs **I3A**, 1

un **CDI** [ɛ̃sedei] ein CDI **I4DE**

ce/cet/cette/ces [sə/sɛt/sɛt/se] dieser/diese/dieses (Demonstrativbegleiter) **I7A**, 1
c'est [sɛ] das ist **I1A**, 1
C'est ça? [sɛsa] Stimmt's? **I3B**, 1

ce/c' [sə] das **I1A**, 1
ce soir [səswaʀ] heute Abend **I5A**, 1

célèbre/célèbre [selɛbʀ] berühmt **I7DE**

un **centime** [ɛ̃sɑ̃tim] ein Cent **I5C**, 1

une **chaise** [ynʃɛz] ein Stuhl

une **chambre** [ynʃɑ̃bʀ] ein (Schlaf-)Zimmer **I3A**, 3
une chambre d'enfant [ynʃɑ̃bʀdɑ̃fɑ̃] ein Kinderzimmer ⟨I5A, 3⟩

un **champion**/une **championne** [ɛ̃ʃɑ̃pjɔ̃/ynʃɑ̃pjɔn] ein Champion; ein Meister/eine Meisterin **I5B**, 3

changer de train [ʃɑ̃ʒedtʀɛ̃] umsteigen **I7D**, 3

une **chanson** [ynʃɑ̃sɔ̃] ein Lied **I1B**, 2

chanter [ʃɑ̃te] singen **I3B**, 1

un **chanteur**/une **chanteuse** [ɛ̃ʃɑ̃tœʀ/ynʃɑ̃tøz] ein Sänger/eine Sängerin **I6DE**

un **chat** [ɛ̃ʃa] eine Katze **I1B**, 1

cher/chère [ʃɛʀ] Lieber …/Liebe … (Anrede); teuer **I6C**, 1

chercher qn/qc [ʃɛʀʃe] jdn./etw. suchen **I2DE**

un **cheval**/des **chevaux** [ɛ̃ʃəval/deʃəvo] ein Pferd/Pferde ⟨I1P⟩

chez qn [ʃe] bei jdm. **I4A**, 1

un **chien** [ɛ̃ʃjɛ̃] ein Hund **I1B**, 1

des **chips** (f.) [deʃips] Chips ⟨I6P⟩

une **chose** [ynʃoz] ein Ding; eine Sache **I6C**, 1
quelque chose [kɛlkəʃoz] etwas **I4B**, 4

Chut! [ʃyt] Pst! **I2A**, 3

un **cinéma** [ɛ̃sinema] ein Kino ⟨I2P⟩

une **classe** [ynklas] eine Klasse **I4DE**

un **classeur** [ɛ̃klasœʀ] ein Ordner ⟨I2A, 1⟩

classique [klasik] klassisch **I2B**, 7

une **clé** [ynkle] ein Schlüssel **I4A**, 3
une clé USB [ynkleyɛsbe] ein USB-Stick **I4A**, 3

un **client**/une **cliente** [ɛ̃klijɑ̃/ynklijɑ̃t] ein Kunde/eine Kundin **I5C**, 5

cliquer [klike] klicken **I4B**, 4

un **club** de foot [ɛ̃klœbdəfut] ein Fußballverein ⟨I5P⟩

un **club** sportif [ɛ̃klœbspɔʀtif] ein Sportverein ⟨I5P⟩

un **coca** [ɛ̃kɔka] eine Cola **I5C**, 1

un **cochon** [ɛ̃kɔʃɔ̃] ein Schwein ⟨I1P⟩

un **cochon d'Inde** [ɛ̃kɔʃɔ̃dɛ̃d] ein Meerschweinchen ⟨I1P⟩

un **coiffeur**/une **coiffeuse** [ɛ̃kwafœʀ/ynkwaføz] ein Frisör/eine Frisörin ⟨I5P⟩

un **collège** [ɛ̃kɔlɛʒ] ein Collège **I4DE**

un **combat** [ɛ̃kɔ̃ba] ein Kampf **I5B**, 3

combien [kɔ̃bjɛ̃] wie viel **I5C**, 1
combien de (+ Nomen) [kɔ̃bjɛ̃] wie viel **I6C**, 1
Ça coûte combien? [sakutkɔ̃bjɛ̃] Wie viel kostet das? **I5C**, 1
Ça fait combien? [safɛkɔ̃bjɛ̃] Wie viel kostet das? **I5C**, 1

comme [kɔm] wie **I3A**, 3 als **I5A**, 6
comme ça [kɔmsa] auf diese Weise; so **I4B**, 4

commencer [kɔmɑ̃se] anfangen; beginnen **I4A**, 1

Comment? [kɔmɑ̃] Wie? (Fragewort) **I1A**, 1
Comment allez-vous? [kɔmɑ̃talevu] Wie geht es euch/Ihnen? **I7B**, 3

un **concert** [ɛ̃kɔ̃sɛʀ] ein Konzert **I6DE**

content/contente [kɔ̃tɑ̃/kɔ̃tɑ̃t] erfreut; froh; zufrieden **I6DE**

cool (fam.) (inv.) [kul] cool **I4B**, 4

un **copain**/une **copine** (fam.) [ɛ̃kɔpɛ̃/ynkɔpin] ein Freund/eine Freundin **I1B**, 2

une **copie** [ynkɔpi] eine Kopie **I4B**, 4

Coucou! [kuku] Hallo!; Kuckuck! **I7B**, 3

une **couleur** [ynkulœʀ] eine Farbe **I6A**, 6

un **couloir** [ɛ̃kulwaʀ] ein Flur; ein Gang ⟨I5A, 3⟩

une **cour** [ynkuʀ] ein (Schul-)Hof **I4DE**

un **courriel** [ɛ̃kuʀjɛl] eine E-Mail **I6C**, 1

un **cours** [ɛ̃kuʀ] eine Unterrichtsstunde **I4DE**

un **cousin**/une **cousine** [ɛ̃kuzɛ̃/ynkuzin] ein Cousin/eine Cousine **I3A**, 9

coûter [kute] kosten **I5C**, 1
Ça coûte combien? [sakutkɔ̃bjɛ̃] Wie viel kostet das? **I5C**, 1

un **crayon** [ɛ̃kʀɛjɔ̃] ein Bleistift **I2A**, 1

une **crêpe** [ynkʀɛp] Crêpe **I5C**, 1

un **croissant** [ɛ̃kʀwasɑ̃] ein Croissant ⟨I1A, 5⟩

une **cuisine** [ynkɥizin] eine Küche **I5A**, 3

le **cyclisme** [ləsiklism] das Radfahren ⟨I5A, 5⟩

D

une **dame** [yndam] eine Dame; eine Frau **I1B**, 4

dans [dɑ̃] in **I2A**, 3
dans la rue [dɑ̃laʀy] auf der Straße **I2A**, 3

la **danse** [ladɑ̃s] das Tanzen; der Tanz **I5A**, 5

danser [dɑ̃se] tanzen **I6B**, 1

de/d' [də] aus; von **I1B**, 1
de … à [də a] von … bis **I4A**, 2

décembre (m.) [desɑ̃bʀ] Dezember **I3B**, 1

déjà [deʒa] schon **I5A**, 3

demain [dəmɛ̃] morgen **I3A**, 3

demain matin [dəmɛ̃matɛ̃] morgen früh **I7D**, 3

demander (qc) à qn [dəmɑ̃de] etw. von jdm. verlangen; jdn. (nach etw.) fragen; jdn. (um etw.) bitten **I6B**, 1

demi/demie [dəmi] halb **I4A**, 1
sept heures et demie [sɛtœʀedəmi] Uhrzeit: halb acht Uhr **I4A**, 1

un **demi-frère** [ɛ̃dəmifʀɛʀ] ein Halbbruder ⟨I3A, 9⟩

une **demi-sœur** [yndəmisœʀ] eine Halbschwester ⟨I3A, 9⟩

depuis [dəpɥi] seit **I7C**, 1

derrière [dɛʀjɛʀ] hinter **I4B**, 10

descendre [desɑ̃dʀ] aussteigen; hinuntergehen **I6A**, 2

(je suis) **désolé/désolée** [dezole] es tut mir leid **I7C**, 1

un **dessin** [ɛ̃desɛ̃] eine Zeichnung ⟨I2P⟩

détester qn/qc [deteste] jdn./etw. verabscheuen **I2B**, 2

devant [dəvɑ̃] vor örtlich **I2B**, 2

les **devoirs** (m.) (pl.) [ledəvwaʀ] die (Haus)Aufgaben **I4B**, 4

un **diabolo** menthe [ɛ̃djabɔlomɑ̃t] ein Diabolo Menthe **I5C**, 1

dimanche (m.) [dimɑ̃ʃ] am Sonntag; Sonntag **I4B**, 1

dire qc à qn [diʀ] jdm. etw. sagen **I6B**, 1
il dit/elle dit [ildi/ɛldi] er sagt/sie sagt **I2A**, 3

discuter (de qc) [diskyte] (über etw.) diskutieren; sich (über etw.) unterhalten **I4A**, 3

le/la **dix-septième** [lə/ladisɛtjɛm] der, die, das siebzehnte **I5DE**

dommage [sɛdomaʒ] schade **I3A**, 3

donner qc à qn [dɔne] jdm. etw. geben **I6B**, 1

à **droite** [adʀwat] (nach) rechts **I5B**, 1

un **DVD** [ɛdevede] eine DVD **I3B**, 1

d'abord [dabɔʀ] zuerst **I3A**, 2

d'accord [dakɔʀ] einverstanden; o.k. **I2B**, 2

E

l'**E.P.S.** (Education physique et sportive) (f.) [ləpɛɛs] Sport (als Schulfach) ⟨**I4P**⟩

l'**eau** (f.) [lo] das Wasser **I5C**, 1
une eau minérale [ynomineʀal] ein Mineralwasser **I5C**, 1

une **école** [ynekɔl] eine Schule **I2A**, 3

une **école de musique** [ynekɔldəmyzik] eine Musikschule ⟨**I5P**⟩

écologique/écologique [ekɔlɔʒik] ökologisch; umweltfreundlich **I7D**, 2

écouter qn/qc [ekute] etw. anhören; jdn. zuhören **I2A**, 2

écrire qc à qn [ekʀiʀ] jdm. etw. schreiben **I7B**, 1

l'**éducation musicale** (f.) [ledykasjɔ̃mysikal] Musik (als Schulfach) ⟨**I4P**⟩

une **église** [ynegliz] eine Kirche **I7DE**

un **éléphant** [ɛnelefã] ein Elefant ⟨**I1A**, 5⟩ ein Elefant **I6B**, 1

un **élève**/une **élève** [ɛnelɛv/ynelɛv] ein Schüler/eine Schülerin **I4DE**

l'**emploi** (m.) du temps [lãplwadytã] der Stundenplan **I4B**, 1

en [ã] verschiedene Bedeutungen **I3A**, 3
en Allemagne [ãnalmaɲ] in Deutschland **I3A**, 3
en allemand [ãnalmã] auf Deutsch **I3A**, 3
en français [ãfʀɑsɛ] auf Französisch **I2A**, 1
en sixième B [ãsisjɛmbe] in der Klasse 6B **I4A**, 3
en train [ãtʀɛ̃] mit dem Zug **I7D**, 2

encore [ãkɔʀ] noch **I3B**, 1

un **endroit** [ɛ̃nãdʀwa] ein Ort **I7DE**

un **enfant** [ɛ̃nãfã] ein Kind **I3A**, 9

enfin [ãfɛ̃] endlich; schließlich **I6C**, 1

ensemble [ãsãbl] gemeinsam (Adv.); zusammen **I3A**, 1

entendre qn/qc [ãtãdʀ] jdn./etw. hören **I6A**, 2

entre [ãtʀ] zwischen **I6B**, 1

une **entrée** [ynãtʀe] ein Eingang **I5A**, 1

entrer [ãtʀe] eintreten; hereinkommen **I2A**, 3

l'**envie** (f.) [lãvi] das Verlangen; die Lust **I3B**, 1
avoir envie de faire qc [avwaʀãvi] Lust haben, etwas zu tun **I3B**, 1

l'**équitation** (f.) [lekitasjɔ̃] das Reiten ⟨**I5A**, 5⟩

et [e] und **I0**, 2

être [ɛtʀ] sein **I2B**, 2
être en retard [ɛtʀãʀətaʀ] zu spät kommen **I4DE**

euh … [ø] äh … **I2A**, 3

un **euro**/des **euros** [ɛ̃nøʀo/dezøʀo] ein Euro/ Euro **I5C**, 1

Excuse-moi. [ɛkskyzmwa] Entschuldige bitte. **I4A**, 3
Excusez-moi. [ɛkskyzmwa] Entschuldigen Sie.; Entschuldigung! **I4A**, 3

un **exercice** [ɛ̃nɛgzɛʀsis] eine Übung **I4B**, 4

F

la **faim** [lafɛ̃] der Hunger **I3B**, 1
avoir faim [avwaʀfɛ̃] Hunger haben **I3B**, 1
une faim de loup (fam.) [ynfɛ̃dəlu] ein Bärenhunger (ugs.) **I6A**, 2

faire qc [fɛʀ] etw. machen; etwas tun **I4B**, 4
faire du judo [fɛʀdyʒydo] Judo betreiben; Judo machen **I5A**, 3
faire la tête (fam.) [fɛʀlatɛt] schmollen (ugs.) **I6A**, 2
faire mal [fɛʀmal] weh tun **I5B**, 3
Que fait Léo? [kəfɛleo] Was macht Léo? **I2DE**

faire attention [fɛʀatãsjɔ̃] Acht geben; aufpassen **I7C**, 1

une **famille** [ynfamij] eine Familie **I3A**, 9

un **fan**/une **fan** [ɛ̃fan/ynfan] ein Fan **I7A**, 1

fantastique/fantastique [fãtastik] fantastisch; toll **I1B**, 2

fatigué/fatiguée [fatige] müde **I7D**, 1

une **fête** [ynfɛt] eine Party; ein Fest **I6DE**

la **Fête de la musique** [lafɛtdəlamyzik] die „Fête de la musique" **I6DE**

une **feuille** [ynfœj] ein Blatt ⟨**I2A**, 1⟩

février (m.) [fevʀije] Februar **I3B**, 7

une **fille** [ynfij] eine Tochter; ein Mädchen **I1B**, 1

un **film** [ɛ̃film] ein Film (Kino, Fernsehen) **I5C**, 1

un **fils** [ɛ̃fis] ein Sohn **I3A**, 9

la **fin** [lafɛ̃] das Ende; der Schluss **I4B**, 5

la **FNAC** [lafnak] die FNAC **I3A**, 1

une **fois** [ynfwa] ein Mal **I7C**, 1

le **foot(ball)** [ləfut(bɔl)] der Fußball (Sportart) **I2B**, 7

le **français** [ləfʀɑsɛ] Französisch ⟨**I4P**⟩

français/française [fʀɑsɛ/fʀɑsɛz] französisch **I2A**, 1
en français [ãfʀɑsɛ] auf Französisch **I2A**, 1

un **frère** [ɛ̃fʀɛʀ] ein Bruder **I2B**, 2

G

gagner qc [gaɲe] etw. gewinnen **I5B**, 3

un **garçon** [ɛ̃gaʀsɔ̃] ein Junge; ein Bub **I1B**, 1

une **gare** [yngaʀ] ein Bahnhof **I6A**, 2

un **gâteau**/des **gâteaux** [ɛ̃gato/degato] ein Kuchen/Kuchen **I3A**, 3

à **gauche** [agoʃ] (nach) links **I5B**, 1

une **gaufre** [yngofʀ] eine Waffel **I5C**, 1

génial/géniale [ʒenjal] genial; super **I7B**, 3

les **gens** m. pl. [leʒã] die Leute **I6DE**

un **glacier** [ɛ̃glasje] eine Eisdiele; ein Eisverkäufer ⟨**I5P**⟩

une **gomme** [yngom] ein Radiergummi **I2A**, 1

grand/grande [gʀã/gʀãd] groß **I6A**, 1

une **grand-mère** [yngʀãmɛʀ] eine Großmutter **I2A**, 3

un **grand-père** [ɛ̃gʀãpɛʀ] ein Großvater **I3A**, 9

les **grands-parents** (m.) [legʀãpaʀã] die Großeltern **I3A**, 9

un **gratin** [ɛ̃gʀatɛ̃] ein Auflauf (Speise, Gericht) ⟨**I1A**, 5⟩

une **grève** [yngʀɛv] ein Streik **I6A**, 2

gris/grise [gʀi/gʀiz] grau **I6A**, 6

un **groupe** [ɛ̃gʀup] eine Gruppe **I6DE**

un **guide**/une **guide** [ɛ̃gid/yngid] ein Führer/ eine Führerin **I7B**, 1 **I7C**, 1

une **guitare** [yngitaʀ] eine Gitarre **I5A**, 5

un **gymnase** [ɛ̃ʒimnaz] eine Turnhalle **I4B**, 3

la **gymnastique** [laʒimnastik] das Turnen; die Gymnastik **I2B**, 7

H

habiter [abite] wohnen **I2B**, 2

un **hamster** [ɛ̃amstɛʀ] ein Hamster ⟨**I1P**⟩

le **hand-ball** [ləãdbal] Handball ⟨**I5A**, 5⟩

une **heure** [ynœʀ] eine Stunde **I4A**, 1
à quelle heure? [akɛlœʀ] um wie viel Uhr? **I4A**, 2
Quelle heure est-il? [kɛlœʀɛtil] Wie spät ist es?; Wie viel Uhr ist es? **I4A**, 1
sept heures [sɛtœʀ] Uhrzeit: sieben Uhr **I4A**, 1
sept heures et demie [sɛtœʀedəmi] Uhrzeit: halb acht Uhr **I4A**, 1
sept heures et quart [sɛtœʀekaʀ] Uhrzeit: Viertel nach sieben Uhr **I4A**, 1
sept heures moins le quart [sɛtœʀmwɛ̃ləkaʀ] Uhrzeit: Viertel vor sieben Uhr **I4A**, 1

le **hip-hop** [ləʔipɔp] der Hip-Hop **I6B**, 6

une **histoire** [ynistwaʀ] eine Geschichte **I3A**, 1

l'**histoire-géo** (f.) [listwaʀʒeo] Geschichte und Erdkunde (als Schulfach) ⟨**I4P**⟩

I

ici [isi] hier; hierher **I1B**, 1
une **idée** [ynide] eine Idee; ein Gedanke **I3A**, 1
il y a [ilja] es gibt; es ist; es sind **I3A**, 1
une **infirmerie** [ynɛ̃firməri] eine Krankenstation **I4DE**
intéressant/intéressante [ɛ̃teresɑ̃/ɛ̃teresɑ̃t] interessant **I6DE**
intéresser qn [ɛ̃terese] jdn. interessieren **I7A**, 3
Internet (m.) [ɛ̃tɛrnɛt] das Internet **I7C**, 1
une **interrogation écrite** [ynɛ̃terɔgasjɔ̃ekrit] eine Schulaufgabe **I4B**, 4
une **interview** [ynɛ̃tɛrvju] ein Interview **I5B**, 3
inviter qn [ɛ̃vite] jdn. einladen **I3A**, 3

J

janvier (m.) [ʒɑ̃vje] Januar **I3B**, 7
jaune/jaune [ʒon] gelb **I6A**, 6
un **jeu/des jeux** [ɛ̃ʒø] ein Spiel/Spiele **I3A**, 3
un jeu vidéo/des jeux vidéo [ɛ̃ʒøvideo/deʒøvideo] ein Computerspiel/Computerspiele **I3A**, 3
jeudi (m.) [ʒødi] am Donnerstag; Donnerstag **I4B**, 1
joli/jolie [ʒɔli] hübsch **I6A**, 2
jouer [ʒwe] spielen **I4DE**
un **jour** [ɛ̃ʒur] ein Tag **I5A**, 1
par jour [parʒur] pro Tag; täglich (Adv.) **I7D**, 1
un **journal/des journaux** [ɛ̃ʒurnal/deʒurno] eine Zeitung **I2DE** ein Tagebuch **I6A**, 1
un **journaliste/une journaliste** [ɛ̃ʒurnalist/ynʒurnalist] ein Journalist/eine Journalistin **I7DE**
une **journée** [ynʒurne] ein Tag (im Verlauf) **I4A**, 1
Bonne journée! [bɔnʒurne] Einen schönen Tag! **I5C**, 5
le **judo** [ləʒydo] das Judo **I2B**, 2
faire du judo [fɛrdyʒydo] Judo betreiben; Judo machen **I5A**, 3
juillet (m.) [ʒɥijɛ] Juli **I3B**, 7
le 14 Juillet [ləkatɔrzʒɥijɛ] der 14. Juli *französischer Nationalfeiertag* ⟨I3P⟩
juin (m.) [ʒɥɛ̃] Juni **I3B**, 7
un **jus** [ɛ̃ʒy] ein Saft **I5C**, 1
un jus de pomme [ɛ̃ʒydpɔm] ein Apfelsaft **I5C**, 1

K

un **kilomètre** [ɛ̃kilɔmɛtr] ein Kilometer **I7D**, 1
un **kiosque** [ɛ̃kjɔsk] ein Kiosk ⟨I5P⟩

L

là [la] da; dort **I2A**, 3
un **lapin** [ɛ̃lapɛ̃] ein Kaninchen ⟨I1A, 5⟩
la **lecture** [lalɛktyr] das Lesen ⟨I2P⟩
lire qc [lir] etw. lesen **I7B**, 1
un **lit** [ɛ̃li] ein Bett **I4A**, 1
un **livre** [ɛ̃livr] ein Buch **I2A**, 1
loin [lwɛ̃] weit (Adv.) **I5A**, 1
long/longue [lɔ̃/lɔ̃g] lang **I6A**, 2
un **loup** [ɛ̃lu] ein Wolf **I6A**, 2
lundi (m.) [lɛ̃di] am Montag; Montag **I4A**, 3

M

madame … [madam] Frau … **I1B**, 6
mademoiselle … [madmwazɛl] Fräulein … **I1B**, 6
un grand **magasin** [ɛ̃grɑ̃magazɛ̃] ein Kaufhaus ⟨I5P⟩
un **magasin** [ɛ̃magazɛ̃] ein Geschäft; ein Laden **I2DE**
mai (m.) [mɛ] Mai **I3B**, 7
la **main** [lamɛ̃] die Hand **I4A**, 3
maintenant [mɛ̃tnɑ̃] jetzt **I3A**, 3
mais [mɛ] aber **I1B**, 1
une **maison** [ynmɛzɔ̃] ein Haus **I2DE**
une maison de la presse [ynmɛzɔ̃dəlaprɛs] ein Zeitschriften- und Schreibwarengeschäft **I2DE**
à la maison [alamɛzɔ̃] nach Hause; zu Hause; daheim **I4A**, 1
une **maison des jeunes** [ynmɛzɔ̃deʒœn] ein Jugendzentrum ⟨I5P⟩
faire **mal** [fɛrmal] weh tun **I5B**, 3
avoir **mal** [avwarmal] Schmerzen haben **I5B**, 3
maman f. [mamɑ̃] Mama; Mutti **I3A**, 3
mamie (fam.) [mami] Omi **I7B**, 3
manger qc [mɑ̃ʒe] etw. essen **I3B**, 1
mardi (m.) [mardi] am Dienstag; Dienstag **I4B**, 1
un **mariage** [ɛ̃marjaʒ] eine Hochzeit ⟨I3P⟩
mars (m.) [mars] März **I3B**, 7
les **mathématiques** (f.) (pl.) [lematematik] Mathematik ⟨I4P⟩
le **matin** [ləmatɛ̃] der Morgen **I5A**, 3
mauvais/mauvaise [movɛ/movɛz] schlecht **I6A**, 1
même [mɛm] sogar **I5B**, 3
merci [mɛrsi] danke **I0**, 1
Merci beaucoup! [mɛrsiboku] Vielen Dank! **I5B**, 2
mercredi (m.) [mɛrkrədi] am Mittwoch; Mittwoch **I4B**, 1
une **mère** [ynmɛr] eine Mutter **I3A**, 9
le **métro** [ləmetro] die Metro; die U-Bahn **I7D**, 1

midi [midi] zwölf Uhr (mittags) **I4A**, 1
un **million** [ɛ̃miljɔ̃] eine Million **I7D**, 1
minuit (m.) [minɥi] Mitternacht; 12 Uhr nachts **I5A**, 3
une **minute** [ynminyt] eine Minute **I4A**, 3
moderne [mɔdɛrn] modern **I7DE**
moi [mwa] ich (betont) **I0**, 2
sept heures **moins** le quart [sɛtœrmwɛ̃ləkar] Uhrzeit: Viertel vor sieben Uhr **I4A**, 1
un **mois** [ɛ̃mwa] ein Monat **I3B**, 7
tout le **monde** [tulmɔ̃d] alle; jeder **I5DE**
un **monsieur** [ɛ̃məsjø] ein Herr; ein Mann **I1B**, 4
montrer qc à qn [mɔ̃tre] jdm. etw. zeigen **I6B**, 1
un **monument** [ɛ̃mɔnymɑ̃] ein Denkmal; ein Monument **I7DE**
un **mot** [ɛ̃mo] ein Wort **I4B**, 3
une **mouette** [ynmwɛt] eine Möwe **I5C**, 1
un **moyen** de transport [ɛ̃mwajɛ̃dətrɑ̃spɔr] ein Verkehrsmittel **I7D**, 1
un **musée** [ɛ̃myze] ein Museum **I7DE**
un **musicien/une musicienne** [ɛ̃myzisjɛ̃/ynmyzisjɛn] ein Musiker/eine Musikerin **I6DE**
la **musique** [lamyzik] die Musik **I2B**, 2

N

la **natation** [lanatasjɔ̃] das Schwimmen **I5A**, 5
ne … pas [nə pa] nicht **I4A**, 3
ne … pas de (+ Nomen) [nə padə] kein/keine **I6C**, 1
ne … plus de + Nomen [nə plydə] kein/keine … mehr **I6C**, 1
il n'en peut plus [ilnɑ̃pøply] er kann es nicht fassen; er kann nicht mehr **I7C**, 1
ne … rien [nə rjɛ̃] nichts **I4B**, 4
ne … jamais [nə ʒamɛ] nie; niemals **I4B**, 4
ne … plus [nə ply] nicht mehr **I4B**, 4
Noël (m.) [nɔɛl] Weihnachten **I6A**, 1
noir/noire [nwar] schwarz **I6A**, 6
un **nom** [ɛ̃nɔ̃] ein Name **I7A**, 1
non [nɔ̃] nein **I1A**, 1
le **nouvel** an [lənuvelɑ̃] Neujahr ⟨I3P⟩
novembre (m.) [nɔvɑ̃br] November **I3B**, 7
la **nuit** [lanɥi] die Nacht **I5A**, 1
nul/nulle [nyl] blöd **I6A**, 1
C'est trop nul! (fam.) [sɛtronyl] Das ist zu blöd! (ugs.) **I5B**, 3
un **numéro** [ɛ̃nymero] eine Nummer **I5B**, 3

O

octobre (m.) [ɔktɔbr] Oktober **I3B**, 7
un **oncle** [ɛ̃nɔ̃kl] ein Onkel **I3A**, 9
une **orange** [ynɔrɑ̃ʒ] eine Orange **I5C**, 1

un **ordinateur** [ɛ̃nɔʀdinatœʀ] ein Computer **I3A**, 1

où [u] wo; wohin **I2B**, 2

ou [u] oder **I3A**, 1

oublier qc [ublije] etw. vergessen **I6C**, 1

Ouf! [uf] Uff! **I2B**, 2

oui [wi] ja **I0**, 1

P

un **pain au chocolat** [ɛ̃pɛ̃oʃokɔla] ein Schoko-ladenbrötchen ⟨**I1A**, 5⟩

papa [papa] Papa **I1A**, 1

une **papeterie** [ynpapɛtʀi] ein Schreibwaren-geschäft ⟨**I5P**⟩

papi/papy (fam.) [papi] Opi **I7B**, 3

Pâques (f.) [pak] Ostern ⟨**I3P**⟩

par jour [paʀʒuʀ] pro Tag; täglich (Adv.) **I7D**, 1

un **parc** [ɛ̃paʀk] ein Park **I5DE**

parce que [paʀskə] weil **I5B**, 3

pardon [paʀdɔ̃] Entschuldigung **I1A**, 1

les **parents** (m.) [lepaʀɑ̃] die Eltern **I3A**, 9

parler [paʀle] sprechen **I2DE**

parler à qn [paʀle] mit jdm. sprechen **I6B**, 1

une **partie** [ynpaʀti] ein Teil **I4B**, 5

passer qc [pase] etw. verbringen **I5A**, 1

Patatras! [patatʀa] Bumms! **I7C**, 1

une **pause** [ynpoz] eine Pause **I6A**, 2

la **Pentecôte** [lapɑ̃tkot] Pfingsten ⟨**I3P**⟩

perdre qc [pɛʀdʀ] etw. verlieren **I6A**, 2

un **père** [ɛ̃pɛʀ] ein Vater **I3A**, 9

un **perroquet** [ɛ̃peʀɔkɛ] ein Papagei ⟨**I1P**⟩

une **perruche** [ynpeʀyʃ] ein Wellensittich ⟨**I1P**⟩

une **personne** [ynpɛʀsɔn] eine Person **I7A**, 1

petit/petite [pəti/pətit] klein **I6A**, 1

le **petit-déjeuner** [ləpətideʒœne] das Früh-stück **I7C**, 1

un **peu** [ɛ̃pø] ein wenig **I7D**, 1

peu de (+ Nomen) [pødə] wenig(e) **I6C**, 1

peut-être [pøtɛtʀ] vielleicht **I7B**, 1

une **photo** [ynfoto] ein Foto **I5DE**

un **piano** [ɛ̃pjano] ein Klavier; ein Piano **I6B**, 6

une **pièce** [ynpjɛs] ein Zimmer **I5A**, 3

un **pied** [ɛ̃pje] ein Fuß **I4DE**

à pied [apje] zu Fuß **I5A**, 1

avoir envie de faire **pipi** [avwaʀɑ̃vidəfɛʀpipi] Pipi machen müssen **I6A**, 2

une **piscine** [ynpisin] ein Schwimmbad **I5B**, 2

une **pizza** [ynpidza] eine Pizza ⟨**I6P**⟩

une **place** [ynplas] ein Platz **I4A**, 3

la **planche à voile** [laplɑ̃ʃavwal] das Windsur-fen ⟨**I5P**⟩

un **poème** [ɛ̃pɔɛm] ein Gedicht **I6A**, 9

un **plat** [ɛ̃pla] ein Gericht; ein Gang (beim Essen) **I6A**, 2

un **poisson** [ɛ̃pwasɔ̃] ein Fisch ⟨**I1P**⟩

une **pomme** [ynpɔm] ein Apfel **I5C**, 1

la **pop** [lapɔp] der Pop **I6B**, 6

la **porcelaine** [lapɔʀsəlɛn] das Porzellan **I6B**, 1

un **portable** [ɛ̃pɔʀtabl] ein Handy; ein Mobil-telefon **I5C**, 1

porter qc [pɔʀte] etw. tragen **I2A**, 2

poser qc [poze] etw. legen; etw. stellen; etwas setzen **I5B**, 3

la **poste** [lapɔst] die Post **I5B**, 2

pour [puʀ] für **I2A**, 3

pour faire qc [puʀfɛʀ] um etw. zu tun **I5B**, 1

pourquoi? [puʀkwa] warum? **I5B**, 3

pouvoir [puvwaʀ] können (in der Lage sein) **I7C**, 1

il n'en peut plus [ilnɑ̃pøply] er kann es nicht fassen; er kann nicht mehr **I7C**, 1

on pourrait [ɔ̃puʀɛ] man könnte **I7C**, 1

Vous pouvez répéter, s'il vous plaît? [vupuveʀepete] Können Sie bitte wiederho-len? **I5B**, 2

préféré/préférée [pʀefeʀe] bevorzugt; Lieb-lings- **I6B**, 6

préférer qc [pʀefeʀe] etw. lieber mögen; etw. vorziehen **I3A**, 3

le **premier**/la **première** [ləpʀəmje/lapʀəmjɛʀ] der erste/die erste **I3B**, 7

prendre qc [pʀɑ̃dʀ] etw. essen; etw. nehmen **I5C**, 1

préparer qc [pʀepaʀe] etw. vorbereiten **I3A**, 3

un **problème** [ɛ̃pʀɔblɛm] ein Problem **I6A**, 1

un **professeur**/une **professeure** [ɛ̃pʀɔfesœʀ/ynpʀɔfesœʀ] ein Lehrer/eine Lehrerin **I4A**, 3

ma **puce** (fam.) [mapys] meine Kleine (wört-lich: mein Floh) **I5A**, 1

puis [pɥi] dann **I3B**, 1

Q

quand [kɑ̃] als (zeitlich); wenn **I4A**, 3

quand [kɑ̃] wann **I3B**, 7

un **quart** [ɛ̃kaʀ] ein Viertel **I4A**, 1

sept heures et quart [sɛtœʀekaʀ] Uhrzeit: Viertel nach sieben Uhr **I4A**, 1

sept heures moins le quart [sɛtœʀmwɛ̃ləkaʀ] Uhrzeit: Viertel vor sieben Uhr **I4A**, 1

un **quartier** [ɛ̃kaʀtje] ein (Stadt-)Viertel **I5DE**

que [kə] was **I2DE**

Que fait Léo? [kəfɛleo] Was macht Léo? **I2DE**

quel/quelle/quels/quelles [kɛl] welcher/wel-che/welches (Fragebegleiter) **I7A**, 1

à quelle heure? [akɛlœʀ] um wie viel Uhr? **I4A**, 2

Quelle heure est-il? [kɛlœʀɛtil] Wie spät ist es?; Wie viel Uhr ist es? **I4A**, 1

Tu as quel âge? [tyakɛlaʒ] Wie alt bist du? **I3B**, 9

quelque chose [kɛlkəʃoz] etwas **I4B**, 4

une **question** [ynkɛstjɔ̃] eine Frage **I5B**, 3

qui (Fragepronomen) [ki] wer **I1A**, 1

Qui est-ce? [kiɛs] Wer ist das? **I1A**, 1

quitter qc [kite] etw. verlassen **I5A**, 3

Quoi? [kwa] Was? (Fragepronomen) **I6B**, 1

Qu'est-ce que …? [kɛskə] Was …? **I2B**, 2

Qu'est-ce que c'est? [kɛskəse] Was ist das? **I2DE**

Qu'est-ce qu'il y a? [kɛskilja] Was gibt es? **I3A**, 2

R

raconter qc [ʀakɔ̃te] etw. erzählen **I4A**, 3

avoir **raison** [avwaʀʀɛzɔ̃] Recht haben **I4B**, 4

ranger qc [ʀɑ̃ʒe] etw. aufräumen **I3A**, 3

le **rap** [ləʀap] Rap (Musikstil) **I2B**, 7

un **rat** [ɛ̃ʀa] eine Ratte ⟨**I1P**⟩

la **récréation** [laʀekʀeasjɔ̃] die Pause (in der Schule) **I4A**, 3

regarder qc [ʀəgaʀde] etw. ansehen; etw. betrachten **I2DE**

rencontrer qn [ʀɑ̃kɔ̃tʀe] jdm. begegnen; jdn. treffen **I6C**, 1

rentrer [ʀɑ̃tʀe] nach Hause gehen; zurück-kommen **I4A**, 1

un **repas** [ɛ̃ʀəpa] eine Mahlzeit; ein Essen **I5A**, 3

Vous pouvez **répéter**, s'il vous plaît? [vupuveʀepete] Können Sie bitte wiederho-len? **I5B**, 2

répondre à qn/à qc [ʀepɔ̃dʀ] jdm./auf etw. antworten **I6A**, 2

une **réponse** [ynʀepɔ̃s] eine Antwort **I7A**, 1

un **reportage** [ɛ̃ʀəpɔʀtaʒ] eine Reportage **I7DE**

un **restaurant** [ɛ̃ʀɛstoʀɑ̃] ein Restaurant **I7A**, 1 **I7B**, 1

rester [ʀɛste] bleiben **I6B**, 1

un **retard** [ɛ̃ʀətaʀ] eine Verspätung **I4DE**

être en retard [etʀɑ̃ʀətaʀ] zu spät kommen **I4DE**

retrouver qn/qc [ʀətʀuve] jdn./etw. wieder-finden; jdn. treffen **I4A**, 3

un **rêve** [ɛ̃ʀɛv] ein Traum **I4B**, 4

Au **revoir**! [ɔʀvwaʀ] Auf Wiedersehen! **I0**, 1

le **rock** [ləʀɔk] die Rockmusik **I2B**, 7

le **roller** [ləʀɔlœʀ] das Inlinerfahren **I5DE**

le **roller** [ləʀɔlœʀ] der Inliner; der Rollerskate ⟨**I2P**⟩

rouge/rouge [ʀuʒ] rot **I6A**, 2

une **rue** [ynʀy] eine Straße **I2A**, 3

dans la rue [dɑ̃laʀy] auf der Straße **I2A**, 3

le **rugby** [ləʀygbi] das Rugby (Ballspiel) **I2B**, 2

S

les **S.V.T.** *(les Sciences de la vie et de la terre)* *(f.) (pl.)* [lɛɛsvete] Biologie *(als Schulfach)* ⟨I4P⟩

un **sac** [ɛ̃sak] eine Tasche I4B, 4

un sac à dos [ɛ̃sakado] ein Rucksack I2A, 1

Je ne **sais** pas. [ʒənəsepa] Ich weiß nicht. I4A, 3

une **salle** à manger [ynsalamɑ̃ʒe] ein Esszimmer ⟨I5A, 3⟩

une salle de bains [ynsaldəbɛ̃] ein Bad; ein Badezimmer I5A, 3

une salle de cours [ynsaldəkuʀ] ein Klassenraum I4A, 3

un **salon** [ɛ̃salɔ̃] ein Wohnzimmer I5A, 3

Salut! *(fam.)* [saly] Grüß dich!; Hallo!; Tschüs!; Servus! I0, 1

samedi *(m.)* [samdi] am Samstag; Samstag I4B, 1

le samedi [ləsamdi] samstags I5A, 3

un **sandwich** [ɛ̃sɑ̃dwi(t)ʃ] ein Sandwich ⟨I6P⟩

un **saxophone** [ləsaksɔfɔn] ein Saxophon ⟨I2P⟩

une **semaine** [ynsəmɛn] eine Woche I7DE

septembre *(m.)* [sɛptɑ̃bʀ] September I3B, 7

un **serpent** [ɛ̃sɛʀpɑ̃] eine Schlange ⟨I1P⟩

si [si] falls; wenn, falls I7C, 1

s'il te plaît [siltəplɛ] bitte *(wenn man jemanden duzt)* I3A, 3

s'il vous plaît [silvuplɛ] bitte *(wenn man jemanden siezt)* I3A, 3

si [si] doch I4B, 4

un **site** (Internet) [ɛ̃sit(ɛ̃tɛʀnɛt)] eine Internetseite I7C, 1

un **sketch** [ɛ̃skɛtʃ] ein Sketch ⟨I6P⟩

le **ski** [ləski] das Ski fahren ⟨I5A, 5⟩

le ski nautique [ləskinotik] das Wasserskifahren ⟨I5P⟩

un **SMS** [ɛ̃ɛsɛmɛs] eine SMS I5C, 1

la **soif** [laswaf] der Durst I5C, 1

avoir soif [avwaʀswaf] Durst haben I5C, 1

le **soir** [ləswaʀ] der Abend I5A, 1

ce soir [səswaʀ] heute Abend I5A, 1

souffler qc [sufle] etw. ausblasen I3B, 1

une **sœur** [ynsœʀ] eine Schwester I2B, 2

une **souris** [ynsuʀi] eine Maus ⟨I1P⟩

sous [su] unter I4A, 3

un **souvenir** [ɛ̃suvniʀ] ein Andenken; eine Erinnerung I7B, 1

des **spaghettis** *(m.) (pl.)* [despageti] Spaghetti I5A, 3

le **sport** [ləspɔʀ] der Sport I2B, 2

un **stand** [ɛ̃stɑ̃d] ein Stand I5C, 5

une **station** [ynstasjɔ̃] eine Haltestelle; eine Station I7D, 1

un **stylo** [ɛ̃stilo] ein Füller; ein Kuli I2A, 1

super *(inv.)* [sypɛʀ] super; toll I1B, 1

un **supermarché** [ɛ̃sypɛʀmaʀʃe] ein Supermarkt ⟨I5P⟩

sur [syʀ] auf; über I3B, 1

le **surf** [ləsœʀf] das Surfen; das Wellenreiten ⟨I5A, 5⟩

une **surprise** [ynsyʀpʀiz] eine Überraschung I3B, 1

surtout [syʀtu] vor allem I6B, 1

sympa [sɛ̃pa] nett I2B, 2

T

une **table** [yntabl] ein Tisch I5A, 3

à table [atabl] bei Tisch I5A, 3

une **tante** [yntɑ̃t] eine Tante I3A, 9

tard [taʀ] spät I5A, 3

une **tarte** flambée [yntaʀtflɑ̃be] ein Flammkuchen ⟨I6P⟩

une **tartine** [yntaʀtin] eine Scheibe Brot mit Aufstrich I7C, 1

un **taxi** [ɛ̃taksi] ein Taxi I5A, 1

la **techno** [latɛkno] Techno *(Musikstil)* I2B, 7

la **technologie** [latɛknɔlɔʒi] die Technik ⟨I4P⟩

téléphoner à qn [telefɔne] jdn. anrufen; mit jdm. telefonieren I6A, 2

la **télévision** (fam.: la télé) [latelevizjɔ̃] das Fernsehen I4A, 1

le **temps** [lətɑ̃] die Zeit I4B, 1

l'emploi *(m.)* du temps [lɑ̃plwadytɑ̃] der Stundenplan I4B, 1

le **tennis** [lətenis] das Tennis ⟨I5A, 5⟩

un **terrain de foot** [ɛ̃tɛʀɛ̃dəfut] ein Fußballplatz ⟨I5P⟩

une **tête** [yntɛt] ein Kopf I6A, 2

faire la tête *(fam.)* [fɛʀlatɛt] schmollen *(ugs.)* I6A, 2

un **texte** [ɛ̃tɛkst] ein Text I6B, 6

un **texto** [ɛ̃tɛksto] eine SMS I7B, 1

le **TGV** [ləteʒeve] der TGV *(französischer Hochgeschwindigkeitszug)* I6A, 1

le **théâtre** [ləteatʀ] das Theater I5A, 5

un **ticket** [ɛ̃tikɛ] eine Fahrkarte; ein Fahrschein I7D, 2

Tiens! [tjɛ̃] Schau mal!; Sieh mal! I2A, 3

un **titre** [ɛ̃titʀ] ein Titel I4B, 5

toi [twa] du *(betont)* I0, 2

les **toilettes** *(f.) (pl.)* [letwalɛt] die Toilette I4A, 1

tomber [tɔ̃be] fallen I5B, 3

une **tortue** [yntɔʀty] eine Schildkröte ⟨I1P⟩

tôt *(adv.)* [to] früh *(Adv.)* I7D, 1

toujours [tuʒuʀ] immer I3A, 3

une **tour** [yntuʀ] ein Turm I7DE

un **tour** [ɛ̃tuʀ] eine Tour; ein Rundgang I5A, 3

faire un tour en segway [fɛʀɛ̃tuʀɑ̃sɛgwɛ] eine Segway-Tour machen I7C, 1

un **touriste**/une **touriste** [ɛ̃tuʀist/yntuʀist] ein Tourist/eine Touristin I7DE

tourner [tuʀne] abbiegen; drehen I5B, 1

tout à coup [tutaku] plötzlich I6A, 2

tout droit [tudʀwa] geradeaus I5B, 1

tout le monde [tulmɔ̃d] alle; jeder I5DE

un **train** [ɛ̃tʀɛ̃] ein Zug I3A, 3

travailler [tʀavaje] arbeiten I2A, 2

traverser qc [tʀavɛʀse] etw. überqueren I5B, 1

très [tʀɛ] sehr I6A, 1

triste/**triste** [tʀist] traurig I6A, 1

trop [tʀo] zu sehr; zu viel I5B, 3

C'est trop nul! *(fam.)* [sɛtʀonyl] Das ist zu blöd! *(ugs.)* I5B, 3

une **trousse** [yntʀus] ein Federmäppchen ⟨I2A, 1⟩

trouver qn/qc [tʀuve] jdn./etw. finden I2A, 2

un **truc** *(fam.)* [ɛ̃tʀyk] ein Ding; eine Sache I2A, 1

un **t-shirt** [ɛ̃tiʃœʀt] ein T-Shirt I2B, 2

V

les **vacances** *(f.) (pl.)* [levakɑ̃s] der Urlaub; die Ferien I6A, 1

en vacances [ɑ̃vakɑ̃s] in den Ferien I2A, 3

un **vélo** [ɛ̃velo] ein Fahrrad I2B, 7

un **vendeur**/une **vendeuse** [ɛ̃vɑ̃dœʀ/ynvɑ̃døz] ein Verkäufer/eine Verkäuferin I5C, 1

vendredi *(m.)* [vɑ̃dʀədi] am Freitag; Freitag I4B, 1

Viens! [vjɛ̃] Komm! *(Aufforderung)* I1A, 1

vert/**verte** [vɛʀ/vɛʀt] grün I6A, 2

une **ville** [ynvil] eine Stadt I7DE

visiter qc [vizite] etw. besichtigen I7DE

vite *(adv.)* [vit] schnell *(Adv.)* I1A, 1

voilà [vwala] da ist; da sind I1A, 1

une **voiture** [ynvwatyʀ] ein Auto I5A, 1

en voiture [ɑ̃vwatyʀ] mit dem Auto I5A, 1

un **volcan** [ɛ̃vɔlkɑ̃] ein Vulkan ⟨I1A, 5⟩

le **volley(ball)** [ləvɔlɛbol] Volleyball ⟨I5A, 5⟩

vouloir faire qc [vulwaʀ] etw. tun wollen I7C, 1

je voudrais … [ʒəvudʀɛ] ich möchte gerne … I5A, 3

un **voyage** [ɛ̃vwajaʒ] eine Reise I6A, 2

vraiment [vʀemɑ̃] wirklich I5B, 3

le **VTT** [ləvetete] das Mountainbike ⟨I2P⟩

la **vue** [lavy] die Aussicht I7B, 1

W

les **W.-C.** *(m.) (pl.)* [levese] die Toilette ⟨I5A, 3⟩

Z

Zut! *(fam.)* [zyt] Mist!; Verdammt! I2A, 3

Prénoms masculins

Alex [alɛks] **I2A**, 3
Antoine [ãtwan] **I0**, 2
Clément [klemã] **I0**, 2
Corentin [koʀãtɛ̃] **I0**, 2
Damien [damjɛ̃] **I5B**, 3
Gabriel [gabʀiɛl] **I5A**, 3
Gaspard [gaspaʀ] **I0**, 1
Grégoire [gʀegwaʀ] **I0**, 2
Jérôme [ʒeʀom] **I2B**, 2
Julien [ʒyljɛ̃] **I0**, 2
Justin [ʒystɛ̃] **I0**, 2
Léo [leo] **I1A**, 1
Marceau [maʀso] **I0**, 2
Mehdi [medi] **I3A**, 2
Romain [ʀomɛ̃] **I0**, 2
Térence [teʀãs] **I0**, 2
Théo [teo] **I0**, 2
Thomas [tɔma] **I0**, 1
Tristan [tʀistã] **I0**, 2
Valentin [valãtɛ̃] **I0**, 2

Prénoms féminins

Anne [an] **I0**, 1
Béatrice [beatʀis] **I1B**, 7
Clara [klaʀa] **I5A**, 3
Constance [kõstãs] **I0**, 2
Elise [eliz] **I0**, 2
Fleur [flœʀ] **I0**, 2
Gabrielle [gabʀiɛl] **I0**, 2
Joséphine [ʒozefin] **I0**, 2
Julie [ʒyli] **I0**, 2
Léa [lea] **I0**, 2
Lilou [lilu] **I0**, 2
Louane [lwan] **I0**, 2
Louise [lwiz] **I6A**, 1
Lucie [lysi] **I0**, 2
Magali [magali] **I1P**
Manon [manõ] **I0**, 2
Margaux [maʀgo] **I0**, 2
Marie [maʀi] **I1A**, 1
Pauline [pɔlin] **I0**, 2
Sarah [saʀa] **I0**, 1
Victoire [viktwaʀ] **I0**, 2
Zoé [zɔe] **I0**, 2

Noms de famille

Barette [baʀɛt] **I4A**, 3
Chabane [ʃaban] **I5A**, 3
Latière [latjɛʀ] **I2A**, 3
Martin [maʀtɛ̃] **I6A**, 1
Pirou [piʀu] **I3A**, 3
Racine [ʀasin] **I4A**, 1

Noms de villes

Brest [bʀɛst] *Stadt in der Bretagne, Westfrankreich* **I1B**, 5
Bordeaux [bɔʀdo] *Stadt in Südwestfrankreich* **I0**
Helsinki [ɛlsiŋki] *Hauptstadt von Finnland* **I6C**, 1
Limoges [limɔʒ] *Stadt in Südwestfrankreich* **I6DE**
Lyon [ljõ] *Stadt im Osten Frankreichs* **I0**
Marseille [maʀsɛj] *Stadt in Südfrankreich* **I0**
Munich [myniʃ] *München* **I3A**, 3
Nice [nis] *Stadt an der Côte d'Azur, Südostfrankreich* **I1B**, 5
Paris [paʀi] **I1DE**
Poitiers [pwatje] *Stadt in Westfrankreich* **I6A**, 2
Strasbourg [stʀasbuʀ] *Stadt im Elsass, Ostfrankreich* **I1B**, 5
Toulouse [tuluz] *Stadt in Südwestfrankreich* **I1B**, 5
Versailles [vɛʀsaj] *Stadt westlich von Paris* **I7A**, 3

Noms géographiques

l'**Allemagne** (f.) [lalmaɲ] *Deutschland* **I3A**, 3
la **Bavière** [labavjɛʀ] *Bayern* **I0**
la **Finlande** [lafɛ̃lãd] **I6A**, 1
la **France** [lafʀãs] *Frankreich* **I3A**, 3
la **Seine** [lasɛn] *die Seine (Fluss, der durch Paris fließt)* **I7C**, 1

Noms divers

l'**Arc de triomphe** (m.) [laʀkdətʀijõf] *der Arc de triomphe (Triumphbogen)* **I7DE**
Batignolles [batiɲɔl] *Name eines Viertels in Paris* **I5DE**
le **Batobus** [ləbatobys] *Verkehrsmittel auf der Seine* **I7D**, 2
Boulevard Louis Blanc [bulvaʀlwiblã] **I6B**, 1
le **Centre Pompidou** [ləsãtʀəpõpidu] *Kunst- und Kulturzentrum in Paris* **I7C**, 1
la **Défense** [ladefãs] *Stadtteil von Paris* **I7DE**
la **gare d'Austerlitz** [lagaʀdostɛʀlits] *Pariser Bahnhof* **I6A**, 2
la **Grande Arche** [lagʀãdaʀʃ] *modernes Bürogebäude im Pariser Stadtteil La Défense* **I7DE**
Interclub 17 [ɛ̃tɛʀklœbdiset] *Name eines Jugendzentrums* **I5DE**
la **Joconde** [laʒɔkõd] *Mona Lisa Gemälde von Leonardo da Vinci* **I7B**, 3
les **loups** de Chabrières [leludəʃabʀjɛʀ] *Tierpark in der Nähe von Limoges, in dem Wölfe gehalten werden* **I6A**, 2

le **Louvre** [ləluvʀ] *der Louvre* **I7DE**
Malabar [malabaʀ] *Name eines Hundes* **I1A**, 1
Malou [malu] *Name einer Katze* **I2A**, 3
la **gare Montparnasse** [lagaʀmõpaʀnas] *Bahnhof in Paris* **I6A**, 2
Moustique [mustik] **I0**, 1
Notre-Dame [nɔtʀədam] *Kathedrale im Zentrum von Paris* **I7DE**
le **parc des Batignolles** [ləpaʀkdebatiɲɔl] *der Park von Batignolles* **I5C**, 1
la **place Saint-Pierre** [laplassɛ̃pjɛʀ] *Platz in Limoges* **I6B**, 1
rue Nollet [ʀynɔlɛ] *Name einer Straße in Paris* **I2B**, 2
rue Truffaut [ʀytʀyfo] *Name einer Straße in Paris* **I2B**, 2
Saint-Aurélien [sɛ̃toʀeljɛ̃] *der heilige Aurelius (Name eines Heiligen und einer Kapelle in Limoges)* **I6B**, 1
la **tour Eiffel** [latuʀɛfɛl] *der Eiffelturm* **I7A**, 3
la place du **Trocadéro** [laplasdytʀokadeʀo] *Platz und Metrostation in Paris* **I7A**, 1

Noms de personnes connues

Balzac, Honoré de [hɔnɔʀedəbalzak] *frz. Schriftsteller, 1799 – 1850* **I4DE**
Eiffel, Gustave [gystavɛfɛl] *französischer Ingenieur, 1832 – 1923* **I7B**, 1

Wortliste

A

abbiegen tourner **I5B**, 1
der **Abend** le soir **I5A**, 1
  heute Abend ce soir **I5A**, 1
aber mais **I1B**, 1
Ach. (*ugs.*) Bof! (*fam.*) **I1B**, 6
Acht geben faire attention **I7C**, 1
Achtung! Attention! **I1A**, 1
ein **Akkordeon** un accordéon **I6B**, 6
alle tout le monde **I5DE**
als (*zeitlich*) quand **I4A**, 3
Wie **alt** bist du? Tu as quel âge? **I3B**, 9
das **Alter** l'âge (*m.*) **I3B**, 9
am Montag lundi (*m.*) **I4A**, 3
ein **Andenken** un souvenir **I7B**, 1
anderer/**andere**/**anderes** autre/autre **I6B**, 1
anfangen commencer **I4A**, 1
eine **Angelegenheit** une affaire **I3A**, 3
etw. **anhören** écouter qn/qc **I2A**, 2
ankommen arriver **I2DE**
die **Ankunft** l'arrivée (*f.*) **I7D**, 2
jdn. **anrufen** téléphoner à qn **I6A**, 2
etw. **ansehen** regarder qc **I2DE**
eine **Ansichtskarte** une carte postale **I7B**, 1
eine **Antwort** une réponse **I7A**, 1
ein **Apfel** une pomme **I5C**, 1
ein **Apfelsaft** un jus de pomme **I5C**, 1
April avril (*m.*) **I3B**, 7
ein **Arbeitszimmer** un bureau **I7B**, 1
ein **Arrondissement** (*ein Verwaltungsbezirk*)
  un arrondissement **I5DE**
ein **Assistent**/eine **Assistentin** un assistant/
  une assistante **I7DE**
Aua! Aïe! **I4DE**
auch aussi **I1B**, 1
auf sur **I3B**, 1
  auf der Straße dans la rue **I2A**, 3
ein **Auflauf** (*Speise, Gericht*) un gratin ⟨**I1A**, 5⟩
aufpassen faire attention **I7C**, 1
etw. **aufräumen** ranger qc **I3A**, 3
August août (*m.*) **I3B**, 7
aus de/d' **I1B**, 1
etw. **ausblasen** souffler qc **I3B**, 1
die **Aussicht** la vue **I7B**, 1
aussteigen descendre **I6A**, 2
ein **Auto** une voiture **I5A**, 1

B

eine **Bäckerei** une boulangerie **I5B**, 1
ein **Bad** une salle de bains **I5A**, 3
ein **Badezimmer** une salle de bains **I5A**, 3
ein **Baguette** une baguette **I7C**, 1
ein **Bahnhof** une gare **I6A**, 2
bald bientôt **I3A**, 1
ein **Ball** un bal **I6B**, 1
ein **Ball** un ballon ⟨**I1A**, 5⟩

ein **Bärenhunger** (*ugs.*) une faim de loup
  (*fam.*) **I6A**, 2
Basketball le basket(ball) ⟨**I2P**⟩ ⟨**I5A**, 5⟩
ein **Baum** un arbre **I7A**, 1
jdm. **begegnen** rencontrer qn **I6C**, 1
beginnen commencer **I4A**, 1
bei jdm. chez qn **I4A**, 1
berühmt célèbre/célèbre **I7DE**
etw. **besichtigen** visiter qc **I7DE**
etw. **betrachten** regarder qc **I2DE**
Judo **betreiben** faire du judo **I5A**, 3
ein **Bett** un lit **I4A**, 1
bevorzugt préféré/préférée **I6B**, 6
sich **bewegen** bouger **I7C**, 1
Biologie (*als Schulfach*) les S.V.T. (*les Sciences
  de la vie et de la terre*) (*f.*) (*pl.*) ⟨**I4P**⟩
Bis später! A plus! (*fam.*) **I0**, 1 A plus! (*fam.*)
  I5A, 1; (*wenn man jemanden duzt*) s'il te
  plaît **I3A**, 3
bitte (*wenn man jemanden siezt*) s'il vous
  plaît **I3A**, 3
jdn. (um etw.) **bitten** demander (qc) à qn
  I6B, 1
ein **Blatt** une feuille ⟨**I2A**, 1⟩
blau bleu/bleue **I6A**, 2
bleiben rester **I6B**, 1
ein **Bleistift** un crayon **I2A**, 1
blöd nul/nulle **I6A**, 1
  Das ist zu blöd! (*ugs.*) C'est trop nul! (*fam.*)
  I5B, 3
ein **Bol** (*eine Trinkschale*) un bol **I7C**, 1
ein **Bonbon** un bonbon ⟨**I1A**, 5⟩
ein **Boot** un bateau/des bateaux **I7C**, 1
ein **Boulevard** un boulevard **I6B**, 1
eine **Boutique** une boutique **I7B**, 1
ein **Bruder** un frère **I2B**, 2
ein **Bub** un garçon **I1B**, 1
ein **Buch** un livre **I2A**, 1
eine **Bücherei** une bibliothèque ⟨**I5P**⟩
Bumms! Patatras! **I7C**, 1
ein **Büro** un bureau **I7B**, 1
ein **Bus** un bus **I7D**, 1

C

ein **Café** un café **I5B**, 1
eine **CD**/**CDs** un CD/des CD **I3A**, 1
ein **Champion** un champion/une championne
  I5B, 3
ein **Collège** un collège **I4DE**
ein **Comic** une BD **I2DE**
ein **Computer** un ordinateur **I3A**, 1
ein **Computerspiel**/**Computerspiele** un jeu
  vidéo/des jeux vidéo **I3A**, 3
ein **Cousin**/eine **Cousine** un cousin/une
  cousine **I3A**, 9
ein **Croissant** un croissant ⟨**I1A**, 5⟩

D

da ist voilà **I1A**, 1
  da sind voilà **I1A**, 1
daheim à la maison **I4A**, 1
eine **Dame** une dame **I1B**, 4
danach après **I4A**, 1
Vielen **Dank**! Merci beaucoup! **I5B**, 2
danke merci **I0**, 1
dann puis **I3B**, 1
das ça (*Kurzform von cela*) **I2B**, 2
  das ist c'est **I1A**, 1
ein **Denkmal** un monument **I7DE**
Deutsch (*Schulfach*) l'allemand (*m.*) **I4DE**
Dezember décembre (*m.*) **I3B**, 1
Dienstag mardi (*m.*) **I4B**, 1
  am Dienstag mardi (*m.*) **I4B**, 1
dieser/**diese**/**dieses** (*Demonstrativbegleiter*)
  ce/cet/cette/ces **I7A**, 1
ein **Ding** un truc (*fam.*) **I2A**, 1 une chose **I6C**, 1
(über etw.) **diskutieren** discuter (de qc)
  I4A, 3
doch si **I4B**, 4
Donnerstag jeudi (*m.*) **I4B**, 1
  am Donnerstag jeudi (*m.*) **I4B**, 1
dort là **I2A**, 3
drehen tourner **I5B**, 1
du (*betont*) toi **I0**, 1
der **Durst** la soif **I5C**, 1
  Durst haben avoir soif **I5C**, 1

E

ein **Eingang** une entrée **I5A**, 1
jdn. **einladen** inviter qn **I3A**, 3
eintreten entrer **I2A**, 3
einverstanden d'accord **I2B**, 2
eine **Eisdiele** un glacier ⟨**I5P**⟩
ein **Elefant** un éléphant **I6B**, 1
ein **Elefant** un éléphant ⟨**I1A**, 5⟩
die **Eltern** les parents (*m.*) **I3A**, 9
eine **E-Mail** un courriel **I6C**, 1
das **Ende** la fin **I4B**, 5
endlich enfin **I6C**, 1
Englisch l'anglais (*m.*) ⟨**I4P**⟩
Entschuldige bitte. Excuse-moi. **I4A**, 3
  Entschuldigen Sie. Excusez-moi. **I4A**, 3
Entschuldigung pardon **I1A**, 1
Entschuldigung! Excusez-moi. **I4A**, 3
Geschichte und **Erdkunde** (*als Schulfach*)
  l'histoire-géo (*f.*) ⟨**I4P**⟩
erfreut content/contente **I6DE**
eine **Erinnerung** un souvenir **I7B**, 1
der **erste**/die **erste** le premier/la première
  I3B, 7
jdn./etw. **erwarten** attendre qn/qc **I6A**, 2
etw. **erzählen** raconter qc **I4A**, 3
es gibt il y a **I3A**, 1

es ist il y a **I3A**, 1
ein **Essen** un repas **I5A**, 3
etw. **essen** manger qc **I3B**, 1 prendre qc **I5C**, 1
es sind il y a **I3A**, 1
ein **Esszimmer** une salle à manger ⟨**I5A**, 3⟩
etwas quelque chose **I4B**, 4

F

fahren aller **I4A**, 3
eine **Fahrkarte** un ticket **I7D**, 2
eine **Fahrkarte** (Zug) un billet de train **I7D**, 3
ein **Fahrrad** un vélo **I2B**, 7
ein **Fahrschein** un ticket **I7D**, 2
fallen tomber **I5B**, 3
falls si **I7C**, 1
eine **Familie** une famille **I3A**, 9
fantastisch fantastique/fantastique **I1B**, 2
eine **Farbe** une couleur **I6A**, 6
Februar février (m.) **I3B**, 7
ein **Federmäppchen** une trousse ⟨**I2A**, 1⟩
die **Ferien** les vacances (f.) (pl.) **I6A**, 1
in den Ferien en vacances **I2A**, 3
das **Fernsehen** la télévision (fam.: la télé) **I4A**, 1
ein **Fest** une fête **I6DE** un bal **I6B**, 1
die „**Fête de la musique**" la Fête de la musique **I6DE**
ein **Film** (Kino, Fernsehen) un film **I5C**, 1
jdn./etw. **finden** trouver qn/qc **I2A**, 2
ein **Fisch** un poisson ⟨**I1P**⟩
ein **Flammkuchen** une tarte flambée ⟨**I6P**⟩
ein **Flugzeug** un avion **I7D**, 3
ein **Flur** un couloir ⟨**I5A**, 3⟩
ein **Foto** une photo **I5DE**
eine **Frage** une question **I5B**, 3
jdn. (nach etw.) **fragen** demander (qc) à qn **I6B**, 1
Französisch le français ⟨**I4P**⟩
auf Französisch en français **I2A**, 1
französisch français; français/française **I2A**, 1
eine **Frau** une dame **I1B**, 4
Frau … madame … **I1B**, 6
Fräulein … mademoiselle … **I1B**, 6
Freitag vendredi (m.) **I4B**, 1
am Freitag vendredi (m.) **I4B**, 1
eine **Freizeitbeschäftigung** une activité **I5DE**
ein **Freund**/eine **Freundin** un ami/une amie **I0**, 1 **I2A**, 3 un copain/une copine (fam.) **I1B**, 2
ein Frisör/eine **Frisörin** un coiffeur/une coiffeuse ⟨**I5P**⟩
froh content/contente **I6DE**
früh (Adv.) tôt (adv.) **I7D**, 1
das **Frühstück** le petit-déjeuner **I7C**, 1
ein **Führer**/eine **Führerin** un guide/une guide **I7B**, 1 **I7C**, 1
ein **Füller** un stylo **I2A**, 1

für pour **I2A**, 3
ein **Fuß** un pied **I4DE**
zu Fuß à pied **I5A**, 1
der **Fußball** (Sportart) le foot(ball) **I2B**, 7
ein **Fußballplatz** un terrain de foot ⟨**I5P**⟩
ein **Fußballverein** un club de foot ⟨**I5P**⟩

G

ein **Gang** un couloir ⟨**I5A**, 3⟩
ein **Gang** (beim Essen); ein Gericht un plat **I6A**, 2
jdm. etw. **geben** donner qc à qn **I6B**, 1
Acht **geben** faire attention **I7C**, 1
ein **Geburtstag** un anniversaire **I3DE**
ein **Gedanke** une idée **I3A**, 1
ein **Gedicht** un poème **I6A**, 9
gehen aller **I4A**, 3
nach Hause gehen rentrer **I4A**, 1
Wie geht's? Ça va? **I0**, 1
Wem **gehört** er/sie/es? Il/Elle est à qui? **I4A**, 3
gelb jaune/jaune **I6A**, 6
gemeinsam (Adv.) ensemble **I3A**, 1
genial génial/géniale **I7B**, 3
geradeaus tout droit **I5B**, 1
das **Geräusch** le bruit **I5A**, 3
ein **Gericht**; ein Gang (beim Essen) un plat **I6A**, 2
ich würde **gern** (etw. tun) j'aimerais faire qc **I6C**, 1
ein **Geschäft** un magasin **I2DE**
ein **Geschenk** un cadeau/des cadeaux **I3A**, 1
eine **Geschichte** une histoire **I3A**, 1
Geschichte und Erdkunde (als Schulfach) l'histoire-géo (f.) ⟨**I4P**⟩
ein **Getränk** une boisson ⟨**I6P**⟩
ein **Getränkestand** une buvette **I5DE**
etw. **gewinnen** gagner qc **I5B**, 3
eine **Gitarre** une guitare **I5A**, 5
grau gris/grise **I6A**, 6
groß grand/grande **I6A**, 1
die **Großeltern** les grands-parents (m.) **I3A**, 9
eine **Großmutter** une grand-mère **I2A**, 3
ein **Großvater** un grand-père **I3A**, 9
grün vert/verte **I6A**, 2
eine **Gruppe** un groupe **I6DE**
Grüß dich! Salut! (fam.) **I0**, 1
Grüß Gott! Bonjour! **I0**, 1
gut bon/bonne **I6A**, 1
gut (Adv.) bien (adv.) **I0**, 1
die **Gymnastik** la gymnastique **I2B**, 7

H

haben avoir **I3B**, 1
halb acht sept heures et demie **I4A**, 1
ein **Halbbruder** un demi-frère ⟨**I3A**, 9⟩
eine **Halbschwester** une demi-sœur ⟨**I3A**, 9⟩

Hallo! Salut! (fam.) **I0**, 1 Coucou! **I7B**, 3
Hallo? (am Telefon) Allô? **I3A**, 3
eine **Haltestelle** une station **I7D**, 1
ein **Hamster** un hamster ⟨**I1P**⟩
die **Hand** la main **I4A**, 3
Handball le hand-ball ⟨**I5A**, 5⟩
ein **Handy** un portable **I5C**, 1
ein **Haus** une maison **I2DE**
nach Hause gehen rentrer **I4A**, 1
zu Hause à la maison **I4A**, 1
die **(Haus)Aufgaben** les devoirs (m.) (pl.) **I4B**, 4
ein **Heft** un cahier **I2A**, 1
er **heißt** il s'appelle **I3B**, 9
ich heiße je m'appelle **I0**, 2
jdm. **helfen** aider qn **I6B**, 1
hereinkommen entrer **I2A**, 3
ein **Herr** un monsieur **I1B**, 4
heute aujourd'hui **I3A**, 1
heute Abend ce soir **I5A**, 1
hier ici **I1B**, 1
hierher ici **I1B**, 1
hinter derrière **I4B**, 10
hinuntergehen descendre **I6A**, 2
der **Hip-Hop** le hip-hop **I6B**, 6
eine **Hochzeit** un mariage ⟨**I3P**⟩
ein (Schul-)**Hof** une cour **I4DE**
jdn./etw. **hören** entendre qn/qc **I6A**, 2
hübsch joli/jolie **I6A**, 2
ein **Hund** un chien **I1B**, 1
der **Hunger** la faim **I3B**, 1
Hunger haben avoir faim **I3B**, 1

I

ich (betont) moi **I0**, 2
eine **Idee** une idée **I3A**, 1
Ihr/Ihre votre/vos **I4B**, 4
ein **Imbissstand** une buvette **I5DE**
immer toujours **I3A**, 3
in dans **I2A**, 3
in der Klasse 6B en sixième B **I4A**, 3
in Deutschland en Allemagne **I3A**, 3
in (Paris) à (Paris) **I2DE**
das **Inlinerfahren** le roller **I5DE**
interessant intéressant/intéressante **I6DE**
jdn. **interessieren** intéresser qn **I7A**, 3
eine Internetseite un site (Internet) **I7C**, 1
das **Internet** Internet (m.) **I7C**, 1
ein **Interview** une interview **I5B**, 3

J

ja oui **I0**, 1
ein **Jahr** un an **I3B**, 1
ein **Jahr** (im Verlauf) une année **I3B**, 7
Januar janvier (m.) **I3B**, 7
jeder tout le monde **I5DE**

jetzt maintenant **I3A**, 3

ein **Journalist**/eine **Journalistin** un journaliste/
une journaliste **I7DE**

das **Judo** le judo **I2B**, 2

Judo betreiben faire du judo **I5A**, 3

ein **Jugendzentrum** une maison des jeunes
⟨**I5P**⟩

Juli juillet *(m.)* **I3B**, 7

ein **Junge** un garçon **I1B**, 1

Juni juin *(m.)* **I3B**, 7

K

ein **Kampf** un combat **I5B**, 3

ein **Kanarienvogel** un canari ⟨**I1P**⟩

ein **Kaninchen** un lapin ⟨**I1A**, 5⟩

eine **Kantine** une cantine **I4DE**

eine **Kappe** une casquette **I6B**, 1

eine **Karte** une carte **I7B**, 1

ein **Karton** un carton **I2A**, 3

eine **Kathedrale** une cathédrale **I7DE**

eine **Katze** un chat **I1B**, 1

etw. **kaufen** acheter qc **I3A**, 2

ein **Kaufhaus** un grand magasin ⟨**I5P**⟩

kein/**keine** ne … pas de *(+ Nomen)* **I6C**, 1

kein/keine … mehr ne … plus de + *Nomen*
I6C, 1

eine **Kerze** une bougie **I3A**, 3

ein **Kilometer** un kilomètre **I7D**, 1

ein **Kind** un enfant **I3A**, 9

ein **Kinderzimmer** une chambre d'enfant
⟨**I5A**, 3⟩

ein **Kino** un cinéma ⟨**I2P**⟩

ein **Kiosk** un kiosque ⟨**I5P**⟩

eine **Kirche** une église **I7DE**

Na **klar**! Bien sûr! **I3A**, 2

eine **Klasse** une classe **I4DE**

ein **Klassenraum** une salle de cours **I4A**, 3

klassisch classique **I2B**, 7

ein **Klavier** un piano **I6B**, 6

klein petit/petite **I6A**, 1

klicken cliquer **I4B**, 4

komisch bizarre **I1B**, 2

kommen arriver **I2DE**

Komm! *(Aufforderung)* Viens! **I1A**, 1

können *(in der Lage sein)* pouvoir **I7C**, 1

er kann es nicht fassen il n'en peut plus
I7C, 1

er kann nicht mehr il n'en peut plus **I7C**, 1

man könnte on pourrait **I7C**, 1

ein **Konzert** un concert **I6DE**

ein **Kopf** une tête **I6A**, 2

eine **Kopie** une copie **I4B**, 4

kosten coûter **I5C**, 1

Wie viel kostet das? Ça coûte combien?; Ça
fait combien? **I5C**, 1

eine **Krankenstation** une infirmerie **I4DE**

eine **Kreuzung** un carrefour **I5B**, 1

eine **Küche** une cuisine **I5A**, 3

ein **Kuchen**/**Kuchen** un gâteau/des gâteaux
I3A, 3

Kuckuck! Coucou! **I7B**, 3

ein **Kuli** un stylo **I2A**, 1

ein **Kunde**/eine **Kundin** un client/une cliente
I5C, 5

Kunst *(als Schulfach)* les arts plastiques *(m.)*
(pl.) ⟨**I4P**⟩

ein **Kuss** une bise *(fam.)* **I7B**, 3

Viele Grüße und Küsse Grosses bises **I7B**, 3

ein **Küsschen** une bise *(fam.)* **I7B**, 3

ein **Küsschen** un bisou *(fam.)* **I7B**, 3

L

ein **Laden** un magasin **I2DE**

ein **Ladengeschäft** une boutique **I7B**, 1

lang long/longue **I6A**, 2

der **Lärm** le bruit **I5A**, 3

etw. **legen** poser qc **I5B**, 3

ein **Lehrer**/eine **Lehrerin** un professeur/une
professeure **I4A**, 3

die **Leichtathletik** l'athlétisme *(m.)* ⟨**I2P**⟩
l'athlétisme *(m.)* **I5A**, 3

es tut mir **leid** (je suis) désolé/désolée **I7C**, 1

das **Lesen** la lecture ⟨**I2P**⟩

etw. **lesen** lire qc **I7B**, 1

die **Leute** les gens *m. pl.* **I6DE**

Lieber …/**Liebe** … *(Anrede)* Cher/Chère **I6C**, 1

jdn./etw. **lieben** aimer qn/qc **I2B**, 2

Lieblings- préféré/préférée **I6B**, 6

ein **Lied** une chanson **I1B**, 2

(nach) **links** à gauche **I5B**, 1

die **Lust** l'envie *(f.)* **I3B**, 1

Lust haben, etwas zu tun avoir envie de
faire qc **I3B**, 1

M

etw. **machen** faire qc **I4B**, 4

ein **Mädchen** une fille **I1B**, 1

eine **Mahlzeit** un repas **I5A**, 3

Mai mai *(m.)* **I3B**, 7

ein **Mal** une fois **I7C**, 1

ein **Mann** un monsieur **I1B**, 4

März mars *(m.)* **I3B**, 7

Mathematik les mathématiques *(f.)* *(pl.)* ⟨**I4P**⟩

eine **Maus** une souris ⟨**I1P**⟩

ein **Meerschweinchen** un cochon d'Inde ⟨**I1P**⟩

ein **Meister**/eine **Meisterin** un champion/une
championne **I5B**, 3

eine **Mensa** une cantine **I4DE**

merkwürdig bizarre **I1B**, 1

eine **Million** un million **I7D**, 1

ein **Mineralwasser** une eau minérale **I5C**, 1

eine **Minute** une minute **I4A**, 3

Mist! Zut! *(fam.)* **I2A**, 3

mit avec **I2DE**

Mitternacht minuit *(m.)* **I5A**, 3

Mittwoch mercredi *(m.)* **I4B**, 1

am Mittwoch mercredi *(m.)* **I4B**, 1

ein **Mobiltelefon** un portable **I5C**, 1

ich **möchte** gerne … je voudrais … **I5A**, 3

modern moderne **I7DE**

jemanden/etwas sehr gern **mögen** adorer
qn/qc **I7C**, 1

etw. lieber mögen préférer qc **I3A**, 3

jdn./etw. mögen aimer qn/qc **I2B**, 2

ein **Monat** un mois **I3B**, 7

Montag lundi *(m.)* **I4A**, 3

am Montag lundi *(m.)* **I4A**, 3

ein **Monument** un monument **I7DE**

der **Morgen** le matin **I5A**, 3

morgen demain **I3A**, 3

morgen früh demain matin **I7D**, 3

das **Mountainbike** le VTT ⟨**I2P**⟩

eine **Möwe** une mouette **I5C**, 1

müde fatigué/fatiguée **I7D**, 1

ein **Museum** un musée **I7DE**

die **Musik** la musique **I2B**, 2

Musik *(als Schulfach)* l'éducation musicale *(f.)* ⟨**I4P**⟩

ein **Musiker**/eine **Musikerin** un musicien/une
musicienne **I6DE**

eine **Musikschule** une école de musique ⟨**I5P**⟩

Pipi machen **müssen** avoir envie de faire pipi
I6A, 2

eine **Mutter** une mère **I3A**, 9

N

Na ja. *(ugs.)* Bof! *(fam.)* **I1B**, 6

Na klar! Bien sûr! **I3A**, 2

nach après **I4A**, 1

nach (Paris) à (Paris) **I2DE**

nach Hause à la maison **I4A**, 1

der **Nachmittag** l'après-midi *(m.)* *(f.)* **I5A**, 3

nachmittags l'après-midi *(m.)* *(f.)* **I5A**, 3

die **Nacht** la nuit **I5A**, 1

12 Uhr **nachts** minuit *(m.)* **I5A**, 3

ein **Name** un nom **I7A**, 1

etw. **nehmen** prendre qc **I5C**, 1

nett sympa **I2B**, 2

Neujahr le nouvel an ⟨**I3P**⟩

nicht ne … pas **I4A**, 3

nicht mehr ne … plus **I4B**, 4

nichts ne … rien **I4B**, 4

nie ne … jamais **I4B**, 4

niemals ne … jamais **I4B**, 4

noch encore **I3B**, 1

November novembre *(m.)* **I3B**, 7

eine **Nummer** un numéro **I5B**, 3

O

o.k. d'accord **I2B**, 2
oder ou **I3A**, 1
ökologisch écologique/écologique **I7D**, 2
Oktober octobre *(m.)* **I3B**, 7
Omi mamie *(fam.)* **I7B**, 3
ein **Onkel** un oncle **I3A**, 9
Opi papi/papy *(fam.)* **I7B**, 3
eine **Orange** une orange **I5C**, 1
ein **Ordner** un classeur ⟨**I2A**, 1⟩
ein **Ort** un endroit **I7DE**
Ostern Pâques *(f.)* ⟨**I3P**⟩

P

Papa papa **I1A**, 1
ein **Papagei** un perroquet ⟨**I1P**⟩
ein **Park** un parc **I5DE**
eine **Party** une fête **I6DE**
eine **Pause** une pause **I6A**, 2
die **Pause** *(in der Schule)* la récréation **I4A**, 3
eine **Person** une personne **I7A**, 1
ein **Pferd**/**Pferde** un cheval/des chevaux ⟨**I1P**⟩
Pfingsten la Pentecôte ⟨**I3P**⟩
ein **Piano** un piano **I6B**, 6
Pipi machen müssen avoir envie de faire pipi **I6A**, 2
eine **Pizza** une pizza ⟨**I6P**⟩
ein **Plakat** une affiche **I2DE**
ein **Platz** une place **I4A**, 3
plötzlich tout à coup **I6A**, 2
der **Pop** la pop **I6B**, 6
das **Porzellan** la porcelaine **I6B**, 1
die **Post** la poste **I5B**, 2
ein **Poster** une affiche **I2DE**
eine **Postkarte** une carte postale **I7B**, 1
ein **Problem** un problème **I6A**, 1
Pst! Chut! **I2A**, 3

R

das **Radfahren** le cyclisme ⟨**I5A**, 5⟩
ein **Radiergummi** une gomme **I2A**, 1
eine **Ratte** un rat ⟨**I1P**⟩
Recht haben avoir raison **I4B**, 4
(nach) **rechts** à droite **I5B**, 1
eine **Reise** un voyage **I6A**, 2
das **Reiten** l'équitation *(f.)* ⟨**I5A**, 5⟩
eine **Reportage** un reportage **I7DE**
ein **Restaurant** un restaurant **I7A**, 1 **I7B**, 1
die **Rockmusik** le rock **I2B**, 7
der **Rollerskate** le roller ⟨**I2P**⟩
rot rouge/rouge **I6A**, 2
ein **Rucksack** un sac à dos **I2A**, 1
ein **Rundgang** un tour **I5A**, 3

S

eine **Sache** un truc *(fam.)* **I2A**, 1 une affaire **I3A**, 3 une chose **I6C**, 1
ein **Saft** un jus **I5C**, 1
jdm. etw. **sagen** dire qc à qn **I6B**, 1
er sagt/sie sagt il dit/elle dit **I2A**, 3
Samstag samedi *(m.)* **I4B**, 1
am Samstag samedi *(m.)* **I4B**, 1
samstags le samedi **I5A**, 3
ein **Sandwich** un sandwich ⟨**I6P**⟩
ein **Sänger**/eine **Sängerin** un chanteur/une chanteuse **I6DE**
ein **Saxophon** un saxophone ⟨**I2P**⟩
schade dommage **I3A**, 3
Schau mal! Tiens! **I2A**, 3
eine **Scheibe Brot** mit Aufstrich une tartine **I7C**, 1
ein **Schiff** un bateau/des bateaux **I7C**, 1
eine **Schildkröte** une tortue ⟨**I1P**⟩
eine **Schirmmütze** une casquette **I6B**, 1
eine **Schlange** un serpent ⟨**I1P**⟩
schlecht mauvais/mauvaise **I6A**, 1
schließlich enfin **I6C**, 1
der **Schluss** la fin **I4B**, 5
ein **Schlüssel** une clé **I4A**, 3
Schmerzen haben avoir mal **I5B**, 3
schmollen *(ugs.)* faire la tête *(fam.)* **I6A**, 2
schnell *(Adv.)* vite *(adv.)* **I1A**, 1
ein **Schokoladenbrötchen** un pain au chocolat ⟨**I1A**, 5⟩
schon déjà **I5A**, 3
jdm. etw. **schreiben** écrire qc à qn **I7B**, 1
ein **Schreibtisch** un bureau **I7B**, 1
ein **Schreibwarengeschäft** une papeterie ⟨**I5P**⟩
eine **Schulaufgabe** une interrogation écrite **I4B**, 4
eine **Schule** une école **I2A**, 3
ein **Schüler**/eine **Schülerin** un élève/une élève **I4DE**
eine **Schultasche** un cartable ⟨**I2A**, 1⟩
schwarz noir/noire **I6A**, 6
ein **Schwein** un cochon ⟨**I1P**⟩
eine **Schwester** une sœur **I2B**, 2
ein **Schwimmbad** une piscine **I5B**, 2
das **Schwimmen** la natation **I5A**, 5
Sieh mal! Tiens! **I2A**, 3
sehr très **I6A**, 1
sein être **I2B**, 2
seit depuis **I7C**, 1
Selbstverständlich! Bien sûr! **I3A**, 2
September septembre *(m.)* **I3B**, 7
Servus! *(ugs.)* Salut! *(fam.)* **I0**, 1
Sicherlich! Bien sûr! **I3A**, 2
singen chanter **I3B**, 1
ein **Sketch** un sketch ⟨**I6P**⟩
das **Ski fahren** le ski ⟨**I5A**, 5⟩

eine **SMS** un texto **I7B**, 1
so comme ça **I4B**, 4
sogar même **I5B**, 3
ein **Sohn** un fils **I3A**, 9
Sonntag dimanche *(m.)* **I4B**, 1
am Sonntag dimanche *(m.)* **I4B**, 1
Spaghetti des spaghettis *(m.)* *(pl.)* **I5A**, 3
Wie **spät** ist es? Quelle heure est-il? **I4A**, 1
zu spät kommen être en retard **I4DE**
spät tard **I5A**, 3
ein **Spiel**/**Spiele** un jeu/des jeux **I3A**, 3
spielen jouer **I4DE**
der **Sport** le sport **I2B**, 2
Sport *(als Schulfach)* l'E.P.S. *(Education physique et sportive)* *(f.)* ⟨**I4P**⟩
ein **Sportverein** un club sportif ⟨**I5P**⟩
mit jdm. **sprechen** parler à qn **I6B**, 1
sprechen parler **I2DE**
eine **Stadt** une ville **I7DE**
ein **Stand** un stand **I5C**, 5
eine **Station** une station **I7D**, 1
etw. **stellen** poser qc **I5B**, 3
Stimmt's? C'est ça? **I3B**, 1
eine **Straße** une rue **I2A**, 3
auf der Straße dans la rue **I2A**, 3
ein **Streik** une grève **I6A**, 2
ein **Stuhl** une chaise **I6B**, 1
eine **Stunde** une heure **I4A**, 1
der **Stundenplan** l'emploi *(m.)* du temps **I4B**, 1
jdn./etw. **suchen** chercher qn/qc **I2DE**
super super *(inv.)* **I1B**, 1 génial/géniale **I7B**, 3
ein **Supermarkt** un supermarché ⟨**I5P**⟩
das **Surfen** le surf ⟨**I5A**, 5⟩

T

ein **Tag** un jour **I5A**, 1
Einen schönen Tag! Bonne journée! **I5C**, 5
Guten Tag! Bonjour! **I0**, 1
pro Tag par jour **I7D**, 1
ein **Tag** *(im Verlauf)* une journée **I4A**, 1
ein **Tagebuch** un journal/des journaux **I6A**, 1
täglich *(Adv.)* par jour **I7D**, 1
eine **Tante** une tante **I3A**, 9
der **Tanz** la danse **I5A**, 5
das **Tanzen** la danse **I5A**, 5
tanzen danser **I6B**, 1
eine **Tasche** un sac **I4B**, 4
eine **Taufe** un baptême ⟨**I3P**⟩
die **Technik** la technologie ⟨**I4P**⟩
Techno *(Musikstil)* la techno **I2B**, 7
ein **Teil** une partie **I4B**, 5
mit jdm. **telefonieren** téléphoner à qn **I6A**, 2
das **Tennis** le tennis ⟨**I5A**, 5⟩
teuer cher/chère **I6C**, 1
ein **Text** un texte **I6B**, 6

das **Theater** le théâtre **I5A**, 5
ein **Tier** un animal **I1B**, 1
ein Tier/**Tiere** un animal/des animaux **I1B**, 1
ein **Tisch** une table **I5A**, 3
    bei Tisch à table **I5A**, 3
ein **Titel** un titre **I4B**, 5
eine **Tochter** une fille **I1B**, 1
die **Toilette** les toilettes *(f.) (pl.)* **I4A**, 1
    les W.-C. *(m.) (pl.)* ⟨**I5A**, 3⟩
toll fantastique/fantastique; super *(inv.)*
    I1B, 1
eine **Tour** un tour **I5A**, 3
    eine Segway-Tour machen faire un tour en
    segway **I7C**, 1
ein **Tourist**/eine **Touristin** un touriste/une
    touriste **I7DE**
etw. **tragen** porter qc **I2A**, 2
ein **Traum** un rêve **I4B**, 4
traurig triste/triste **I6A**, 1
jdn. **treffen** retrouver qn/qc **I4A**, 3 rencontrer
    qn **I6C**, 1
Tschüs! Salut! *(fam.)* **I0**, 1
ein **T-Shirt** un t-shirt **I2B**, 2
etwas **tun** faire qc **I4B**, 4
ein **Turm** une tour **I7DE**
das **Turnen** la gymnastique **I2B**, 7
eine **Turnhalle** un gymnase **I4B**, 3

U

über sur **I3B**, 1
etw. **überqueren** traverser qc **I5B**, 1
eine **Überraschung** une surprise **I3B**, 1
eine **Übung** un exercice **I4B**, 4
Uhrzeit: halb acht **Uhr** sept heures et demie
    I4A, 1
    zwölf Uhr *(mittags)* midi **I4A**, 1
    Uhrzeit: sieben Uhr sept heures **I4A**, 1
    Uhrzeit: Viertel nach sieben Uhr sept heu-
    res et quart **I4A**, 1
    Uhrzeit: Viertel vor sieben Uhr sept heures
    moins le quart **I4A**, 1
    um wie viel Uhr? à quelle heure? **I4A**, 2
    Wie viel Uhr ist es? Quelle heure est-il?
    I4A, 1
umsteigen changer de train **I7D**, 3
umweltfreundlich écologique/écologique
    I7D, 2
und et **I0**, 2
unter sous **I4A**, 3
sich (über etw.) **unterhalten** discuter (de qc)
    I4A, 3
eine **Unterrichtsstunde** un cours **I4DE**
der **Urlaub** les vacances *(f.) (pl.)* **I6A**, 1
ein **USB-Stick** une clé USB **I4A**, 3

V

ein **Vater** un père **I3A**, 9
jdn./etw. **verabscheuen** détester qn/qc **I2B**, 2
etw. **verbringen** passer qc **I5A**, 1
Verdammt! Zut! *(fam.)* **I2A**, 3
etw. **vergessen** oublier qc **I6C**, 1
ein **Verkäufer**/eine **Verkäuferin** un vendeur/
    une vendeuse **I5C**, 1
ein **Verkehrsmittel** un moyen de transport
    I7D, 1
das **Verlangen** l'envie *(f.)* **I3B**, 1
etw. von jdm. **verlangen** demander (qc) à qn
    I6B, 1
etw. **verlassen** quitter qc **I5A**, 3
etw. **verlieren** perdre qc **I6A**, 2
eine **Verspätung** un retard **I4DE**
Verzeihung pardon **I1A**, 1
viel beaucoup **I5B**, 2
    zu viel trop **I5B**, 3
viel(e) beaucoup de *(+ Nomen)* **I6C**, 1
vielleicht peut-être **I7B**, 1
ein (Stadt-)**Viertel** un quartier **I5DE**
ein **Viertel** un quart **I4A**, 1
    Viertel nach sieben sept heures et quart /
    Viertel vor sieben Uhr sept heures moins le
    quart **I4A**, 1
Volleyball le volley(ball) ⟨**I5A**, 5⟩
von de/d' **I1B**, 1
    von … bis de … à **I4A**, 2
vor *(zeitlich)* avant **I7B**, 1
    vor allem surtout **I6B**, 1
vor örtlich devant **I2B**, 2
etw. **vorbereiten** préparer qc **I3A**, 3
vorher avant **I7B**, 1
Vorsicht! Attention! **I1A**, 1
etw. **vorziehen** préférer qc **I3A**, 3
ein **Vulkan** un volcan ⟨**I1A**, 5⟩

W

eine **Waffel** une gaufre **I5C**, 1
wann quand **I3B**, 7
auf jdn./etw. **warten** attendre qn/qc **I6A**, 2
warum? pourquoi? **I5B**, 3
Was? *(Fragepronomen)* Quoi? **I6B**, 1
    Was gibt es? Qu'est-ce qu'il y a? **I3A**, 2
    Was ist das? Qu'est-ce que c'est? **I2DE**
    Was macht Léo? Que fait Léo? **I2DE**
Was …? Qu'est-ce que …? **I2B**, 2
das **Wasser** l'eau *(f.)* **I5C**, 1
das **Wasserskifahren** le ski nautique ⟨**I5P**⟩
weh tun faire mal **I5B**, 3
Weihnachten Noël *(m.)* **I6A**, 1
weil parce que **I5B**, 3
auf diese **Weise** comme ça **I4B**, 4
weiß blanc/blanche **I6A**, 6
Ich **weiß** nicht. Je ne sais pas. **I4A**, 3

weit *(Adv.)* loin **I5A**, 1
welcher/welche/welches *(Fragebegleiter)*
    quel/quelle/quels/quelles **I7A**, 1
das **Wellenreiten** le surf ⟨**I5A**, 5⟩
ein **Wellensittich** une perruche ⟨**I1P**⟩
ein **wenig** un peu **I7D**, 1
wenn quand **I4A**, 3
wenn, falls si **I7C**, 1
wer qui *(Fragepronomen)* **I1A**, 1
    Wer ist das? Qui est-ce? **I1A**, 1
wie comme **I3A**, 3
Wie? *(Fragewort)* Comment? **I1A**, 1
    Wie alt bist du? Tu as quel âge? **I3B**, 9
    Wie geht es euch/Ihnen? Comment allez-
    vous? **I7B**, 3
    Wie geht's? Ça va? **I0**, 1
    wie viel combien **I5C**, 1
    Wie viel kostet das? Ça fait combien? **I5C**, 1
wieder encore **I3B**, 1
jdn./etw. **wiederfinden** retrouver qn/qc **I4A**, 3
Auf **Wiedersehen**! Au revoir! **I0**, 1
wie viel combien de *(+ Nomen)* **I6C**, 1
Willkommen! Bienvenue! **I0**, 1
das **Windsurfen** la planche à voile ⟨**I5P**⟩
wirklich vraiment **I5B**, 3
wo où **I2B**, 2
eine **Woche** une semaine **I7DE**
wohin où **I2B**, 2
wohnen habiter **I2B**, 2
eine **Wohnung** un appartement **I5A**, 3
ein **Wohnzimmer** un salon **I5A**, 3
ein **Wolf** un loup **I6A**, 2
etw. tun **wollen** vouloir faire qc **I7C**, 1
ein **Wort** un mot **I4B**, 3

Z

eine **Zeichnung** un dessin ⟨**I2P**⟩
jdm. etw. **zeigen** montrer qc à qn **I6B**, 1
die **Zeit** le temps **I4B**, 1
ein **Zeitschriften-** und Schreibwarengeschäft
    une maison de la presse **I2DE**
eine **Zeitung** un journal/des journaux **I2DE**
    I6A, 1
ein (Schlaf-)**Zimmer** une chambre **I3A**, 3
ein **Zimmer** une pièce **I5A**, 3
zu sehr trop **I5B**, 3
    zu viel trop **I5B**, 3
zu Hause à la maison **I4A**, 1
zuerst d'abord **I3A**, 2
zufrieden content/contente **I6DE**
ein **Zug** un train **I3A**, 3
    mit dem Zug en train **I7D**, 2
jdn. **zuhören** écouter qn/qc **I2A**, 2
zurückkommen rentrer **I4A**, 1
zusammen ensemble **I3A**, 1
zwischen entre **I6B**, 1

Zur französischen Rechtschreibung

Ab dem Schuljahr 2016 dürfen französische Schulbücher die empfohlene Anpassung der französischen Rechtschreibung von 1990 umsetzen[1]. Die bisherige Schreibung gilt jedoch weiterhin als korrekt. Die wichtigsten Anpassungen sind im Folgenden zusammengefasst.

Die angepasste Rechtschreibung hat in Frankreich noch keinen Eingang in den allgemeinen Gebrauch (usage) gefunden. Diese Ausgabe von *Découvertes* folgt der neuen Schreibung daher nur in den markierten Teilbereichen.

■ Die zusammengesetzten Zahlen werden durch Bindestrich verbunden:
alt: vingt et un, cent un
neu: vingt-et-un, cent-un

■ Bei zusammengesetzten Nomen mit Bindestrich (Verb + Nomen, Präposition + Nomen) wird das zweite Element mit -s geschrieben, wenn es sich um einen Plural handelt.
alt: des porte-bonheur, des après-midi
neu: des porte-bonheurs, des après-midis

■ Der accent grave ersetzt in einigen Wörtern den *accent aigu*, unter anderem auch in den Futur- und Conditionnel-formen der Verben vom Typ *céder*:
alt: événement, je céderai
neu: évènement, je cèderai

■ Der *accent circonflexe* auf *i* und *u* entfällt dort, wo er keine unterscheidende Bedeutung hat.
alt: coûter, s'entraîner, connaître
neu: couter, s'entrainer, connaitre
Aber weiterhin: sur – sûr (sicher),
du – dû, mur –mûr, il croit – il croît

■ Verben auf *-eler* und *-eter* werden konjugiert wie *peler* und *acheter*.
alt: j'amoncelle, amoncellement, tu époussetteras
neu: j'amoncèle, amoncèlement, tu epoussèteras
Aber weiterhin: j'appelle, je jette

■ Lehnwörter folgen bei den Akzenten und der Pluralbildung den französischen Regeln.
alt: un revolver, des matches
neu: un révolver, des matchs

■ Einige Wörter werden zusammengeschrieben, insbesondere Zusammensetzungen mit *contr(e)*, *entr(e)*, *extra*, *infra*, *intra*, *ultra*.
alt: entre-temps, week-end, porte-monnaie
neu: entretemps, weekend, portemonnaie

■ Das Trema wird in den Folgen *-güe-* und *-güi-*auf das *u* verlegt und kommt bei einigen Wörtern hinzu.
alt: aiguë, ambiguë, ambiguïté, arguer
neu: aigüe, ambigüe, ambigüité, argüer

■ Das Participe passé von laisser ist unveränderlich, wenn ein Infinitiv folgt:
alt: je les ai laissés partir
neu: je les ai laissé partir

■ Einige Anomalien werden beseitigt.
alt: asseoir, chariot, joaillier, oignon, papeterie, relais
neu: assoir, charriot, joailler, ognon, papèterie, relai

---

1 Mitteilung vom 05.02.2016

Pour faire les exercices du livre

A tour de rôle, jouez …	Spielt reihum …
Ajoutez …	Fügt … hinzu.
A quels noms est-ce que ces mots se rapportent?	Auf welche Namen beziehen sich diese Wörter?
Changez de rôle.	Tauscht die Rollen.
Chantez.	Singt.
Chaque élève …	Jeder Schüler …
Cherchez les mots qui vont ensemble.	Sucht die Wörter, die zusammengehören.
Choisissez …	Wählt …aus.
Commence/Commencez comme ça: …	Beginne/Beginnt so: …
Comparez vos résultats.	Vergleicht eure Ergebnisse.
Complétez … avec les mots/verbes donnés.	Vervollständigt … mit den vorgegebenen Wörtern/Verben.
Complétez le tableau.	Vervollständigt die Tabelle.
Complétez les phrases suivantes.	Vervollständigt die folgenden Sätze.
Comptez.	Zählt.
Continuez.	Macht weiter.
Copiez et complétez … dans votre cahier.	Übertragt und ergänzt … in eurem Heft.
Corrigez les autres résumés/les phrases.	Korrigiert die anderen Resümees/die Sätze.
Décris/Décrivez les images.	Beschreibe/Beschreibt die Bilder.
Devinez.	Ratet.
Donnez le nom des jours de la semaine.	Gebt die Namen der Wochentage an.
Ecoutez les phrases encore une fois.	Hört die Sätze noch einmal an.
… écrit un courriel.	…schreibt eine E-Mail.
Ecrivez les phrases.	Schreibt die Sätze auf.
Expliquez comment on forme …	Erläutert, wie man … bildet.
Faites des dessins/ des devinettes.	Macht Zeichnungen/Rätsel.
Faites des dialogues.	Macht Dialoge.
Faites des groupes.	Bildet Gruppen.
Faites des phrases différentes.	Bildet unterschiedliche Sätze.
Faites un tableau.	Zeichnet eine Tabelle.
Fermez le livre.	Schließt das Buch.
Invente …	Erfinde …
Imaginez.	Stellt euch vor.
Jouez à deux.	Spielt zu zweit.
Jouez avec deux dés.	Spielt mit zwei Würfeln.
Jouez la scène.	Spielt die Szene.
Justifiez …	Begründet …
Les lignes …vont vous aider.	Die Zeilen … werden euch helfen.
Lis le message.	Lies die Nachricht.
Lisez les questions et trouvez les réponses.	Lest die Fragen und findet die Antworten.
Mettez la bonne négation.	Setzt die richtige Verneinung ein.
Mettez les phrases dans le bon ordre.	Bringt die Sätze in die richtige Reihenfolge.
Mettez les verbes à la bonne forme.	Setzt die Verben in die richtige Form.
Mimez …	Stellt … als Pantomime dar.

N'oubliez pas …	Vergesst nicht …
Notez les expressions …	Schreibt die Redewendungen … auf.
Notez ce qui vous a aidé à ….	Notiert, was euch bei … geholfen hat.
Parlez avec votre partenaire.	Sprecht mit eurem Partner/eurer Partnerin.
Parlez de …	Sprecht über …
Pensez à …	Denkt an …
Posez des questions et répondez.	Stellt Fragen und beantwortet sie.
Posez six questions différentes.	Stellt sechs unterschiedliche Fragen.
Prends/Prenez des notes.	Mache/Macht Notizen.
Préparez le dialogue et jouez-le.	Bereitet den Dialog vor und spielt ihn.
Présentez …	Präsentiert …/Stellt … vor.
Quand vous entendez … levez les mains.	Wenn ihr … hört, hebt die Hände.
Quelle est la différence entre …?	Was ist der Unterschied zwischen …?
Que veulent dire ces mots?	Was bedeuten diese Wörter?
Quels mots vont ensemble?	Welche Wörter passen zusammen?
Quels noms est-ce que vous comprenez?	Welche Bezeichnungen versteht ihr?
Qu'est-ce qu'on apprend sur …	Was erfährt man über …
Qu'est-ce que vous remarquez?	Was fällt euch auf?
… qui conviennent.	… passend …
Qui dit ou pense quoi?	Wer sagt oder denkt was?
Raconte ce que …	Erzähle das, was …
Regardez l'image.	Seht das Bild an.
Relisez les lignes …	Lest die Zeilen … noch einmal.
Regardez vos notes.	Sehtauf eure Notizen.
Remplacez …	Ersetzt …
Répétez.	Sprecht nach.
Répondez.	Antwortet.
les … suivants/suivantes	die folgenden …
Travaillez à deux.	Arbeitet zu zweit.
Trouvez des réponses.	Findet Antworten.
Trouvez la bonne forme du verbe.	Findet die richtige Verbform.
Trouvez le bon ordre.	Findet die richtige Anordnung.
Trouvez le pronom/ les mots/les phrases.	Findet das Pronomen/die Wörter/die Sätze.
Utilisez des formes différentes …	Verwendet unterschiedliche Formen …
Utilisez tous les mots donnés.	Verwendet alle angegebenen Wörter.
Utilisez toutes les formes de …	Verwendet alle Formen von …
Vrai ou faux? Si c'est faux, corrigez.	Richtig oder falsch? Verbessert es, wenn es falsch ist.

Das Alphabet findet ihr auf S. 26. Nützliche Sätze für den Unterricht findet ihr auf S. 60 und 61.

Solutions: Lösungen und Lösungsvorschläge

Mit dem Lösungsteil kannst du dich selbst kontrollieren. Damit du eigene Fehler erkennst, musst du sehr genau hinsehen und deine Lösungen sorgfältig mit den hier abgedruckten vergleichen. Trage deine Fehler in dein „Fehlerprotokoll" ein. Wie du damit arbeiten kannst, steht auf Seite 155.

Unité 1, Bilan (S. 24–25)

1 Parler

1. Je m'appelle *Tim*. **2.** Je suis de *Bonn*. **3.** Tu es de Paris? **4.** Qui est-ce? **5.** Ça va? **6.** Bonjour, monsieur! / Bonjour, madame! **7.** Salut! **8.** Au revoir! / Salut! **9.** Voilà Samy. / C'est Samy. **10.** (Oh) Pardon! **11.** Attention! **12.** Merci!

2 Ecouter et lire

1. C'est Flora. **2.** C'est Magali. **3.** C'est Zoé. **4.** C'est Emma.

3 En forme

A 1. Salut! Je suis Marie. Je suis de Paris. **2.** Et toi? Tu es aussi de Paris? **3.** Oui! Et voilà Malabar. C'est un chien fantastique! **4.** Moustique aussi. Il est super! **5.** Mais toi, tu es super aussi!

B 1. C'est un monsieur. Il est super. **2.** C'est un chien. Il est bizarre. **3.** C'est un garçon. Il est super. **4.** C'est une fille. Elle est fantastique. **5.** C'est un chat. Il est super.

Bonus 1 (S. 26)

2 Madame comment?

1. Zoé Nguyen – chat: Luciole – 12 rue Saint-Jacques, Paris; **2.** Gwenneg Thouvenin – chien: Snoopy – 8 rue d'Alma, Montluçon; **3.** Marie Busque – chat: Bernac – 11 rue Dénoyez, Paris.

3 Le code secret

A Le cœur, c'est B. Le zéro, c'est J. Le 1, c'est R. Le 2, c'est I. Le 3, c'est V. Le 4, c'est E. Le 5, c'est U. Le 6, c'est A. Le 7, c'est C. Le 8, c'est X. Le 9, c'est G. Le 10, c'est O. Le 11, c'est Z. Le 12, c'est L.

B 1. Biarritz; **2.** Le Havre; **3.** Dijon; **4.** Marseille; **5.** Strasbourg; **6.** Lyon; **7.** Bordeaux; **8.** Calais

Unité 2, Bilan (S. 37–38)

1 Parler

1. Je suis l'ami (l'amie) *oder:* le copain (la copine) de Joséphine. **2.** Tu habites où? **3.** J'habite à Neustadt, Kantstraße 39. **4.** Qu'est-ce que c'est, en français? **5.** Que fait Max? **6.** Qu'est-ce que tu aimes? **7.** J'aime le vélo. **8.** Je déteste le rap. **9.** D'accord! **10.** Je suis en vacances.

2 Lire et écrire

1. Marie entre dans un magasin. Elle cherche une BD pour une amie. **2.** Elle regarde une BD. Ah! Voilà une BD super! **3.** Tiens, voilà Jérôme. Mais que fait Jérôme? **4.** Jérôme, attention, la BD! Oh! C'est la catastrophe!

3 Ecouter et lire

1. *Vous habitez à Paris?* – Non, nous habitons à Toulouse (Satz 3). **2.** *Le chien est devant le magasin?* – Non, il est dans le magasin (Satz 4). **3.** *Tu détestes le vélo? C'est vrai?* – Non, j'aime bien le vélo (Satz 5). **4.** *Qu'est-ce que tu aimes?* – J'aime le judo et le rugby (Satz 1). **5.** *C'est un truc bizarre! Qu'est-ce que c'est?* – C'est un stylo (Satz 2).

4 En forme

1. Marie et le papa de Marie sont dans un magasin. **2.** *Marie:* Bonjour, madame Latière. *Mme Latière:* Bonjour, Marie. Bonjour, monsieur. Ah, vous êtes le papa de Marie? **3.** *Le papa:* Oui, c'est ça, je suis le papa. Nous sommes ici pour une BD. *Mme Latière:* Voilà une BD fantastique. **4.** *Le papa:* Elle est super, non, Marie? **5.** *Marie:* Tu trouves la BD super? Tu es bizarre, papa!

5 On combine.

Marie: **1.** Papa, elle est super, l'affiche, non? **2.** … Tiens, dans le magasin, c'est Alex! *Le papa de Marie:* **3.** Alex, qui est-ce? *Marie:* **4.** C'est une copine. Elle habite dans le quartier. *Le papa de Marie:* **5.** Elle parle avec un garçon. **6.** C'est l'ami d'Alex? *Marie:* **7.** Non, c'est Jérôme, le frère d'Alex. **8.** Mais que fait Alex?

9. Le papa et Marie entrent dans la maison de la presse. *Marie:* 10. Salut, Alex! Salut, Jérôme. Vous regardez une BD? *Alex:* 11. Non, nous cherchons un livre sur le taekwondo. *Le papa de Marie:* 12. Vous aimez ça? *Marie:* 13. Mais le taekwondo, qu'est-ce que c'est? C'est un sport? *Jérôme:* 14. Oui, et on aime ça. 15. Moi, je déteste la gymnastique, mais le taekwondo, j'aime ça. 16. Je trouve ça bien. 17. Et toi, Marie, tu aimes le sport? (…)

Plateau 1, Révisions (S. 41)

1 Qui est-ce?
1. C'est le chien de Marie. 2. C'est le chien de Léo. 3. Elle travaille. 4. C'est la grand-mère d'Alex et de Jérôme. 5. C'est le frère d'Alex.

2 Bonjour, je m'appelle Marie.
1. Bonjour. Je m'appelle Marie. Et toi, tu t'appelles comment? 2. Tu es de Paris? Moi aussi. 3. J'habite dans une maison super, rue Truffaut. 4. Tu travailles ici? 5. Le chien devant le magasin, c'est Moustique. 6. Je cherche une BD pour un copain. 7. Viens, Moustique, viens avec moi.

3 Réponse et question
1. Qui est-ce? 2. Que fait Alex? 3. Qu'est-ce que c'est? 4. Tu t'appelles comment? 5. Tu habites où? 6. Qu'est-ce que tu aimes?

4 Dans un camping
1. *(zu Jan)* Er fragt, wie du heißt. 2. *(zu Romain)* C'est Jan. *oder:* Il s'appelle Jan. 3. *(zu Jan)* Er heißt Romain und er fragt, ob du Rugby magst. 4. *(zu Romain)* Non, mais il aime le foot. 5. *(zu Jan)* Er möchte wissen, woher du kommst. 6. *(zu Romain)* Jan est de Coburg. 7. *(zu Romain)* Et toi, tu habites où? 8. *(zu Jan)* Er wohnt in Nice, also in Nizza. 9. *(zu Romain) Muss nicht wiedergegeben werden.* 10. *(zu Jan)* Er sagt, dass du nett bist. 11. *(zu Romain)* Toi aussi, tu es sympa. Salut!

Unité 3, Bilan (S. 56–57)

1 Parler
1. Bon anniversaire!/Joyeux anniversaire! 2. Qu'est-ce qu'il y a dans le magasin? 3. Tu ranges ta chambre, s'il te plaît? 4. J'aime les BD, mais je préfère les livres. 5. Tu as faim? 6. J'ai 11 ans. 7. Mon anniversaire, c'est le premier mars. 8. J'ai envie d'écouter un CD.

2 Regarder et écrire
A 1. Aujourd'hui, c'est l'anniversaire de Léo. Sa mère prépare un gâteau. 2. Léo est dans sa chambre avec son amie Marie et Malabar. Et voilà ses cadeaux: sa BD et son jeu vidéo. 3. Maintenant, son père est là aussi.

B 1. Aujourd'hui, c'est mon anniversaire. Ma mère prépare un gâteau. 2. Je suis dans ma chambre avec mon amie Marie et Malabar. Et voilà mes cadeaux: mon jeu vidéo et ma BD. 3. Maintenant, mon père est là aussi.

3 En forme
(z. B.) 1. J'ai une idée. 2. Tu as envie d'écouter un CD? 3. Il a 11 ans. 4. Nous avons une surprise. 5. Vous avez faim? 6. Elles ont un cadeau pour Léo.

4 Jeu de mots
1. Léo est le fils de Marc Pirou. 2. La mère de Marc Pirou est la grand-mère de Léo. 3. La fille de l'oncle de Léo est la cousine de Léo. 4. La sœur de la mère de Léo est la tante de Léo. 5. Le grand-père et la grand-mère sont les grands-parents. 6. Le frère du père de Léo est l'oncle de Léo. 7. Les fils et les filles sont les enfants. 8. La fille de ma mère, c'est moi ou ma sœur. (Moustique: Et moi, je suis le chien de Marie.)

5 On combine.
1. Marie, Clara et Gabriel ont une cousine sympa: Célanie. 2. Bientôt, c'est son anniversaire. 3. Célanie aime bien ses cousins. 4. «Maman, pour mon anniversaire, on invite mes cousins, d'accord?». 5. Célanie aime bien les BD, mais elle préfère les livres: 6. Marie achète pour sa cousine un livre sur les animaux. 7. Clara et Gabriel achètent un t-shirt. 8. Aujourd'hui, Célanie a 9 ans. *Célanie:* 9. Vous avez toujours des idées super pour les cadeaux! 10. Vous achetez toujours des trucs fantastiques. 11. Merci! Maintenant, on joue dans ma chambre ou on mange le gâteau, qu'est-ce que vous préférez? *Marie:* 12. Aujourd'hui, c'est ton anniversaire, qu'est-ce que tu préfères? *Célanie:* 13. Moi, je préfère les deux!

Bonus 2 (S. 60–61)

1 Le professeur
A 1. Lukas, c'est le O et Julia, c'est le P. 2. Louis, c'est le Q. 3. Jonas, c'est le K, Emma, c'est le L. 4. Max, c'est le D. 5. Ben, c'est le C. 6. Arda, c'est le E.

7. Ali, c'est le I et Sofia, c'est le J.
8. Aicha, c'est le M et Noah, c'est le N.
9. Lisa, c'est le A et Kevin, c'est le B.   **10.** Lea, c'est le G et Jan, c'est le H.   **11.** Rita, c'est le F.

2 Les élèves

A 1-d; 2-i; 3-l; 4-g; 5-j; 6-a; 7-h: 8-b: 9-c; 10-e; 11-k; 12-f

Unité 4, Bilan (S. 76 – 77)

1 Parler

1. Quelle heure est-il?   **2.** Il est sept heures et demie.   **3.** Je regarde la télé de six heures à sept heures.   **4.** Aujourd'hui, c'est (jeudi).   **5.** On fait nos (*oder*: les) devoirs ensemble?   **6.** Je vais à la cantine. / Je vais chez mon copain.   **7.** Je ne sais pas.   **8.** Excusez-moi./Pardon.   **9.** Quand je suis en vacances, je ne fais rien pour l'école.

2 Ecouter

12 h 00 (midi) ⟶ **C**; 8 h 05 (huit heures cinq) ⟶ **O**; 9 h 20 (neuf heures vingt) ⟶ **L**; 15 h 45 (quatre heures moins le quart) ⟶ **L**; 19 h 50 (huit heures moins dix) ⟶ **E**; 12 h 15 (midi et quart) ⟶ **G**; 10 h 30 (dix heures et demie) ⟶ **E**; Lösungswort: COLLÈGE

3 En forme

1. Non, je ne travaille plus.   **2.** Non, je ne joue pas.   **3.** Non, je n'écoute rien.   **4.** Mais non, je ne suis jamais en retard.

4 Vis-à-vis

1. Un collège en France a quatre classes.   **2.** On entre au collège à l'âge de 11 ans.   **3.** Après le collège, les élèves vont au lycée.   **4.** Un «gymnase», c'est une «Sporthalle» en allemand.

5 En forme

1. Léo et Mehdi n'ont pas envie de faire leurs devoirs.   **2.** Marie et moi, nous allons chez notre copine aujourd'hui.   **3.** Alex et Jérôme ne trouvent pas leur copain Léo.   **4.** «Vous ne rangez pas votre salle de cours, les enfants?»   **5.** Les professeurs préparent leurs cours.   **6.** «Monsieur, nous n'avons pas nos affaires de sport.»

6 On combine.

1. Salut, Léa. Qu'est-ce que tu fais, toi, maintenant? Nous faisons nos devoirs pour notre cours de français de demain?   **2.** Pas maintenant. Nous allons chez Léo, non?   **3.** Ah oui, avec les autres. Ou est-ce que Marie et Alex font encore leurs exercices?   **4.** Non, elles vont au CDI avec leur copine Line.   **5.** Et que fait Mehdi?   **6.** Il va à l'infirmerie. C'est pour son pied.   **7.** Ah, zut! Bon, pour l'anniversaire de Victor, Léo et toi, vous faites une BD avec des histoires de leurs chiens. C'est ça, votre idée, non?   **8.** C'est ça. Marie et toi, vous allez chez Mme Latière, pour votre cadeau, ou vous allez à la FNAC?   **9.** Je ne sais pas. Mais je fais un gâteau, bien sûr!   **10.** Cool! Alors, tu vas chez les Pirou maintenant, toi aussi? Moi, j'arrive dans 2 minutes. D'abord, je vais aux toilettes.

Plateau 2, Révisions (S. 80)

1 Où est Moustique?

1. Il est sur le sac.   **2.** Il est dans le train.   **3.** Il est sous le lit.   **4.** Il est derrière l'ordinateur.   **5.** Il est devant la télé.

2 Allez!

Mehdi: Vous allez au CDI aussi, maintenant?
Marie: On va à la cantine, mais après, on va au CDI avec toi.
Léo: Oui, mais moi, je vais à l'infirmerie, c'est pour mon pied.
Alex: Tu n'as pas envie de travailler, alors tu vas à l'infirmerie, c'est ça?
Léo: Mais non, je ne vais pas bien. Après, je vais à la maison.
Alex: Léo a raison. Et nous, après le collège, nous allons chez Marie pour regarder «Spiderman».
Léo: Zut, ils vont chez Marie pour regarder «Spiderman», et moi, je vais au lit …

3 Bonjour, c'est Joséphine …

Notizen: **Qui**: Joséphine
Où: Strasbourg, gare
Quand: vendredi, 17h45.
Zusammenfassung: Isabel, hör mal zu. Deine Freundin Joséphine aus Frankreich hat angerufen. Sie kommt am Freitag (erst) um Viertel vor sechs (17 Uhr 45) an den Bahnhof in Straßburg.

4 Cherchez et trouvez.

A 1. commencer à 10 heures; commencer dans une minute   **2.** avoir 13 ans; avoir raison   **3.** être en retard; être frère et sœur   **4.** faire un gâteau; faire ses devoirs

Unité 5, Activités au choix (S. 92–95)

1 Une chambre à deux
A 1. Parle avec moi. **2.** Fais tes devoirs. **3.** Joue avec moi. **4.** Range tes affaires.
B 1. N'écoute pas mes CD. **2.** Ne prends pas mon t-shirt. **3.** Ne regarde pas mes photos.
4. Ne prends pas mon portable.
C (z. B.) **1.** Ne joue pas avec mon ordinateur.
2. N'invite pas tes copines. **3.** Quitte mon lit.

2 Qu'est-ce qu'il y a sur la photo?
(z. B.) Devant, il y a Alex et Léo. Alex est à droite. Marie est derrière Alex. Elle regarde Léo. Léo est à gauche, devant la table. Sur la table, il y a un ordinateur. Derrière l'ordinateur, il y a Mehdi. Mehdi regarde Léo aussi.

3 Des activités pour tout le monde
(z. B.) Le Jugendtreff est une maison pour les enfants. On va au Jugendtreff pour retrouver des amis. Il y a des activités pour tout le monde: samedi, on fait de la danse pour les filles. Il y a aussi un jeu de foot sur une table (Qu'est-ce que c'est en français?). Lundi, il y a un film. Mardi, il y a des cours pour les enfants, on fait des combats, c'est quelque chose comme le judo. Mercredi, on fait du foot. Il y a aussi un truc de musique, on écoute des guitares. Jeudi, on fait des jeux. Il y a aussi un cours pour raconter des histoires. Vendredi, on fait du théâtre. On joue des scènes. Il y a aussi un cours pour faire des gaufres.

4 Bientôt samedi!
1. Tu vas aller chez Léo, samedi après-midi? **2.** Chez Léo? Oh non, Léo et ses copains vont écouter des CD de rock et moi, je déteste le rock. **3.** Mais non. Léo va inviter Alex et Jérôme et ils vont préparer une surprise. **4.** Bof! Vous allez jouer à des jeux vidéo, comme toujours! C'est trop nul. **5.** Mais non, nous allons regarder ensemble des combats de judo à Paris avec Teddy Riner. **6.** C'est vrai? Mais il est vraiment super, Teddy Riner! Ça va être cool! **7.** Oui, mais tu ne vas pas regarder les combats avec nous. C'est dommage! **8.** Quoi? Mais si!

5 Un rêve bizarre
A 1. C'est la catastrophe, l'ordinateur est dans l'entrée! **2.** C'est la catastrophe, les livres et les cahiers sont dans la cuisine. **3.** C'est la catastrophe, le lit est dans le salon. **4.** C'est la catastrophe, les photos sont dans les toilettes. **5.** C'est la catastrophe, la table est dans la chambre (des parents). **6.** C'est la catastrophe, la télé est dans la salle de bains.
B (z. B.) **1.** Chez nous, l'ordinateur est dans la chambre de maman. **2.** Chez nous, les livres et les cahiers sont dans ma chambre. **3.** Chez nous, le lit est dans la chambre. **4.** Chez nous, les photos sont dans la chambre des parents. **5.** Chez nous, la table est dans la cuisine. **6.** Chez nous, la télé est dans le salon.

6 Qui est «Scoubidou»?
(z. B.) – «Scoubidou» a quel âge? – Il a onze ans. – Est-ce qu'il va au collège? – Oui, il va au collège. – Qu'est-ce qu'il aime? – Il aime le judo et le rugby. – C'est Alex! – Oui, c'est ça!

7 Mon quartier et mes activités
A 1. Il/elle va arriver chez Valentin dans 15 jours. (en avril) **2.** En allemand, un *terrain de sport*, est un Sportplatz. **3.** Dans une *bibliothèque* on trouve des livres (et des BD, des journaux, des CD, des DVD, des ordinateurs …). **4.** Ils ne jouent pas dans la rue parce qu'il y a toujours des voitures. **5.** Oui, il y a une piscine dans le quartier de Valentin. **6.** Est-ce qu'il y a un cinéma? Je ne sais pas. (Je ne sais pas. Ce n'est pas dans le texte.)
B Il y a son/un collège, un terrain de sport, un parc, une bibliothèque, des magasins, des cafés.
activités: faire du foot, du roller, faire un tour avec des amis, faire du saxophone, faire des jeux et de la natation
C (z. B.) Bonjour, Valentin,
Merci beaucoup pour ton courriel! Je vais bientôt arriver chez toi, et je trouve ça super. Comment c'est chez moi? Alors, chez moi, il y a aussi des voitures et nous ne jouons pas dans la rue. Nous jouons dans la cour de notre maison. Nous faisons du foot, mais Monsieur Schneider n'aime pas ça! Il est bizarre. J'aime bien mon quartier parce que mes copains sont là et parce qu'il y a un terrain de sport. Mon collège est loin, alors je prends mon vélo. Le samedi, je vais chez mes copains. Nous jouons à des jeux vidéo. Je fais aussi du tennis avec mon copain Andi. Le dimanche, je suis avec ma famille. A bientôt, Lukas

Unité 5, Bilan (S. 96)

1 Parler
1. Qu'est-ce que tu fais comme activité? **2.** Le samedi matin, je fais du sport. **3.** Pourquoi est-ce que tu rentres déjà? **4.** Parce qu'il est tard. **5.** Quand est-ce qu'on va à Paris? **6.** Est-ce que tu as mal? **7.** Pardon, monsieur / madame, pour aller à la piscine? **8.** J'ai faim et soif. **9.** Ça coûte combien, le jus de pomme?

2 On combine.
1. Les enfants Chabane passent trois jours chez des cousins. Mais comment est-ce qu'ils vont faire, dans

le petit appartement? La tante dit: **2.** «Clara et Marie, d'abord, vous allez poser vos affaires ici, à côté du lit: **3.** Ça va être votre chambre. **4.** A droite, là, c'est le salon où il y a la télé et nos livres. **5.** Gabriel va passer la nuit là. **6.** Les enfants, je n'ai pas envie de tomber quand j'entre chez nous, alors SVP ne posez pas vos affaires dans le couloir. **7.** Demain matin, je vais préparer le petit-déjeuner dans la cuisine, mais nous n'allons pas prendre le petit-déjeuner ensemble. **8.** Ecoute, Clara, demain, tu vas aller dans la salle de bains la première pour prendre ta douche. **9.** Faites attention quand vous allez aux W.C: le carton du chat est dans les toilettes. **10.** Pour faire de la danse, du roller, de l'athlétisme ou pour jouer de la guitare, allez dans la cour derrière la maison ou dans le parc. **11.** Là, quand on fait du bruit, ce n'est pas un problème. **12.** Et maintenant, je fais un tour avec vous dans le quartier: allons d'abord dans le parc.»

Bonus 3 (S. 98 – 99)

Limoges et le Limousin
B une région: eine Region; la Finlande: Finland; un restaurant: ein Restaurant; une capitale: eine Hauptstadt; la porcelaine: Porzellan; visiter: besichtigen; un château: eine Burg; romantique: romantisch; un sportif: ein Sportler; un kayak: ein Kajak; une grotte: eine Höhle; une spécialité: eine Spezialität; une chauve-souris: eine Fledermaus
C Die Wörter: *une région, la Finlande, un restaurant, romantique, un sportif, un kayak, une spécialité* können mithilfe des Deutschen, *visiter* mithilfe des Englischen erschlossen werden.
Das Wort *porcelaine* kann mithilfe des Deutschen und der Vignette auf der Karte verstanden werden. Um das Wort *une capitale* zu verstehen, kann man den Textzusammenhang und das Englische (*capital*) heranziehen.
Die Wörter *un château, une grotte* und *une chauve-souris* werden klar, wenn man das Bildmaterial betrachtet.

Unité 6, Bilan (S. 112 – 113)

1 Parler
1. C'est un petit sac vert et jaune. **2.** Je suis content(e) / triste. **3.** C'est une bonne idée. **4.** Descendez et attendez. / Descends et attends. **5.** J'ai une faim de loup. **6.** J'aide les musiciens. **7.** Je téléphone à mon ami, mais il ne répond pas. **8.** Je vais montrer la gare aux gens. **9.** J'aimerais avoir

beaucoup de vacances.
2 En forme
1. Après une mauvaise surprise (la grève), et après un long voyage, nous sommes maintenant à Limoges. **2.** On passe vraiment des bonnes journées avec les Martin. **3.** Ils habitent dans une jolie maison blanche.
4. Mme Martin prépare des bons repas. **5.** Demain, nous prenons leur grande voiture bleue pour aller à Chabrières. **6.** C'est un parc intéressant avec des animaux fantastiques. **7.** Gabriel et Clara sont contents parce qu'ils aiment les grands loups gris. **8.** Et puis, Limoges est une ville fantastique avec des quartiers sympas. **9.** Elsa est très contente de la Fête de la musique parce qu'en Finlande, elle trouve peu de musique française.

3 Jeu de mots
1. Il a très faim, on dit qu'il a une faim de loup. **2.** Les trains restent en gare, c'est la grève. **3.** Elle fait la tête parce qu'elle n'est pas contente. **4.** Il joue bien de la guitare, c'est un bon musicien. **5.** Elle chante, c'est une chanteuse. **6.** Il va trois mois en Finlande, c'est un long voyage. **7.** Sur sa tête, il porte une casquette; c'est cool!

4 En forme
1. C'est la grève. Les gens attendent les trains, mais ils perdent leur temps. **2.** Une dame dit: «Nous perdons notre temps pour rien. **3.** Vous, monsieur, vous attendez le train de Limoges aussi?» **4.** Le monsieur dit: «Comment? Qu'est-ce que vous dites ? **5.** Il y a beaucoup de bruit, je n'entends pas.» **6.** Le train arrive enfin et tout le monde descend. **7.** Une fille arrive: «Théo, pourquoi tu ne réponds pas à mes SMS?»

5 Ecouter
1. Les Chabane vont à Helsinki en juillet.
2. M. Chabane va en Finlande pour ses vacances.
3. Mme Chabane et les enfants restent à Helsinki 15 jours. **4.** Clara n'est pas contente: elle n'a pas envie de préparer le repas avec son frère.

6 On combine.
1. Aujourd'hui, les Martin montrent le parc des loups aux Chabane. **2.** Un monsieur sympa avec une casquette noire attend les familles à l'entrée. **3.** «Combien est-ce qu'il y a de loups gris dans le parc?» demande Gabriel. **4.** A la buvette, Elsa et Gabriel demandent des gaufres au vendeur. **5.** Mais ils ne sont pas contents parce qu'il n'y a plus de gaufres.

6. Après une longue journée dans le grand parc vert, les Chabane disent au revoir à Louise et Elsa.

Bonus 4 (S. 116)

1. Chez nous, le 25 décembre, c'est vraiment bien parce qu'on reste en famille, on est toujours 9 ou 10! On mange bien, on parle, on joue, on ne travaille pas, *mais le 26 décembre, on / tout le monde travaille.*
2. Pour fêter le Nouvel An, à minuit, tout le monde est dans la rue, on fait un grand feu d'artifice et dit «Bonne *année*»! **3.** Quand il y a le carnaval, à Limoges, il y a beaucoup de chars, de musiciens et de gens dans les rues. Après le défilé, on noie le mannequin «Carnaval» dans la *Vienne*. **4.** Le 1er avril, tout le monde est content, on fait des blagues, *mais on ne mange pas de poisson / et souvent, on a un poisson en papier dans le dos.* **5.** Le 1er mai, c'est la fête du travail. Dans les rues, on trouve beaucoup de stands de *muguets*. **6.** En octobre, tout le monde va à la «Frairie des petits ventres», un rendez-vous important pour les gens de Limoges. Le jour de la Frairie des petits ventres, *on mange beaucoup de bonnes choses.*

Unité 7, Station 1 (S. 122–123)

1 Sur la tour Eiffel
A Sur la tour Eiffel, il y a beaucoup de touristes. Il y a des restaurants, des boutiques de souvenirs, des films sur l'histoire de la tour Eiffel et le bureau de Gustave Eiffel. Il y a aussi une vue fantastique sur Paris.
B écrire une carte postale, le bureau de l'homme célèbre, une vue fantastique, une boutique de souvenirs

2 J'écris, tu lis ...
A (z.B.) un mot, un texte, un courriel, un rap, un SMS, un texto, une histoire, une carte postale, un livre, une BD, un journal, une question, une affiche, un reportage, un dialogue, un poème

3 Des cartes postales
A Text 1: Bild 2; Text 2: Bild 3; Text 3, Bild 1
B (z.B.) pour commencer: Cher/Chère; Comment allez-vous?; Salut ...; Coucou!
pour raconter: C'est génial!; Je suis à ...; C'est trop bien; Demain, on va ... pour ...; Nous écrivons de ...; Aujourd'hui, on visite ...; C'est intéressant
à la fin: Bisous; Bises; Grosses bises
C pour commencer: Bonjour!
pour raconter: Les gens sont très sympas; Je rentre jeudi; Nous passons ... jours à ...; J'aime bien ...; On va faire un tour ...; Je suis à ... avec mes parents.; On

va visiter ...; C'est vraiment super!
à la fin: Je t'embrasse; A bientôt

4 Un petit bonjour de ...
(z.B.) Chère Fleur, Comment vas-tu? Moi, je suis à Berlin avec ma famille. Aujourd'hui, nous allons à la tour de la télévision et nous allons visiter un musée. Demain, nous allons faire un tour au Wannsee. C'est génial et je suis très contente! A bientôt! Bises, Vanessa

Unité 7, Station 2 (S. 124–125)

1 Vous ne pouvez pas faire attention, monsieur?
A C'est le résumé numéro **3.** Textes 1 et 2 corrigés:
1. M. Pirou veut faire un tour en bateau-mouche, mais Léo n'est pas d'accord. Alors, ils font un tour en segway. Tout à coup, M. Pirou tombe.
2. Léo et son père vont faire un tour au Centre Pompidou en segway, mais M. Pirou tombe. Le guide veut l'aider, mais M. Pirou ne veut pas. Il va faire attention. Après, M. Pirou interviewe le guide.
B (z.B.) «Est-ce que beaucoup de touristes veulent faire du segway?»; «Quel est l'endroit préféré des touristes?»; «Quelles sont les questions des touristes?»; «Est-ce que vous pouvez raconter une histoire intéressante pour mon journal?»
C vous pouvez; je veux; les touristes veulent; vous voulez; on pourrait; tu veux; nous pouvons; vous pouvez; il peut; je veux; je peux; les touristes peuvent.

2 Deux raps: je veux, je peux ...
A avec le verbe vouloir: Je veux, tu veux, on veut, danser le rap à deux – Nous voulons et vous voulez danser et bouger – Qu'est-ce qu'ils veulent faire? Danser un rap super.
avec le verbe pouvoir: Je peux, tu peux, on peut, danser le rap à deux – Nous pouvons et vous pouvez danser et bouger – Qu'est-ce qu'ils peuvent faire? Danser un rap super.

3 Le Centre Georges Pompidou
A (z.B.) Im Centre Georges Pompidou befindet sich im vierten und fünften Stock ein bedeutendes Museum für moderne Kunst, eine große Bibliothek, die über drei Stockwerke geht, Räume für Aufführungen (Musik/Tanz), Kinos und Ausstellungen. Im sechsten Stock gibt es ein Restaurant. Ja, die Farben haben eine Bedeutung: Die Belüftungsrohre sind blau, die Wasserversorgung grün, die Energieversorgung gelb und die Gänge rot.
B (z.B.) Au Centre Pompidou, il y a des activités pour tout le monde. On peut bien sûr visiter le musée. On peut aussi écouter des concerts et regarder de la danse. On peut lire aussi beaucoup de livres dans la grande bibliothèque. Si vous avez faim, vous pouvez manger quelque chose dans le restaurant.

4 On fait un rap.

(z. B.) Je veux, tu veux, on veut,
danser le rap à deux,
Nous voulons et vous voulez
parler et jouer.
Qu'est-ce qu'ils veulent faire?
Danser un rap super.

Unité 7, Station 3 (S. 126 – 127)

2 En train, en bus et en métro

A SNCF: train; M: métro; Batobus: batobus / bateau;
vélib: vélo; RATP: bus, métro; das U-Bahn-Logo gehört nicht hierher.

B 1. A Paris, il y a six gares.   **2.** «Velib», ce sont des
vélos pour tout le monde.   **3.** Voilà un «M» jaune. Ici,
il y a une station de métro.   **4.** Un ticket de bus est
aussi un ticket de métro.

3 A la gare

– Pardon, madame/mademoiselle/monsieur, pour
aller demain à Munich Pasing, s'il vous plaît?
– Vous avez un TGV à 10h42. Puis vous changez à
Stuttgart et vous arrivez à Munich Pasing à 16h18.
– Alors, je prends un billet pour demain matin, s'il
vous plaît.
– Voici votre billet. Ça fait 146 €, s'il vous plaît.

4 Comment est-ce que tu vas ... ?

B *L'avion et le vélo*: das Flugzeug und das Fahrrad
kommen im Lied nicht vor.

Unité 7, Station 4 (S. 128 – 129)

Le jeu de l'escargot

1. Il y a six gares à Paris.
2. (z. B.) Nous écrivons une carte postale. Léo et son
père écrivent un reportage sur Paris. Tu écris à ton
ami? Oui, j'écris un SMS.
3. (z. B.) C'est joli.; C'est super., C'est nul.; C'est triste.
4. (z. B.) la tour Eiffel, la cathédrale Notre-Dame, le
Louvre
5. Rücke auf Feld 9 !
6. (z. B.) a) J'aime bien / Je n'aime pas cette cuisine.
b) J'adore / Je déteste ces chansons. c) J'aime bien /
Je n'aime pas ce petit-déjeuner.
7. (z. B.) le métro, le bateau, le vélo, le bus
8. (z. B.) Gros bisous. A bientôt.
9. (z. B.) Tu lis ce livre? Moi, je lis une BD. Mon copain
lit des poèmes. Mes parents lisent le journal.
10. Avec un ticket de métro, on peut prendre le métro
ou le bus.

11. (Setze einmal aus!)
12. Est-ce que je peux t'aider?; Elle peut faire les
devoirs avec toi; Vous pouvez entrer.; Ils peuvent
jouer avec nous.
13. Sur la tour Eiffel, il y a des restaurants,
le bureau de Gustave Eiffel et des boutiques.
14. Cher Clément / Salut, Clément / Coucou,
Clément!
15. (Gehe auf Feld 6 zurück!)
16. Je t'écoute. / Je vous écoute.
17. Le musée de la Joconde, c'est le Louvre.
18. (z. B.) On peut écrire une carte postale ou une
histoire. On peut lire une affiche ou un poème.
19. (Setze einmal aus!)
20. (z. B.) Tu veux aller à la piscine avec moi?;
Elle veut faire du judo; Qu'est-ce que vous voulez
faire?; Ils veulent faire un tour à vélo.

Plateau 3, Révisions (S. 133)

1 Comment trouver la le stand de crêpes?

A Der Imbiss-Stand befindet sich bei Nummer 2.
B Léo habite 23 rue Truffaut. Quitte le parc et va tout
droit. Tu arrives à la rue Truffaut. Tourne à droite et va
tout droit. Traverse la rue des Moines, puis traverse la
rue Legendre.
Va tout droit. La maison de Léo est à droite.

2 Sur la tour Eiffel

1. Léo donne une idée à son père.   **2.** Ils peuvent
interviewer les touristes.   **3.** M. Pirou parle aux
gens.   **4.** Les gens répondent à ses questions.
5. Léo écrit des SMS à Mehdi.   **6.** Il veut aussi
aider son père.   **7.** Il prend des photos.
8. Mme Pirou les attend à la maison.
9. Le soir, Léo montre les photos à sa mère.
10. M. Pirou dit merci à Léo.

3 La carte postale de Marie

Chère Alex,
Comment vas-tu? Moi, je suis à Helsinki! J'adore
cette ville! Je ne perds pas mon temps, ici: je visite
la ville avec Elsa, elle est mon guide, et on fait
vraiment beaucoup de choses intéressantes! Elsa
habite dans une grande maison.
A Helsinki, elle peut faire beaucoup d'activités:
elle fait de l'accordéon, de la danse et surtout
du théâtre. Et elle lit beaucoup de livres. Elle est
trop géniale, cette fille! Maintenant, j'attends un
courriel de toi.
Gros bisous et à bientôt, Marie

Quellennachweis

akg-images, Berlin 199.1; Avenue Images GmbH (corbis RF), Hamburg 186.1; (Photodisc) 166.3; (StockDisc) 24.2; (Banana Stock) 35.7; (Digital Vision) 180.1; (Stockbyte RF, George Doyle) 24.1, 24.4; (Stockbyte RF, Ciaran Griffin) 24.3; BigStockPhoto.com (Fotosmurf01), Davis, CA 197.2; Bétotè, Bill Akwa, Bagnolet Vorsatz vorne.3, Vorsatz vorne.4, Vorsatz vorne.6, Vorsatz vorne.9, Vorsatz vorne.10, Vorsatz vorne.13, 49.5, 44.2, 48.3, 133, 140.1, 92.1, 70.1, 52.5, 52.4, 52.1, 52.3, 52.2, 178.1, 142.1, 141.1, 50.3, 50.1, 50.2, 50.4, 50.6, 50.5, 53.1, 63.4, 63.1, 63.2, 63.5, 63.3, 74.1, 74.3, 82.2, 12.4, 12.2, 12.1, 12.5, 12.2, 12.6, 12.3, 13.1, 22.1, 22.2, 45.1, 44.3, 43.1, 46.4, 46.2, 46.5, 48.2, 49.3, 49.5, 48.4; (Bill Akwa Bétotè) 62.2; Bétotè, Bill Akwa, Bagnolet 71.1; CC-BY-SA-4.0/https://creativecommons.org/licenses/by-sa/4.0/deed.de (CC-BY-SA.3.0/Yuichi (keine Änderungen)), Mountain View 192.3; Corbis (George Shelley), Berlin 49.2; (Yann Arthus-Bertrand) 152.4; (amit mendelsohn / Demotix/Demotix) 113.1; Corbis RF, Berlin 197.1; (RF) 49.1; Corel Corporation Deutschland, Unterschleissheim 165.3, 18.3; (RF / photos.com) 166.4; dpa Picture - Alliance GmbH / Arco Images (Stadtansicht Köln), Bill Akwa Bétotè (telef. Mann re.) 46.3; dreamstime.com (RF), Brentwood, TN 35.9; (Yarchyk) 98.4; (Adrian Zenz) 132.2; (Antonio Ros) 170.1; (Alvaro Ennes) 165.2; (Sandra Iacone) 185.1; (Kadir Karcioglu) 91.2, 90.7; FOCUS, Hamburg 18.4; Fotolia.com (jura), New York 158.2; (Maceo) 91.4, 90.4; (davis) 173.2; (oriwo) 18.7; (morena) 164.1; (Daorson) 116.2; (PackShot) 124.1; (andamanec) 193.1; (fred34560) 191.1; (capude1957) 99.1, 98.3; (ParisPhoto) 152.2; (Otto Durst) 127.4; (Yarek Gora) 49.7; (Photofranck) 197.3; (Magix Print) 111.4; (Mat Hayward) 57.1; (andersphoto) 10.1; (Alterfalter) 18.5; (Oleksiy Mark) 110.2, 110.1; (Igor Gromoff) 10.2; (Val Thoermer) 36.4; (Delphotostock) 191.2; (Grigory Bruev) 110.3; (Wolfgang Heidl) 99.4; (Sylvain Bouquet) 165.1; (trentemollermix) 123.4; (Gino Santa Maria) 55.7; (BillionPhotos.com) 158.1; (contrastwerkstatt) 36.10; Fotosearch Stock Photography (PhotoDisc), Waukesha, WI 199.2; (Stockbyte) 35.8, 42.1; Getty Images (Fuse), München 98.1; (Picavet) 98.2; (DENIS CHARLET / AFP) 116.5; Getty Images RF (Stockbyte), München 122.1; Gouffre de La Fage ¿ France, Noailles 99.3; Grand Guéret, Guéret Cedex 148.1, 105.1; Image Source (Imagesource), Köln 48.1; Ingram Publishing, Tattenhall Chester 18.9; iStockphoto (RF), Calgary, Alberta 90.6; (dirkr) 90.2; (NLshop) 75.1; (alblec) 10.5; (lissart) 98.5; (mbbirdy) 48.5, 41.1; (michieldb) 116.4; (naphtalina) 173.1; (pomortzeff) 166.6; (-Vladimir-) 75.2; (Jason Lugo) 36.3; (Bob Randall) 54.3; (kartouchken) 18.10; (Paul Johnson) 91.3, 90.1; (Shelly Perry) 166.7; (RF/Paul Cowan) 193.3; (Jamie Farrant) 54.2; (misterelements) 35.5, 68.1; (Catherine Haab) 111.6; (RF/Andrea Leone) 90.5; (Anna Bryukhanova) 126.4; (RF/Slawomir Fajer) 55.6; (Carmen Martínez Banús) 49.4; (patrimonio designs limited) 54.1; Joëlle Racary/ParisDixSept (Thierry Dubois), Paris 83.4; JupiterImages photos.com, Tucson, AZ 166.1; Klett-Archiv, Stuttgart 111.1, 75.4, 55.3, 55.1, 55.2, 75.3, 18.1, 36.7; (Naudin) 117.1; (Dembski) 157.2, 157.1, 103.1, 51.1, 84.1, 81.2, 13.2, 33.1, 33.2, 28.1, 28.7, 28.5, 28.4, 28.6, 28.9, 28.3, 28.2, 28.8, 49.8; (Zörlein) 55.5; (Weccard) 36.8; (Thomas Weccard) Cover vorne.2; (Stefan Zörlein) 87.4, 87.5, 23.1, 172.1, 196.1, 141.2, 111.5, 51.2, 51.3, 127.2, 127.6, 126.3, 126.7, 126.5, 126.2, 118.4, 101.1, 74.2, 87.3, 87.2, 87.1, 23.3, 23.2, 23.4, 40.2, 44.1, 49.6; (Leicht, Jürgen) 123.1; (Elvira Heising) 36.5; (Patrick Dembski) 66.1, 89.1, 36.6, 42.3, 49.9; (Prisca Martaguet) Vorsatz vorne.2, Vorsatz vorne.5, Vorsatz vorne.8, 184.1, 34.1, 35.6; (Burgunde Niemcyk) 126.6; (Dr. Gilles Floret) 201.1; (Christelle Souvras) Vorsatz vorne.1, 79.1; laif (Gilles ROLLE/REA), Köln 173.3; (Cyril DELETTRE/REA) 30.1; Le Populaire du Centre 116.7, 116.6, 100.1, 100.2, 100.3; Logo, Stuttgart 127.5; MARCO POLO, F. Bouillot, Paris Vorsatz vorne.7, Vorsatz vorne.11, Vorsatz vorne.12, 189.1, 134.3, 119.1, 62.1, 83.3, 83.1, 83.2, 82.1; 91.1; (Naudin) 126.1; Masterfile, Düsseldorf Cover hinten.1; (Ron Fehling) 35.4, 35.1; (Rolf Bruderer) 35.2; Mauritius Images (Alamy), Mittenwald 99.2; MEV Verlag GmbH, Augsburg 40.1; Modular (Steinle), Stuttgart 111.2; Okapia (Lanceau/NATURE), Frankfurt 166.5; PantherMedia GmbH (studioM), München 102.1; Parigramme, Paris 134.1; PhotoAlto (Isabelle Rozenbaum & Frédéric Cirou), Paris 200.1; Picture-Alliance (Arco Images), Frankfurt 46.1; (Philippe Millereau / KMSP / DPPI) 93.1; Reuters (Langsdon), Berlin 193.2; shutterstock (wow), New York, NY 95.1; (Maugli) 132.1; (Sean Nel) 18.6; (Rob Wilson) 170.2; (Stefan Ataman) 192.1; (Alexey Seleznev) 152.3; (pisaphotography) 125.1, 125.2; (Supri Suharjoto) 36.9; (Gregory Guivarch) 118.3; (Dragan Trifunovic) 18.2; (Jose Ignacio Soto) 123.2; (Jorge Felix Costa) 118.1; (Degtyaryov Andrey) 10.4; (Sandra Kemppainen) 18.8; (Mikhail Zahranichny) 118.2; (Michaela Stejskalova) 166.8; (Monkey Business Images) 139.6; (Kirk Peart Professional Imaging) 197.4; Sipa Press (POUZET20MN/WPA), Paris 116.3; SNCF - Direction de la Communication, Paris 192.2, 127.1; Souvras, Christelle, Stuttgart 134.2; Thinkstock, München 43.2; (Hemera) 139.2; (NiseriN) Cover vorne.1; (TanyaSv) 152.1; (Lifesize) 139.1; (vwalakte) 10.3; (Photodisc) 111.3; (Valueline) 90.3; (Photos.com) 139.4; (iStockphoto) 35.3, 36.2; (BananaStock) 139.5; (AbleStock.com) 139.3, 36.1; (David De Lossy) 73.1; (Digital Vision) 55.4; (Brand X Pictures) 81.1; (Image Source White) 116.1; Ullstein Bild GmbH (AISA), Berlin 123.3; Un petit Chaperon rouge de Marjolaine Leray © Actes Sud, 2009, 2014 129.1; Weccard, Thomas, Ludwigsburg 109.1; www.pixelio.de, München 166.2; Zweierpasch 108.1; Zörlein, Stefan, Stuttgart 153.2; (Stefan Zörlein) 145.1, 153.1; © Batobus Paris, Conception: S. Bart 127.3; „Éditions Glénat („"Captain Biceps"", tome 1 de ZEP et TEBO), Issy-Les-Moulineaux" 42.2;

Hier stehen die **Texte der Hörverstehensübungen** des **Schülerbuchs**. Hörtexte und Lieder, die bereits in den Unités abgedruckt sind, erscheinen hier nicht erneut. Die Skripte dieser Hörtexte liegen auch in elektronischer Form vor (Klett-Nr. 622267 Lehrerbuch, beiliegende CD-ROM).

Unité 1

CD 1, 9 8 ☞ **Découvertes**   S. 15, Ex. B

Scène 1:

Un monsieur: Allô, Anne! Oui, allô, c'est moi, Michel. J'arrive dans 5 minutes … Oui, c'est ça. A tout de suite, ma douce!

Scène 2:

Louise: Tiens, bonjour, Manon. Ça va?

Manon: Merci, ça va, et toi?

Louise: Ça baigne. On se voit un de ces quatre?

Scène 3:

Un monsieur: Bon, allez! Au revoir, Zoé.

Une dame: Au revoir, Justin! On se retrouve ce soir devant le cinéma?

Le monsieur: Mais volontiers, alors, à ce soir, Zoé! …

Scène 4:

Un monsieur: Allô? … Oui, M. Durand à l'appareil. Oui, c'est au sujet de la voiture que je vous ai achetée … Comment? … Je n'entends pas. Vous pouvez répéter? Allô? Allô? Zut, alors!

Scène 5:

Petite fille: Papa, un croissant!

Petit garçon: Papa, des bonbons, je voudrais des bonbons!

Petite fille: Et moi un croissant.

Papa: Oui, oui!

CD 1, 15 14 ☞ **Ça va?**   S. 18, Ex. 4

1. Ça va?
2. Ça va.
3. Qui est-ce?
4. Tu t'appelles comment?
5. C'est Malabar.
6. C'est Malabar?
7. Non, c'est Moustique.
8. Tu t'appelles Lilou?
9. Non, je m'appelle Lucie.

CD 1, 23 20 ☞ **Il est de Paris. Elle est de Paris aussi?**
S. 21, Ex. 5

– Bonjour, je m'appelle Clément. Je suis de Toulouse.
– Bonjour, je m'appelle Léa. Je suis de Strasbourg.
– Moi, c'est Zoé. Je suis de Paris.
– Salut, je suis Pierre. Je suis de Brest. C'est en Bretagne.
– Bonjour, je m'appelle Gabriel. Je suis de Nice.
– Salut. Je suis Joséphine et je suis de Paris.

CD 1, 24 21 ☞ **Comptine**   S. 21, Ex. 7

1, 2, 3: Salut, c'est moi!
4, 5, 6: Je suis de Nice.
7, 8, 9, 10: Et voilà Béatrice.
11 et 12: Elle est de Toulouse.

CD 1, 25 22 ☞ **C'est fantastique!**   S. 22, Ex. 1

Scène 1:

Jeune fille: Paris, c'est super!

Garçon: Oui, c'est fantastique! Voilà les Champs-Elysées! Vite, une photo!

Jeune fille: Oui, c'est génial … Viens vite!

Garçon: Oui …

Scène 2:

Femme: Viens, Hector, viens là!

((Le chien aboie.))

Femme: Ah non! Hector, c'est non! Viens. (…) Oh, pardon Monsieur!

Monsieur, un peu agacé: Attention, Madame!

Femme: Ah, voilà! Hector, viens, il y a une place, là. Vite!

Femme: Ouf! Ah! Viens là, Hector. Tu es un brave chien. C'est bien, c'est bien!

Femme: Chut! Hector! Oh là là! Non, Hector, attention! Pardon, Hector est … euh … bizarre. Ça va?

Scène 3:

Fille 1: Mais! Noooon! C'est, mais oui, c'est … Pierre Kiroul!

Fille 2: Mais où?

Fille 1: Mais là! Pieeeeeerrre!

Femme: Pierre! Monsieur Kiroul! Une photo, une photo, s'il vous plaît!

Fille 3 (crie): Pierre, je t'aime!

Femme 2: Oh, il est génial!

Fille: Il est génial! Il est fantastique! Non?

CD 1, 26 23 ☞ **Ecouter et lire**   S. 24, Ex. 2

Flora: 1. Bonjour. J'ai un chien. Il s'appelle Chipie.

Je suis de Colmar. Ma copine, c'est Sarah.

Magali: 2. Salut. Je suis de Marseille, ma copine, c'est Joséphine, et j'ai un chat.

Zoé: 3. Salut, je suis de Brest. Ma copine, c'est Lucie et j'ai deux chiens.

Emma: 4. Bonjour. Je suis de Paris. Ma copine, c'est Léa.

Bonus 1

CD 1, 36-38 31-33 ☞ **Madame comment?**   S. 26, Ex. 2

Fille: Bonjour! Mon chat, c'est Luciole.

Assistant: Euh …

Fille: Luciole: LUCIOLE!

Assistant: D'accord. Et toi, tu t'appelles comment?

Fille: Moi, je m'appelle Zoé Nguyen.

Assistant: Euh … Comment?

Fille: N G U Y E N.

Assistant (murmure): … U Y E N. D'accord. Et ton adresse?

Fille: C'est 12 rue Saint-Jacques. SAINT-JACQUES

Assistant: … JACQUES. A Paris?

Fille: Oui, oui! Merci!

Garçon: Mon chien, c'est Snoopy. C'est un chien fantastique. Moi, je suis Gwenneg Thouvenin.

Assistant: Gwenneg – c'est G W E un ou deux N?

Garçon: deux N: G W E N N EG. Et Thouvenin T H O U V E N I N.

Assistant: Tu es de Paris?

Garçon: Non, je suis de Montluçon. M O N T L U Ç O N. Mon adresse, c'est 8 Rue d'Alma D' A L M A.

Assistant: Oh là, là!! Alors, je répète: T H O U V E N I N, 8 rue d'Alma à Montluçon, c'est bien ça?

Garçon: Oui, c'est ça, merci.

Jeune femme: Alors moi, c'est Marie Busque. Et voici mon chat: Bernac.

Assistant: C'est bizarre! Vous pouvez épeler, s'il vous plaît?

Jeune femme: Bien sûr: Bernac: BERNAC. Et moi, c'est busque: B U S Q U E.

Assistant (murmure): … Q U E. D'accord. Et ton adresse?

Jeune femme: C'est rue 11 rue Dénoyez, à Paris. D É N O Y E Z.

Assistant: Donc D É N O Y E Z. Merci, madame.

Unité 2

CD 1, 48 41 ☞ **Zut, le carton!**   S. 31, Ex. 8

1. *Léo:* Bonjour, madame. Je cherche un cahier.

Mme Latière: Un cahier? Regarde ici, voilà les cahiers.

Léo: Merci, madame.

2. *Marie:* Bonjour madame. Ah, salut, Léo! Ça va?

Léo: Oui, merci Marie, et toi?

Marie: Ça va. Je cherche une BD.

3. *Un monsieur:* Ouh, c'est lourd: Bonjour, madame.

Mme Latière: Bonjour, monsieur.

Le monsieur: Oh, zut! Le carton! C'est la catastrophe!

4. *Léo.* Attendez, monsieur, ça va? On va vous aider.

Léo: Oh! … Marie, tu cherches une BD? Voilà une BD super!

CD 1, 54-55 47-48 ☞ **ssss et zzzz**   S. 33, Ex. 4

A

1. Vous êtes
2. Toulouse
3. nous sommes
4. le stylo
5. en vacances.
6. nous habitons
7. le garçon
8. le magasin
9. Je déteste ça.
10. elles sont
11. elles habitent
12. bizarre

B

1. *Femme 1:* Vous êtes de Paris? 2. Vous habitez où?
3. *Femme 2:* Nous habitons rue Truffaut.
4. *Femme 1:* Vous aimez le sport?
5. *Homme:* Oui, mais nous détestons le rugby.
6. *Femme 1:* Mais c'est un sport fantastique!
7. Alors, qu'est-ce que vous aimez?
8. *Femme 2:* Nous aimons la musique.

CD 1, 56 49 ☞ **Le sport et la musique**   S. 34, Ex. 7

le rock

le rap

la techno

la chanson

le rugby

la musique classique

le foot

le judo

la gymnastique
le vélo

CD 1, 57 50 ☞ **Tu aimes la musique, Léo?** S. 34, Ex. 8

Léo: Bonjour, je m'appelle Léo, Léo Pirou. J'habite à
Paris, avec ma mère et mon chien. J'aime la musique:
j'aime le rock, mais je déteste la techno. J'aime le
sport, j'aime le vélo et le foot. Mais je déteste la
gymnastique à l'école. Je trouve que c'est la catastrophe. J'aime mon chien Malabar et aussi Moustique,
le chien de Marie. Je déteste travailler pour l'école.

CD 1, 58 51 ☞ **Ecouter et lire** S. 38, Ex. 3

Vous habitez à Paris?
Le chien est devant le magasin?
Tu détestes le vélo? C'est vrai?
Qu'est-ce que tu aimes?
C'est un truc bizarre! Qu'est-ce que c'est?

CD 1, 59 52 ☞ **Oh, pardon!** En plus, S. 138, Ex. 6

Théo: Aïe, aïe, aïe!
Léa: Oh, zut! C'est la catastrophe! Qui est-ce?
Une voix de fille: C'est Théo! Il est très sympa!
Léa: Oh, pardon, euh…, Théo. Ça va?
Théo: Aïe! Oui, ça va. Mais euh… tu t'appelles com-
ment?
Léa: Moi, je suis Léa et j'aime bien le foot, alors …
Et toi, tu aimes le foot?
Théo: Je déteste ça!
Léa: Et … qu'est-ce que tu aimes?
Théo: Ben, j'aime … le rock et le rap, mais je déteste la
techno! Et toi, qu'est-ce que tu aimes?
Léa: Moi, j'aime aussi le rugby!
Théo: Bon, tu aimes le sport et moi, j'aime la musique.
Tu habites où?
Léa: Dans la rue Nollet. Et toi?
Théo: J'habite rue Truffaut.
Léa: Ah, maman arrive.
Une voix de femme: Léa, viens!
Théo: Alors, salut!
Léa: Salut!

Plateau 1

CD 1, 73 64 ☞ **Qui est-ce?** S. 41, Ex. 1

1. Qui est Moustique?
2. Qui est Malabar?

3. Que fait Alex à la maison de la presse?
4. Qui est madame Latière?
5. Qui est Jérôme?

CD 1, 74 65 ☞ **Compréhension de l'oral** S. 42, Nr. 1

Scène 1:
Je m'appelle Julie et j'habite à Paris. J'aime le foot et
le hip-hop, mais je déteste le rock. Mon frère s'appelle
Lucas et ma sœur, Pauline. Ma copine, c'est Noémie!

Scène 2:
Une fille: Bonjour, madame.
La vendeuse: Bonjour.
La fille: Un cahier et une gomme, s'il vous plaît.
La vendeuse: Voilà. 4 euros 10, s'il te plaît.
La fille: Ah, le journal aussi!
La vendeuse: … et le journal, 5 euros 10.
La fille: Merci bien, au revoir madame.
La vendeuse: Merci, au revoir.

Scène 3:
Victor: Tiens, voilà Nicolas!
Nicolas: Salut Victor, Salut Gabriel! Ça va?
Gabriel: Bien et toi?
Nicolas: Moi? Ça va, mais je cherche Pépite.
Victor: Pépite? C'est qui?
Nicolas: Pépite, c'est le chien de grand-mère. Salut!

Unité 3

CD 1, 80 70 ☞ **On prépare l'anniversaire.** S. 46, Ex. 3
(nach Abschnitt 1)

1. Le papa de Léo travaille à Munich.
2. Munich est en France.
3. Le papa de Léo est là demain.
4. Léo invite deux copains et deux copines.

CD 1, 82-83 72-73 ☞ **Les amis et le cadeau** S. 47, Ex. 6

le cadeau
les cadeaux
le chat
les chiens
les amis
le garçon
les magasins
le sport
le stylo

CD 1, 84 74 **C'est une idée super!** S. 48, Ex. 8B

– Tu achètes un CD de techno, pour Léo?
– Que préfère Mme Latière: les CD de rock ou les CD de musique classique?
– Vous achetez une affiche de judo pour Alex?
– Un jeu vidéo, c'est un cadeau super pour Marie!
– Vous achetez un chien pour Mme Latière?
– On achète un CD de rock ou un livre, pour Mme Latière?
– Un t-shirt avec un train, c'est un cadeau super pour Léo!
– Moi, j'achète un CD de chansons pour Marie!
– Que préfère Alex: un truc pour son vélo ou un t-shirt de rugby?

CD 1, 91 81 Marie et Mehdi, S. 51, Ex. 4

1. Marie a une sœur de 15 ans et un frère de 9 ans.
2. Elle habite avec sa famille 38 rue Truffaut.
3. Mehdi a 11 ans. Il a un frère et une sœur.
4. La famille de Mehdi habite 25 rue Nollet.

Unité 4
CD 2, 11-15 92-96 **Découvertes**, S. 63

Scène 1:
Infirmière: Mais reste un peu tranquille…
Enfant: Aïeeuh! Madame, ça fait super mal! Aïe! Ouille!
Infirmière: Allez, montre-moi ton pied!

Scène 2:
Mme Barette: … Namen der deutschen Bundesländer?
Les élèves: Mdam, mdam!
Elève 1: Mdam: Es gibt Schleswik-Olstein, Essen ……
Mme Barette: Schleswig … Tiens, tiens, voilà Léo. Bonjour Léo! (Rires)

Scène 3:
Elève 1: Hmmm, des gâteaux au chocolat! J'adore.
Elève 2: Bof, moi, je n'aime pas trop ça, le chocolat!
Elève 1: Quoi! Alors, je peux avoir ton gâteau!
Elève 2: Oui, pas de problème.

Scène 4:
Bruits de la cour de récréation

Scène 5:
Elève 2: OK, bon, on regarde les mots pour demain. Alors, (il feuillette son cahier) il y a euh …«Aicheun-

cheun»!
Elève 1: Quoi?
Elève 2: Ben regarde: «Aicheuncheun»! (Eichhörnchen)
Elève 1: Tu as le dictionnaire?

CD 2, 21 101 **Une journée de …** S. 67, Ex. 9
Léo: Arrête, Malabar! Il est déjà sept heures et demie. Je vais au collège. Et toi, tu restes à la maison. Tu as de la chance, mon chien!
Malabar: Ouah!
Léo: Je déteste le lundi! J'ai allemand avec Mme Barette, de huit heures à dix heures moins dix! C'est la catastrophe, non?
Léo: Mais après la récré, il y a deux heures de sport, de dix heures cinq à midi. On joue au foot, c'est cool! Toi aussi, tu aimes le foot, hein?
Malabar: Ouah!
Léo: Ecoute, après le collège, à quatre heures et demie, nous allons au parc ensemble et nous jouons, d'accord?
Malabar très content: Ouah, ouah!
Léo: Et à six heures, je vais chez Mehdi. Mais toi, tu restes à la maison. Après, je rentre. Maman arrive et on mange. Et puis, aujourd'hui, je vais au lit à 9 heures. … Allez mon chien, je vais au collège maintenant. A plus!

CD 2, 25 105 **A propos du texte** S. 70, Ex. 5B
Léo: … On prépare notre … euh … on regarde des exercices. Vous cherchez quelque chose?
Madame Barette: Eh bien, je cherche ma clé USB! Je ne sais pas où elle est.
Mehdi: Euh, regardez Madame … c'est ça, votre clé?
Madame Barette: Mais oui, c'est ma clé! Oh, c'est fantastique! Merci Mehdi! Sur ma clé, il y a des interrogations d'allemand!
Léo: Des … des interros?
Madame Barette: Oui. Ce sont des interrogations de mon ami M. Castor. Il est professeur d'allemand au Collège Mallarmé. Mais pour vous, ce sont des exercices. Vous les faites jeudi. Avec ces exercices, vous préparez vos interrogations. Deutsch ist nicht so schwer!
Léo (avec un accent français en allemand): Oh doch, Deutsch ist sehr schwer!

CD 2, 27 107 ☞ **Ecouter** S. 76, Ex. 2

1. Il est midi.
2. Il est huit heures cinq.
3. Il est neuf heures vingt.
4. Il est quatre heures moins le quart.
5. Il est huit heures moins dix.
6. Il est midi et quart.
7. Il est dix heures et demie.

CD 2, 28 108 ☞ **La journée de Moustique** En plus, S. 142, Ex. 1B

1. *(soupir de bien-être)* Oh, on est bien, ici!
2. *(gémissements d'effort sportif)* C'est l'heure de ma gymnastique.
3. J'ai faim! Qu'est-ce qu'on mange, aujourd'hui?
4. *(ton plein de vivacité)* Bonjour, Marie! La journée commence.
5. Je joue avec Marie.
6. Qu'est-ce qu'il y a à la télé, aujourd'hui?
7. Je suis aux toilettes.
8. Super, Marie rentre bientôt!

CD 2, 29 109 ☞ **Vont, font, sont ou ont?** En plus, S. 143, Ex. 3

1. Voilà Alex et Marie. Elles sont au collège.
2. D'abord, elles vont au CDI.
3. Elles font leurs devoirs.
4. Après, elles ont une interro d'allemand.
5. Zut! Elles sont en retard!
6. Après l'interro, elles ont faim.
7. Alors, elles vont à la cantine

Plateau 2

CD 2, 42 121 ☞ **Bonjour, c'est Joséphine …** S. 80, Ex. 3

Lukas: Lukas Zimmermann, guten Tag.
Joséphine (parle lentement et très distinctement): Bonjour, c'est Joséphine Lassalle, de Strasbourg. Je voudrais parler à Isabel.
Lukas: Ah, bonjour, Joséphine! Euh … ma sœur n'est pas là.
Joséphine: Oh, c'est dommage. Ecoute, je voudrais laisser un message pour Isabel.
Lukas: Euh bien sûr, une minute, je cherche un stylo. (bruit de tiroir ou de papier etc.) Bon, j'écoute.
Joséphine: Bon alors, Isabel arrive à Strasbourg vendredi avec le train de cinq heures vingt-quatre.

Mes parents et moi viendrons chercher ta sœur à la gare mais nous aurons du retard.
Lukas: Euh … pardon …, comment?
Joséphine (encore plus lentement): Vendredi, nous arrivons en retard. Nous retrouvons Isabel à six heures moins le quart, quelques minutes après l'arrivée du train. Six heures moins le quart, à la gare! Dis ça à ta sœur, s'il te plaît.
Lukas (répète lentement en prenant des notes): Euh, … Joséphine, … Strasbourg, gare, … vendredi, … six heures moins le quart, c'est ça?
Joséphine: Oui, c'est ça. Merci beaucoup, Lukas et au revoir.
Lukas: Au revoir Joséphine.

CD 2, 43 122 ☞ **Compréhension de l'oral** S. 81, Ex. 1

(Voix de garçon sur le répondeur:) Salut Eric. C'est Max. Ecoute. Demain vendredi, on retrouve les copains à quatre heures et quart devant la cantine et on va chez Mehdi. N'arrive pas en retard, s'il te plaît! D'accord? Alors, salut et à demain.

Unité 5

CD 2, 51 130 ☞ **Les activités**, S. 86, Ex. 5

fille 1: Où est Clara?
fille 2: Elle n'est pas là!
fille 1: Qu'est-ce qu'elle fait? Elle joue à l'ordinateur?
fille 2: Je ne sais pas. Elle fait de la natation? (…). Ou du théâtre? (…)
fille 1: Non, aujourd'hui elle fait de la guitare. (…)
fille 2: Mais non! Elle fait de la danse. (…).
fille 1: Oh, voilà elle arrive. Bonjour Clara.
Clara, bruit de rollers: Bonjour, tout le monde. Alors, on fait un tour ensemble?

CD 2, 53-54 132-133 ☞ **Pardon, monsieur, pour aller à …?** S. 87, Ex. 2A

1. *Homme:* Ce n'est pas loin. Regardez. Allez à droite. A la rue Emile Level, tournez à droite. Puis allez tout droit. Traversez l'avenue de Clichy et puis … voilà.

2. *Femme:* Ecoutez. Allez à gauche. A la rue Boulay, tournez à droite. Allez tout droit. A la rue de la Jonquière, tournez à gauche. Allez tout droit, toujours tout droit. Traversez le Boulevard de Bessières et puis voilà. Vous êtes arrivé.

CD 2, 57 136 ☞ **L'interview d'Alex**   S. 89, Ex. 7 und
En plus 146, Ex. 5

Maintenant, Marie fait une interview d'Alex.

Marie: Alex, tu fais du judo. Qu'est-ce que c'est, le judo?

Alex: Le judo est un sport de combat. Ça vient du Japon.

Marie: Pourquoi est-ce que tu fais un sport de combat?

Alex: Parce que … euh … Ben, d'abord, mon cours de
judo est un cadeau de mes parents. Mais j'aime bien
la gymnastique et j'aime bien les combats. Et … euh
… normalement, ça ne fait pas mal.

Marie: Où est-ce que tu fais ce sport?

Alex: Moi, je vais à Interclub 17. Mais il y a aussi des
écoles de judo dans le quartier.

Marie: Est-ce que c'est loin de chez toi?

Alex: Non, c'est dans le quartier. Ce n'est pas loin, j'y vais
à pied.

Marie: A quel âge est-ce qu'on commence à faire du
judo?

Alex: A Interclub, ça va de 6 ans à 12 ans. Pour les autres
écoles, je ne sais pas.

Marie: Et toi, tu as quel âge?

Alex: J'ai 11 ans.

Marie: Quand est-ce que tu fais du judo?

Alex: Le samedi après-midi de 3 heures et demie à
4 heures et quart.

Marie: Comment est-ce que tu prépares tes combats?

Alex: Ben, je fais de la gymnastique. Et, en plus, je fais
des exercices dans ma chambre avec mon frère.
Mais il n'aime pas trop ça!

Marie: Comment est-ce qu'on appelle le costume que
tu portes?

Alex: On appelle ça un kimono de judo.

Marie: Alex, merci bien pour cette interview.

Alex: C'est avec plaisir.

Unité 6

CD 2, 75-76 151-152 ☞ **[ɛ] comme «grève» ou [e] comme
«TGV»?**   S. 103, Ex. 4

A super, vert, journée, grève, quartier, TGV,
frère, chez, mauvais, très, déjà, treize

B 1. On va à pied chez Zoé?
2. Pour commencer la journée, j'aide mon père.
3. C'est la grève et les Chabane prennent la voiture.
4. Gabriel préfère les voyages en TGV.

5. La fête dans le quartier est très intéressante.
6. Dans son rêve, le frère de Clara a treize voitures
vertes.

CD 2, 80-81 156-157 ☞ **Vite! Le concert de «Zweierpasch» commence!**   S. 108, Ex. 5

A Le frère de Noah: Vite! Venez! «Zweierpasch» n'attend
pas!

Gabriel: Clara, c'est quoi, „Zweierpasch"?

Clara: C'est un groupe super, Gabriel! Ce sont deux
frères allemands qui font du hip-hop. «Zweierpasch»,
ça veut dire «Double deux» en français, c'est quand
on joue aux dés.

Gabriel: Ma sœur raconte à tout le monde qu'elle
n'aime pas trop le hip-hop, mais moi j'entends ça
chez Clara toute la journée, pas vrai, Clara?

Clara: Je n'aime pas trop le hip hop, mais j'aime bien ce
groupe. Ils sont nés tous les deux le 19 octobre 1983,
le même jour. Ce sont des jumeaux. C'est pour ça
qu'ils s'appellent «Zweierpasch»! Leurs textes sont
en allemand et en français … c'est méga cool!

Elsa: C'est intéressant! Et tu comprends l'allemand?

Clara: Ce n'est pas un problème parce que Till et Felix
chantent toujours le même texte en allemand et en
français … En plus, je fais de l'allemand au collège.
Ce n'est pas beaucoup, je sais, mais ça aide!

Elsa: Moi, je fais de l'anglais et j'aimerais bien faire de
l'allemand aussi! Mais maman dit que c'est très difficile, surtout la grammaire, alors je ne sais pas …

Clara: Ça va! Et toi, Noah, tu aimes aussi «Zweierpasch»?

Noah: Oui j'aime bien leurs textes critiques, mais comme musique, je préfère le rock!

Le frère de Noah: Oui, oui, mon petit frère avec sa casquette… Tiens, nous voilà! Et vos parents, ils n'ont
pas envie d'écouter ce concert?

Clara: Bonne idée, je vais poser la question.

B 1. *Le frère de Noah:* Vite! Venez! «Zweierpasch»
n'attend pas!

2. «Zweierpasch», ça veut dire «Double deux» en français, c'est quand on joue aux dés.

3. *Gabriel:* Ma sœur raconte à tout le monde qu'elle
n'aime pas trop le hip-hop, mais moi j'entends ça
chez Clara toute la journée, pas vrai, Clara?

4. *Clara:* … Leurs textes sont en allemand et en français
… c'est méga cool!

5. *Clara:* Ce n'est pas un problème parce que Till et Felix chantent toujours le même texte en allemand et en français …

6. En plus, je fais de l'allemand au collège. Ce n'est pas beaucoup, je sais, mais ça aide!

7. *Elsa:* … Mais maman dit que c'est très difficile, surtout la grammaire, alors je ne sais pas …

CD 3, 1 158 ☞ **Au joli mois de juillet**   S. 111, Ex. 2

Ce soir, c'est la fête du village. Au programme: de la musique, du karaoké et un feu d'artifice fantastique. La soirée commence à 21 heures sur la place de la poste. Venez nombreux. C'est la fête pour tout le monde Ce soir, c'est la fête du village …

CD 3, 2-3 159-160 ☞ **Ecouter**   S. 113, Ex. 5

A

Clara: Tiens, papa, tu es déjà là?

M. Chabane: Oui, et j'ai une bonne nouvelle pour vous. Mon chef est d'accord: J'ai encore 8 jours de vacances fin juillet …

Clara: C'est vrai? Alors, on va à Helsinki?

M. Chabane: Oui, Clara. Vous, vous allez rester quinze jours et moi 8 jours. Mais ce n'est pas un problème!

Mme Chabane: Ça alors! Quelle surprise!

Gabriel: Trop cool! On prend le TGV?

M. Chabane: Mais non, Gabriel, c'est trop loin! On prend l'avion. Ecoutez, les enfants, maman et moi, on va regarder sur Internet pour trouver un prix intéressant …

Gabriel: … et moi, je vais tout de suite faire un SMS à Marie. Elle va être super contente!

Mme Chabane: Oui, mais demandons aussi à Elsa et Louise si c'est vraiment toujours d'accord!

Clara: Et moi, je fais quoi?

Mme Chabane: Clara, tu vas dans la cuisine pour aider Gabriel: il va préparer une tourte.

Clara: Ah non, maman, pourquoi toujours moi?

B

1. *Clara:* Tiens, papa, tu es déjà là?

2. *M. Chabane:* … J'ai encore 8 jours de vacances fin juillet …

3. *Gabriel:* Trop cool! On prend le TGV?

4. *M. Chabane:* Mais non, Gabriel, c'est trop loin!

5. *Gabriel:* … et moi, je vais tout de suite faire un SMS à Marie.

6. *Clara:* Et moi, je fais quoi?

CD 3, 4 161 ☞ **Quatre devinettes**   En plus, S. 147, Ex. 2

Valentin est grand. Il est toujours content. Quand il quitte la maison, il porte toujours sa jolie casquette bleue. Là, il a un petit sac vert et va à l'école sur son vélo rouge.

Louane est petite. Elle aime ses jolis rollers bleus et son petit sac blanc. Elle aime beaucoup les t-shirts rouges et ne porte rien sur sa tête.

Julien est un garçon sympa, mais aujourd'hui, il est triste. Il porte un t-shirt blanc et une casquette grise. Ses affaires sont dans un grand sac vert.

Zoé est très contente aujourd'hui. Elle adore la couleur jaune. Mais elle est un peu bizarre avec son t-shirt jaune et son grand sac rouge sur son vélo vert.

Bonus 4

CD 3, 9 165 ☞ **Des jours pas comme les autres**   S. 116, Ex. 1

Bonjour, je m'appelle Justin et je vais vous parler des fêtes chez nous. Mais attention, ce n'est pas le 1er avril, pourtant je fais souvent des blagues. Est-ce que vous trouvez mes blagues? Alors corrigez mes phrases.

1. Chez nous, le 25 décembre, c'est vraiment bien parce qu'on reste en famille, on est presque toujours 9 ou 10! On mange bien, on parle, on joue, on ne travaille pas et le 26 décembre, on est encore en vacances. On reste à la maison pour bien regarder les cadeaux.

2. Pour fêter le Nouvel An, à minuit, on fait un grand défilé dans la rue et tout le monde dit «Bonne nuit!»

3. Quand il y a le carnaval, à Limoges, il y a beaucoup de chars, de musiciens et de gens dans les rues. Après le défilé, on noie le mannequin «Carnaval» dans la Seine.

4. Le 1er avril, les gens sont contents, on fait des blagues et on mange beaucoup de poisson.

5. Le 1er mai, c'est la fête du travail. Dans les rues, on trouve beaucoup de stands de roses.

6. En octobre, tout le monde va à la «Frairie des petits ventres», un rendez-vous important pour les gens de Limoges. Le jour de la Frairie des petits ventres, on fait beaucoup de sport.

Unité 7

CD 3, 16 ☞ **Chanson: le blues des transports**
S. 127, Ex. 4B

1. Le matin dans le métro,
Il est toujours trop tôt!
Le TGV est en retard,
C'est vraiment bizarre!

Refrain:
J'ai chaud, t'as froid, je suis fatiguée.
C'est le blues des transports! Ecoutez!
Taxi, métro, voiture, bus ou train,
Oui, c'est le blues des Parisiens.

2. Tu es dans la rue après minuit
Et il n'y a pas de taxi!
Tu cherches une place dans le bus?
(Ah non!) Pas aujourd'hui! A plus!

3. Mais la solution, ce sont mes chaussures!
A pied dans Paris, j'oublie les voitures!
Ah, Paris à pied, vous allez aimer.
Retrouver enfin les jolis quartiers.

CD 3, 17 171 ☞ **Une semaine à Paris: mais par où commencer?** En plus, S. 151, Ex. 1

M. Pirou: Bon Léo, j'ai enfin du temps! Une semaine à deux, toi et moi! Je suis très content! On va faire des interviews dans toute la ville. Mais où est-ce qu'on va commencer? Tu es mon assistant, tu as une idée?
Léo: Ben, d'abord, on va à la tour Eiffel, d'accord?
M. Pirou: D'accord, c'est parfait. Je note: lundi, tour Eiffel. Et après?
Léo: Ben, … au Louvre? Il y a toujours beaucoup de gens au musée du Louvre.
M. Pirou: C'est donc pour mardi?
Léo: Oui, mardi.
M. Pirou: (murmure en prenant des notes): Bon, mardi, on va au Louvre. Ça y est. Et puis après?
Léo: Euh, on va à Notre-Dame. C'est aussi pour mardi. La cathédrale n'est pas loin du Louvre.
M. Pirou: Tu as raison. C'est une bonne idée. C'est noté! Et mercredi, on prend le bateau-mouche et puis …
Léo: Euh, mercredi, on va à l'Arc de triomphe, et jeudi, on va à la Défense. Tu es d'accord?
M. Pirou: Oui, c'est parfait.
Léo: Euh, papa?

M. Pirou: Oui?
Léo (hésitant un peu): Euh, … je voudrais aussi aller au parc Astérix.
M. Pirou: Ben c'est un peu loin, mais … enfin … pourquoi pas.
Alors, c'est pour vendredi?
Léo: Oh, oui Papa, c'est cool!

Plateau 3

CD 3, 21 174 ☞ **Comment trouver le stand de crêpes?** S. 133, Ex. 1

Léo: Bon écoute, c'est facile. Nous sommes dans la rue Truffaut, d'accord? Tu vas tout droit. Tu traverses la rue Legendre, puis tu continues tout droit. Traverse la rue des Moines et va tout droit. A la rue Brochant, tourne à gauche. Va tout droit et tu arrives à l'entrée du parc. Le stand de crêpes est dans le parc. Tu ne peux pas le manquer.

CD 3, 22 175 ☞ **Compréhension de l'oral** S. 134 Ex. 1
Voix masculine à la radio:
Bonjour Mesdames et Messieurs, voici des informations pour aujourd'hui, vendredi, sur les activités à Montargis. Ce soir, le spectacle «Son et Lumières» vous attend dans le centre-ville. Le grand feu d'artifice commence à vingt-deux heures quarante-cinq. Demain, samedi, vous avez le marché aux puces de huit heures à midi et demie. Samedi soir, à vingt et une heures quinze, le cinéma d'été vous présente le film «Souvenirs d'Afrique». La ville de Montargis vous propose donc un week-end plein d'activités!

Voix féminine:
«L'été en fête, c'est ma passion. A votre service, la radio locale de Montargis!»

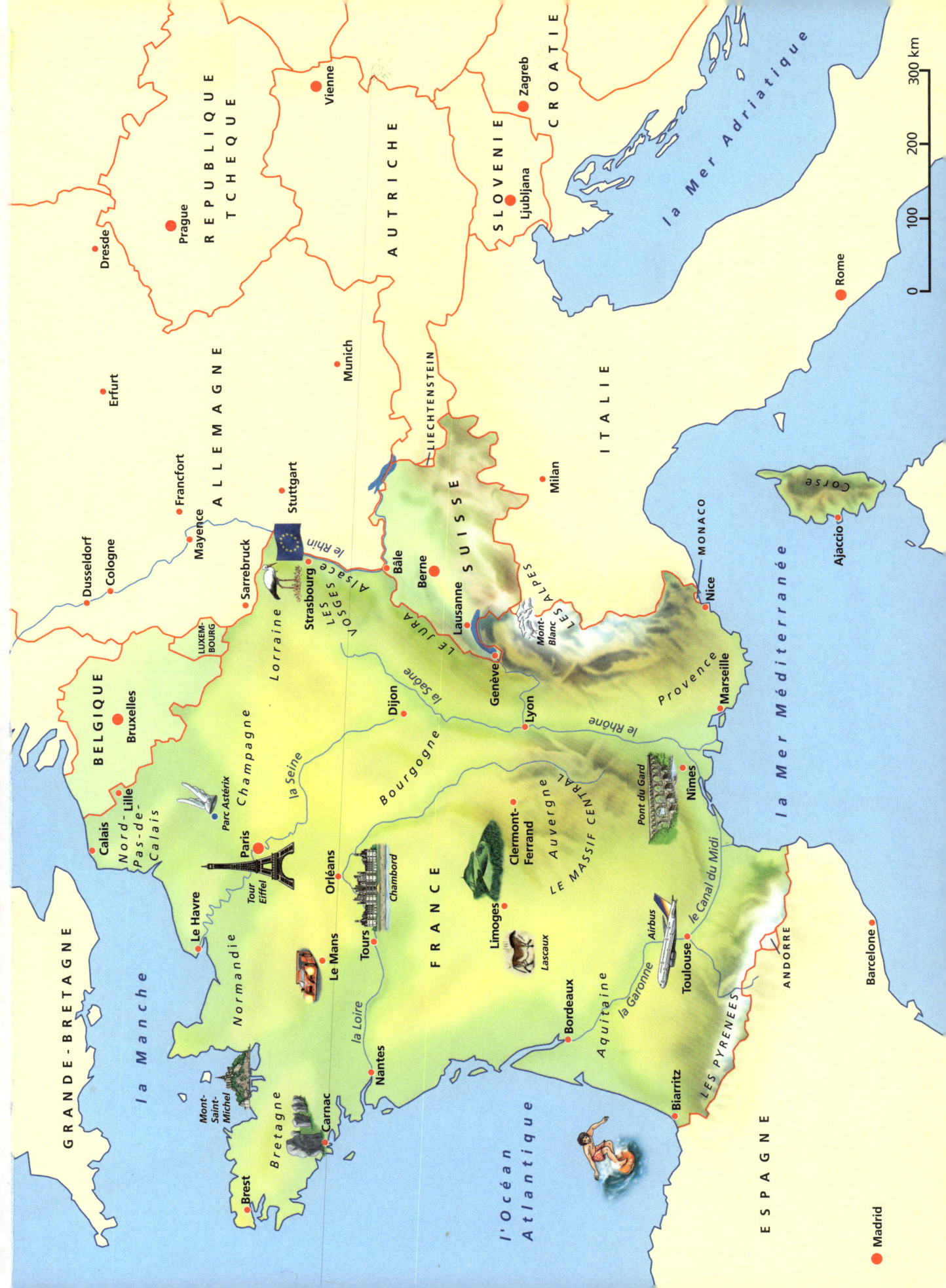

PARIS

0 500 m 1 km

COURBEVOIE

LA SEINE

CLICHY

LA DEFENSE

Grande Arche

Boulevard Circulaire

PUTEAUX

Pont de Neuilly

LEVALLOIS-PERRET

NEUILLY-SUR-SEINE

Avenue Charles De Gaulle

Boulevard Bessières

Avenue de Clichy

Boulevard Berthier

Quartier des Batignolles

17e

Bd. Gouvion St-Cyr

Place de Wagram

Place du Maréchal Juin

Boulevard Pereire

Avenue de Wagram

Place du Général Catroux

Boulevard des Batignolles

Bd. Villiers

R. R.

Place de la Porte Maillot

Av. de la Grande Armée

Arc de Triomphe

Boulevard de Courcelles

Rue du Faubourg Saint-Honoré

Parc de Monceau

Boulevard Malesherbes

Gare Saint-Lazare

Boulev

Bd. de l'Amiral Bruix

Place Charles De Gaulle

8e

Palais de l'Elysée

Avenue Foch

Av. des Champs-Elysées

Place de la Madele

Avenue Victor Hugo

Avenue Kléber

Avenue d'Iéna

Avenue Marceau

Place de la Concorde

Rue

Bd. Lannes

Cours Albert 1er

Quai des Tu

Bois de Boulogne

16e

Place du Trocadéro

Av. de New York

Musée du quai Branly

Musée d'Orsa

Av. du Président Kennedy

Tour Eiffel • Av. G. Eiffel

Champs-de-Mars

7e

Boulevard Suchet

Quai de Grenelle

Boulevard de Grenelle

Bd. des Invalides

Boulevard Murat

Boulevard Exelmans

Quai Louis Blériot

Quai André Citroën

Avenue Emile Zola

Boulevard Garibaldi

Rue de Sèvres

Parc des Princes

LA SEINE

Rue de la Convention

15e

Rue Lecourbe

Bd. Pasteur

T M

Place de la Porte Saint-Cloud

Bd. du Général Martial Valin

Gare Montparnasse

BOULOGNE-BILLANCOURT

Boulevard Victor

Rue de Vouillé

Rue d'Alésia

14e

Boulevard Lefebvre

Boulevard Brune

Avenue d

ISSY-LES-MOULINEAUX

MALAKOFF

MONTROUGE